미디어 윤리 _ 철학적 접근

미디어 윤리

Media Ethics A Philosophical Approach

철학적 접근

매튜 키이란 저   김유란 역

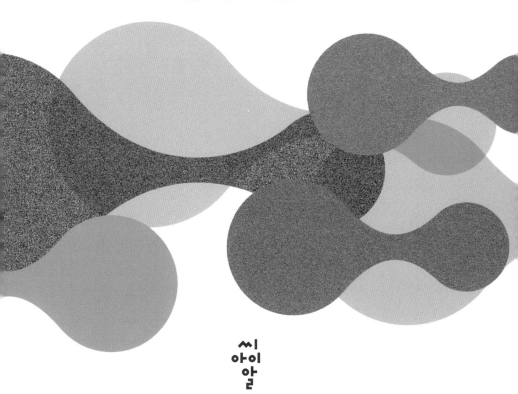

씨
아이
알

서 문

미디어 윤리에 대해 철학적 접근을 취하는 것의 어려움 중 하나는 논의되는 문제에 대한 철학적 입장과 사회·정치학적 입장의 차이 또는 철학적 입장과 비판 문화 연구의 입장 차이를 완전히 이해하는 데 종종 실패한다는 것이다. 이것은 철학적 접근을 구성하는 이론 또는 연구 결과물들이 뚜렷하게 많지 않다는 사실에 의해 악화되었고, 연구되기를 기다리고 있다. 물론 여기에는 사회학적인 이유가 있다. 역사적으로 철학자들은 핵심적인 도덕과 사회쟁점에 대해서는 관심을 가졌지만 현재 미디어와 저널리스트의 관행에서 발생하는 독특한 문제들과 관련된 많은 쟁점은 고려하지 않았다. 하지만 더 깊은 이유도 있다. 철학은 지식을 습득하기보다는 다양한 쟁점에 대해 생각하는 방법을 습득하는 학문이기 때문이다. 이것은 많은 철학자들이 인간 지식의 축적에 대해 특별한 기여를 해왔다는 것을 부정하는 것은 아니다. 그러나 오히려 옳고 그름에 대한 관심, 좋은 삶이란 무엇인가, 그리고 악의 본질은 무엇인가와 같은 특정한 질문과 논쟁은 오직 철학적 방식으로만 생각되고 논쟁될 수 있고, 오직 철학적 사고만이 이런 질문과 논쟁에 대해 깊이 이해할 수 있게 한다.

이 책의 주제인 미디어 윤리는 그런 철학적 관심을 확장한 것이다. 왜냐하면 그 질문은 본질적으로 윤리적 미디어 관행을 구성하는 것이 무엇인지 그리고 그 이유는 무엇인지이기 때문이다. 도덕적으로 말하자면 저널리스트들이 해야만 하는 것은 정확히 무엇인가? 공적인 유명 인사의 성생활에 관한 이야기를 싣는 것이 정말로 뉴스인가? 그들이 이야기를 얻기 위해 거짓말하고 속이는 것은 정당한가? 공익의 이름으로 사생활을 침해하는 것은 언제나 정당화되는가? 성적으로 노골적인 영화를 TV에서 상영하는 것은 도덕적으로 미심쩍은 것인가? 우리는 불필요한 폭력을 남용하는 영화를 걱정해야 하는가? 마지막으로 우리가 검열을 정당화하는 데 정말 타당한 근거가 있는가? 표현의 자유는 절대적인가? 그러나 사회학적, 심리학적 고려와 더불어 다른 영역의 도움도 중요할 수 있지만 그것들은 이러한 질문의 가능한 대답을 우리가 더 깊게 이해하도록 할 수 없다는 것을 인식하는 것이 중요하다. 예를 들어, 많은 사람들이 폭력 영화를 보는 것 또는 선정적인 영화 금지를 선호한다는 것을 단지 아는 것만으로는 그러한 영화가 도덕적으로 의심스러운지 아닌지 답하는 것으로 이어지지 않는다. 왜냐하면 그러한 정보의 적합성은 도덕적으로 말해서 어떻게 그리고 왜 사람들의 선호가 중요한지 이해하는 것에 달려 있기 때문이다. 그리고 이것은 철학적인 질문이다.

이 책에서 주로 이용된 철학적 논증의 방법은 변증술이다. 왜냐하면 소크라테스 시대 이래로 수천 년 동안 변증술은 주요한 철학적 방법이었기 때문이다. 본질적으로 대화법은 우리의 직관에 대한 점검과 그 점검이 드러내는 결론을 명확하게 표현하기 위해 노력하는 것이다. 이런 식으로 직관을 정리할 때, 우리는 명확하게 표현된 입장은 무엇을 포함하는지 더 꼼꼼하게 따져 물어야 한다. 이 논쟁에서 기본적인 용어를 어떻게 이해해야 하는가? 예를 들어 '해악'이란 용어가 정확히 무엇을 의미하는가? 논증에 사용된 전제는 타당한가? 전제가 타당하다 하더라도 그 전제가 결론을 수반하는가? 우리는 전제에 동의하면서도 전적으로 다른 결론을 끌어낼 수 있는가? 이것은 반례에 의해 증명될 수 있는가? 요지는 논증의 각 단계에서 제시된 주장을 비판적으로 검증하기 위해서 주장이 함축하는 것을 이끌어내고, 검증하는 것이다. 그렇게 도달한 결론은 단순한 주장이나 의견의 문제라기보다는 추론이 누적된 과정의 결과인데, 믿을 만한 최상의 근거를 향하도록 하고, 다른 특정 입장이 합리적인 측면에서 어떻게 결함이 있는지 더 깊이 이해하도록 한다.

이 책의 본질과 주안점을 고려하여 나는 주석을 최소화하려고 노력했고, 학술도서에서 기대할지도 모르는 전통적 학설과 전문용어를 피하고자 했다. 중요한 것은 논의되고 있는 쟁점에 대해 특정한 사상가가 뭐라 말했는지에 대한 정보를 얻는 것이 아니라 현재 특정한 종류의 논쟁에 대한 비판적 발전을 나타내 보이는 것이기 때문이다. 당신은 논쟁이나 결론을 학습하는 것에 관심을 갖기보다는 혼자 힘으로 제시된 종류의 논쟁을 비판적으로 검토하는 것을 중요시해야 한다. 본질적으로 이 책은 실제적으로 철학적 논쟁에 참여함으로써 철학적 추론이 미디어 윤리와 관련된 쟁점에 대해 무엇을 성취할 수 있는지를 보여주기 위한 시도이다.

당신이 결론에 동의하지 않을 수도 있지만, 기저의 논변이 무엇인지 이해하고, 다양한 주장에 대해 만족하거나 결점이 있다고 생각하는 이유를 더 분명히 표현할 수 있게 될 것이다. 이 책의 목적은 단지 특정한 질문에 대하여 중요한 입장을 제기하는 것이 아니라, 이러한 논쟁에 대해 당신 스스로가 철학적으로 주장할 수 있도록 하는 것이다.

내가 미디어 윤리 강의에서 많은 동료와 학생들과 나눈 대화는 이 책이 지금의 모습을 갖추는 데 많은 도움을 줬고, 그들 모두에게 감사를 표한다. 특히 David Morrison, Piers Benn, Darren Brierton, Chirs Megone,Rebecca Roache and Louisa Dale에게 감사의 마음을 전하고 싶다. 마지막으로 이 내용에 대한 나의 생각은 Sarah의 기자로서의 경험과 언제고 끊임없이 일하며 나를 견뎌준 그녀의 능력에 의해 확실히 발전되었다. 많은 면에서 나는 그녀에게 빚을 졌다. 그녀에게 이 책을 헌정한다.

차 례

1

미디어 윤리란?
Media Ethics?

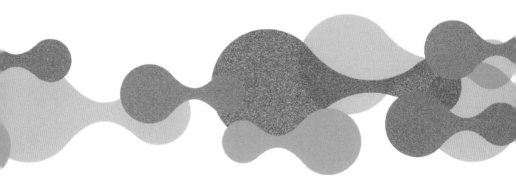

1

미디어 윤리란?
Media Ethics?

서론Introduction

미디어 윤리에 대한 관심이 증가하고 있지만, 미디어 윤리라는 바로 그 이상에 대해 회의적인 사람은 여전히 많다. 대부분의 규범적인 연구는 언론인의 직무행위가 윤리적이어야 한다고 여긴다. 그래서 신문기자의 법규journalistic code와 지침, 미디어 책임성이라는 이상에 초점을 맞춘다.[1] 그러나 이런 조사 방법을 추구하기 전에 적어도 우리는 미디어 윤리의 전체 목표가 근본적으로 잘못되었다는 주장을 고려해보고, 비판적으로 평가해야만 한다. 만약 우리가 저널리즘과 미디어는 상식적 도덕성commonsense morality의 책임에서 제외되어야 한다고 여기는 사람들이 틀렸다는 것을 납득시키려 한다면 이러한 논변이 왜 결함이 있고, 어떤 결함이 있는지 살펴보는 것은 중요하다.

중요점은 미디어 윤리 개념notion 그 자체가 역설처럼 보인다는 것이다. 즉, 그 문구 자체가 모순어법인 것 같다. 예를 들어, 영국의 많은 직업 저널리스트professional journalists는 윤리적으로 민감해져야 한다는 의견에 흔히 경멸의 비웃음[2]으로 반응한다. 만약 기자들이 취재과정에서 전적wholly으로 정직해야 하고, 그들이 보도 대상의 감정과 바람, 사생활을 존중해야 한다면 어떻게 기자가 중요한 이야기나 대중이 알고자 하는 이야기를 알아낼 수 있겠는가? 게다가 일반 대중은 기자들이 관심을 갖는 것은 결국 단 한 가지, '무엇이 팔리는가'[3]라는 상식적인 추측을 당연하게 받아들이는 경향이 있다.

그러한 태도를 고려해볼 때, 독자수와 시청률을 늘리기 위해 뉴스 미디어가 단지 위기의 이야기, 비참한 사건, 추잡한 혐의sleazy allegation, 부유하고 유명한 사람들의 세속적인 이미지secular iconography 해석에 두드러진 관심이 있는 것으로 여겨지는 것은 그리 놀라운 일이 아니다.[4] 실제로 이러한 인상은 언론인들이 뇌물수수, 사기, 선정성, 위조, 과도한 범죄보도 등을 포함하는 명백하게 의심스러운 행동을 방어하는 데 언론의 자유권 또는 표현의 자유를 보장한 미국 수정 헌법 제1조를 인용할 때 강화된다.[5] 왜냐하면 그러한 주장은 보통 합법적이거나 윤리적인 것으로 생각될 수 없는 활동과 행위를 위한 위장술일 뿐이라고 종종 여겨지기 때문이다. 물론 이와 같은 미디어계의 묘사가 부분적으로 희화된 것일 수 있다. 언론에 대한 이러한 희화가 정당하다sound 할지라도, 여기에서의 미디어 윤리 개념이 역설이라는 주장은 부적절하다는 것을 보여주고자 한다.

철학적 윤리와 미디어Philosophical Ethics and the Media

뉴스 언론과 미디어가 수행하는 여러 가지 기능은 가정, 기업 그리고 정치인 추문을 자세히 조사하는 것에서 세계의 다른 곳에 있는 중요한 사건을 전달하는 것이다. 물론 많은 언론인들과 언론 기관은 윤리가 이런 목표들을 실현하는 데 큰 연관이 없다고 생각할 것이다. 그러나 기자와 보도 기관news media은 반드시 윤리적이어야 한다는 요구가 잘못된 것이라는 결론이 뒤따르지 않는다. 실제로 겉으로 보기에 그러한 자기인식이 틀림없이 잘못된 것이라고 믿을 만한 타당한 근거가 있다.

뉴스와 탐사보도investigative journalism의 중요한 점은 무엇인가? 추측건데 기업, 정치인, 조직범죄, 부유한 사람들과 유명한 사람들이 저지르는 부패, 부정직하고 불법적인 행위를 폭로하는 것을 포함하여, 이 세상의 중요한 사건을 조사하고, 보도하는 것이다. 우리가 입법, 사법, 행정에 이어서 언론을 제4부라 일컫는 것은 뉴스 미디어가 이러한 기능들을 수행함으로써 우리 사회의 힘 있고 영향력 있는 사람들을 공적으로 견제하고 균형을 잡는 역할을 하기 때문이다.[6] 미디어의 역할이 최소한 부분적으로나마 악행 등을 드러내고, 찾아내는 것임을 고려할 때, 언론이 위선이라는 비난을 피하려면 기자는 다른 사람에 대하여 폭로하고자 하는 죄악에 무결한 것이 낫다.[7] 즉, 기자는 불법행위를 폭로하고 정확하게 보도하는 도덕적 의무를 지닌다. 이러한 이유로 기자journalist와 보도 기관news media이 다른 사람들에게 추구하고, 지키도록 요구하는 행동 윤리기준을 스스로 일관되게 준수하는 것을 목표aim로

해야 한다.

비록 커뮤니케이션학, 심리학, 사회학 그리고 문화 이론이 비판적으로 기자들의 관행과 미디어에 대한 공중의 이해를 연구했다는 측면에서 훌륭한 최근의 역사를 가지고 있지만, 그러한 연구방법은 기자가 무엇을 해도 되는지, 무엇을 해야만 하는지, 하지 말아야 하는지에 대한 질문에 답하는 데 도움을 줄 수 없다는 것을 언급하는 것은 중요하다. 저널리즘journalism과 관련된 윤리적 요구가 무엇인지 탐구하기 위해, 반드시 이들과 구분되는distinctively 철학적 고찰philosophical enquiry을 끌어들여야 한다.

물론 많은 사람들은 철학적 고찰enquiry을 이론화theorizing의 매우 형식적이고 추상적인 방식이라고 생각할 수 있다. 실제로 예를 들어 논리학과 같은 특정 영역에서는 이것이 논리학의 전부이다. 그러나 이론적 고찰theoretical considerations의 측면에서 철학은 우리의 실제 경험과 행동에 대해 비판적으로 따져 묻는 것examination을 적절하게 포함하고 있다. 결국 추상적인 윤리적 물음의 의의significance는 일상적이고 매일 매일의 숙고와 행동에 관계가 있는 것으로부터 일어나게 된다. 즉, 윤리적 성찰의 목표는 우리가 좋은good 삶을 살기 위해 무엇이 요구되는가에 주목하게 하는 것이다.

최근 저널리즘 강좌course와 커뮤니케이션 연구 그리고 저널리즘과 뉴스 미디어와 관련된 공적 조치public initiatives의 극적인 확산을 목격했다.[8] 그러나 윤리적 문제issues에 대한 그 관심은 실용주의적인 경향이 있고, 특정 언론 추문이나 특정 압력집단에 의해 제기된 걱정 혹은 정부의 간섭에 대한 반응으로 나타난다.[9] 문제는 그러한 반응이 필연적으로 종종 깊이 숙고되지 않은 규범적인 입장commitment들을 포함하고 있다는 것이다. 따라서 철학적 성찰은 잠재적으로potentially 미디어 윤리 분야에서 수행할 수 있는 중요한 역할이 있다. 그리고 철학자들은 최소한 관련된 입장에 대해 비판적 평가와 설명을 할 수 있을 것이다. 더욱이 여러 가지 추문의 측면에서 미디어media 일부에서는 점점 더 그들의 윤리적, 사회적, 정치적 가치를 검토하고, 재평가하기를 원하고 있다. 이에 따라 미디어 윤리에 대한 철학적 연구방법은 좋은 미디어 관행은 무엇인지 그리고 미디어 관행이 현재대로 유지되어도 되는지에 대해 광범위하게 관심을 갖는다. 원칙적으로 미디어 윤리에 대한 철학적 연구방법은 이런 방식으로 미디어에 대한 이해가 더 깊어지기를 희망할 수 있다.

그러나 회의론자들의 주장은 뚜렷한 동기distinct motivation가 있으므로 과소평가해서는 안 된다. 모든 철학적 탐구방식이 반드시 실패한다는 것을 제시하는 흥미롭고 때로는 상당히 설득력 있는 고려사항들이 있다. 이들이 각양각색의 겉모습을 할지라도 회의적인 입장에 동기가 되는 두 가지 기본적인 생각이 있다. 한편에는 윤리적 감수성은 적어도 어떤 경우에서는 기자들의 직업적 업무 수행과 양립할 수 없다는 견해notion이다. 왜냐하면 아마도 저널리즘 또는 적어도 좋은good 저널리즘은, 일상적인 윤리적 삶의 윤리적 민감성과 섬세함niceties에 대한 무관심과 약간의 냉담한 거리두기clinical detachment 기술을 요구하기 때문이다. 또 다른 한편에는 윤리적인 이론과 이상이 결코 언론의 관행에 적용될 수 없다는 생각이 있다. 즉, 최근의 사건과 비극에서 기자에 의해 취해진 일종의 뉴스 이해관심과 이야기를 얻고 보도하는 수단means은 본질적으로 비도덕적일 수 있다. 따라서 원칙적으로 기자의 전문성과 윤리적 책임은 양립 불가능할지 모른다.

논변을 숙고했음에도 불구하고 나는 여기에서 철학적 성찰이 왜 특정한 미디어 관행이 윤리적으로 존경스러운지, 허용되는지, 심지어는 비도덕적인지 그 이유를 이해하는 것을 돕고, 그래서 해야 할 일을 우리에게 희망적으로 보여준다는 것을 제시하고자 한다. 더욱이, 그러한 성찰은 훌륭한good 미디어 관행이 윤리적 요구와 전혀 양립 불가능하지 않다는 것을 이해할 수 있도록 할 것이다. 따라서 원칙적으로, 미디어 윤리에 관한 회의론자들의 주장이 결함이 있다는 것을 드러내고자 한다.

미디어 윤리에 관한 회의주의의 조야한 근거crude source는 추정된 사실－가치 구분에서 비롯될지도 모른다. 기본적으로 추정은 "명제는 참 또는 거짓으로 평가될 수 있고, 사실인 참인 명제, 명제는 가치와 관련될 수 없다."는 것이다. 실제로 지구는 둥글다고 명확히 말할 수 있고 적어도 원칙에 따라 가설을 지지하는 증거를 참고하여 주장을 검증할 수 있다. 그런데 그 생각은 '뉴스 보도가 정의롭다거나 기자가 관대하거나 친절하다는 증거는 어디에 있는가?'라는 것이다. 이러한 것들은 단순히 특정한 사태나 사람들에 대한 우리 자신의 주관적인 승인approval을 나타내는 표현에 지나지 않는다는 것이다. 이에 따라 실제 일어난 사건인지 아닌지, 누가 관련되어 있는지에 관한 사실에 대해 우리가 맞거나 틀릴 수 있고, 의미 있는 논쟁dispute을 할 수는 있지만 다른 사람에게 우리의 의견을 결코 강요해서는 안 된다.

우리가 이 생각을 좀 더 명확히 이해할 수도 있는 그 한 가지 방법은 과학적 담화와 도덕적 담화를 대조하는 것이다. 과학은 세상에 대한 이론적인 탐구 및 설명을 포함한다. 따라서 용어들을 자세히 설명하고, 가설을 신중하게 상정하고postulate, 검증test하며, 이론적 추정을 비판적으로 면밀하게 따져 물어examined본다. 그러나 이와 대조적으로, 도덕적 담화의 특성nature은 근본적으로 구별되거나distinct 비판적인 논변critical argument으로 되어 있지 않은 것 같다. 예를 들어, 뉴스 보도나 음란물을 반대하는 방식에 대해 생각해보자. 불쾌offense, 분노 그리고 상한 감정을 제시하는 정서적 언어emotional language로 표현된다. 보통 통용되는 도덕적 담화는 철학적인 엄밀함보다는 수사학rhetoric인 것 같다.

실제로 많은 사람들은 개별적인 정서sentiment, 편견, 감정에 기반을 두어 편파적인 결론일 수밖에 그들 자신의 반응을 일반화한다. 예를 들어, 어떤 사람이 죽은 자, 죽어가는 자에 대해 병적인 관심을 보이는 것은 도덕적으로 잘못되었다는 직관으로부터 무비판적으로 전쟁 저널리즘, 범죄 보도, 비극적인 사건의 보도는 윤리적으로 의심스럽다는 결론으로 비약할 수 있다. 보통의 윤리적 담화는 특정한 직관과 감정이 기반인 과도한 일반화를 통해 반대되는 가치에 대항하여 자신이 고양시키고자 선택한 가치를 선언하는 문제로, 논쟁적이라는 것이다. 이러한 관점을 받아들인다면 우리는 윤리적 언론과 미디어 관행을 규정짓는 틀을 제공해야 한다고 주장하는 사람들을 매우 의심해야 한다. 그러한 틀은 단지 편파적인 그들 자신의 편견과 선호를 도식적 형식화한 것에 불과하기 때문이다.

물론 개념적 분석의 방식으로서 철학적 성찰reflection은 관련된 개념의 본질nature을 설명하고, 명료하게 할 수 있다. 그럼에도 불구하고, 세상의 진리truth를 찾는 것에 초점을 맞추는 과학적 담화와 일상적 삶에서 우리가 느끼는 것에 대한 표현과 우리의 책임과 딜레마가 발전해온 방식에 초점을 맞추는 도덕적 담화의 본질적 차이를 고려한다면, 철학이 실용적이고 전문적인 활동 수준에 관계된 현실에 유의미하게 관여하기를 기대할 수 없다.[10] 만약 이것이 참이라면 성찰은 미디어 윤리가 반드시 상정하는 어떠한 철학적 접근방식이 하는 방법으로도 규범적이거나 행동지침이 되는 것을 희망할 수 없다.

추정된 사실－가치 구분은 불행하게도 자유주의 문화 안에 깊이 뿌리박혀 있다. 어떤 경우에 그 동기는 높이 평가할 만하지만, 잘못 판단된 동기이기도 하다. 무엇을 해야 하는지에 대한 논쟁arguing은 단지 찬성 또는 반대disapprobation의 툴툴거림으로 환원된다. 그러나 그런 관점은 도덕적 불일치의 바로 그 가능성을 배제해버린다. 그러나 저널리스트의 행동이 정당한지 또는 불미스러운지scandalous 논하는 것은 단지 다른 사람이 느끼는 것을 묻는 것이 아니다. 우리는 사건이 무엇이며 [사건]을 어떻게 묘사해야 하는지 알고자 하고, 논쟁한다. 결국 도덕적 담론과 성찰의 전체적 대의는 의미 있는 의견 불일치를 해결하고iron out 우리의 행동을 더 좋은 방향으로 이끌고자 한다.

사실－가치 구분이 얼마만큼 잘못 판단되었는지 알아보기 위해, 외관상 가치중립적인 과학적 탐구방법을 생각해보자. 과학은 자연 세계에 대한 우리의 지식을 증진시키는 것을 목적으로 한다. 그러나 과학은 윤리학과 마찬 가지로, 일종의 선을 지향하고 있다. 즉, 수학적 설명을 통해 자연 세계에 대한 참인 묘사true description를 목표로 한다. 따라서 이 목표에 입각한 평가에 따라 좋은 과학과 나쁜 과학으로 분류

한다. 즉, 과학 자체는 최소한 진리 추구라는 하나의 가치에 좌우되며 좋은 과학은 진리-증진 방법을 통해 진리를 추구한다. 과학에서 진리 증진 방법은 가설에 반하는 증거를 기록하고 검증함으로써 어떠한 이론이 가장 기능적으로 간결하고 단순하고 일관성 있고 설명으로서의 가치를 갖추고 있는지 찾고자 한다. 이와는 반대로, 나쁜 과학은 진리에 대하여 관심이 없으며, 증거를 무시하거나 결과의 위조를 수반하며, 일부분만 설명할 수 있고, 지나치게 장황하다. 저널리즘도 마찬가지이다. 어떤 기자의 방법이 형편없다면, 진리 증진 방법은 파기되고, 이야기가 날조된다면 진리 추구가 이루어지 않는다. 따라서 우리는 그러한 사례를 비난한다.

요점은 특정 가치를 존중하는 것이 단지 진리를 얻기 위한 것만은 아니라는 것이다. 오히려 타당하게, 이성적으로 받아들일 수 있는 것은 관련된 이론이 지닌 인지적 덕목들cognitive virtues에 의해 결정된다. 이와 유사하게 우리는 개별적 행위의 타당성의 측면에서 도덕적으로 좋은, 나쁜 또는 허용 가능한 것으로 개별적인 행위를 평가하고, 도덕적인 판단을 하고 인성을 평가한다. 따라서 가치판단은 판단 대상이 되는 사람 또는 행위의 양상과 상응하기 때문에 주관적이기만 한 것이 아니다. 따라서 전쟁 기자의 행위를 용기 있는 것으로 판단할 때 '용기'라는 말은 그의 행위를 가장 적절하게 묘사하고 설명하는 용어로서 제시된다. 위험에 맞서 자기자리를 지킨 기자를 용감하다고 묘사했는데, 실상은 도망치고 싶었지만 두려움으로 몸이 마비되었던 것이라면 용감하다는 묘사는 잘못된 것이다. 물론 과학에서와 마찬가지로, 특정 사례에서 가장 적절한 묘사가 무엇인지 모를 수 있다. 그러나 그렇다고 해서 어떤 서술이 다른 서술보다 더 또는 덜 적절하지 않다는 것은 아니다.

더욱이 우리의 도덕적 판단들이 세상의 진정한 이치에 관한 것이라는 인식은 주관주의자나 도덕적 회의주의자가 포착할capture 수 없는 어떤 것을 잡아낸다. 즉, 실제로 그 도덕적 불일치는 어떤 영향력을 가지고 있고, 그 의견의 불일치가 해결되는 방법이 중요하다. 결국 도덕적 회의주의자의 주장이 옳다고 한다면 도덕적 논쟁 같은 것은 없을 것이다. 그러나 우리는 집단학살은 언제나 나쁘고 또는 체크북 저널리즘 checkbook journalism*이 옳지 못하다고 말할 때, 다른 사람이 집단학살은 좋거나 체크북 저널리즘은 윤리적으로 허용해야 한다고 말한다면 우리는 그 주장을 범주적으로categorically 거부한다. 우리는 단지 서로 다른 이야기를 하는 것이 아니다.

실제로 해악을 피하고자 하는, 가치판단의 지위를 부정하는 잘못 판단된 동기는 정당화될 수 있는 가치판단이 존재하지 않는다는 생각인데, 이것은 해악을 피하게 하기는커녕, 악행을 저지르는 사람들의 손에 놀아나게 된다. 왜냐하면 비도덕적인 특정한 동기, 행위, 이용을 올바르게 비난하는 것이 단지 의견인 명령에 의해 부당하게 거부될 수 있기 때문이다. 이런 방식으로 우리의 도덕적 판단이 중요하다는 그 사실은 우리가 어떠한 행위와 관행을 피하거나 본받아야 할지 알기 위한 판단과 평가의 필요에 의해 드러나게 된다.[11] 물론 여기에서 비판적 성찰의 요지는 많은 부분, 저널리즘과 보도 기관의 중요점과 가치에 달

---

* 독점 인터뷰 등에 큰돈을 지불하고 기사를 만드는 저널리즘.

려 있다. 그러나 최소한 개념의 명확화는 우리가 저널리즘 및 미디어에 관련된 (예를 들어, 진실에 대한) 입장에 대해 보다 깊이 이해할 수 있게 해주고 우리가 행동해야 할 방법의 이해를 수정하게 할 수 있다.

저널리즘과 도덕적 순수함Journalism and Moral Innocents

겉보기에 윤리적 성찰이 미디어 행동양식과 미디어 관행에 직접적으로 관련되어 있는 것 같다면 어째서 미디어 세계 내외부에서 많은 사람들이 철학적 탐구방법에 회의적인가? 윤리적 성찰 그 자체가 실제적이고 직업적인 생활의 지저분한 일상에 적합하지 않은 것처럼 보인다는 것이 기본적인 생각이다. 심지어 어떤 사람들은 저널리스트의 행동강령조차도 그것을 심각하게 받아들일수록 의사 결정자들에게 혼란을 준다고 주장하기도 한다. 왜냐하면 미사여구인 경우를 제외하고는 매체가 윤리적일 수 있다거나 또는 그러해야 한다는 요구가 부적절하게 여겨질 수 있기 때문이다. 따라서 이러한 관점에서 보면, 윤리적인 성찰은 최선의 경우에는 무관할 따름이고, 최악의 경우에는 확립된 저널리즘 관행 그리고 매체의 이해관심과 관련하여 왜곡된 역할을 한다.

여기 기저에 깔려 있는 직관underlying intuition은 경험 세계와 우리가 열망할지도 모르는 유토피아적 이상 사이에 내재적인 대립과 관련된 것으로 보인다. 결국 언론과 미디어media의 세계는 적어도 치열한 현실 활동 중 하나이다. 그러므로 어떻게 행동해야 하는지와 관련된 이상은 적용할 수 없다고 생각할지도 모른다. 세상을 있는 그대로의 모습으로 보도하기 위해서는 세상물정을 다룰 수 있어야 한다. 세상에 대한 좀 더 실용적인 방법에 익숙하지 않은, 도덕적으로 순수한 사람은 업무를 수행하기 위해 요구되는 직업 생활과 도덕적 고결성ethical integrity 사이의 불가피한 타협을 거부할 수 있다. 도덕적으로 결백한 저널리스트는 자신의 고결성을 유지할 수 있지만, 기자로서 전문적 직무 수행을 희생해야 할지 모른다.

1994년 4월 르완다Rwanda에서 있었던 거대한 규모의 집단학살에 대한 세계적인 보도를 예로 들어보자. 살해의 특성과 규모 때문에 뉴스 가치가 있었다. 따라서 개인의 특별한 인간 경험 및 운명을 알리기보다는 규모를 알리는 것이 중요했다. 4월 23일 언론 사진작가 뤽 들라하예Luc Delahaye*는 다른 이들과 함께 집단학살의 현장에 파견되었다. 후투족 Hutu은 르완다의 수도 키갈리Kigali 바로 위쪽의 도로 한가운데 있는 군중들을 향해 수류탄을 던졌고, 폭발로 죽지 않은 사람들은 쏴 죽였다.

물론 도덕적으로 순수하고, 인간의 타락한 물정ways of the world에 무지한 사람이었다면, 뉴스 가치가 있는 사진을 찍지 못했을지도 모른다. 그와 같이 끔찍하게 죽은 남자와 신체가 훼손된 여자와 아이들 앞에서 도덕적으로 순수한moral innocents 사람들은 이 상황을 외면하고 떠나는 것 말고는 어떤 일도 할 수 없었을 것이다. 도덕적으로 순수한 사람이 그 모습을 견딜 수 있었더라도, 그가 떨면서 찍은 사진이 전문적이거나 적절하거나 또는 뉴스의 가치가 있다고 할 수는 없다. 좋은 뉴스 보도에서와 마찬가지로, 좋은 사진 보도에서는photojournalism, 비판

---

* 영국의 사진 보도 신문이자 사진 라이브러리인 렉스 피쳐스(Rex Features) 소속.

적인 거리두기와 평가를 위해 특정한 능력이 필수적이다. 다른 무엇보다도, 좋은 신문 사진을 찍는 것은 관련된 뉴스 이해관심들을 명심하고 그에 대처하는 데에 달려 있는데, 이것은 윤리적으로 민감한 인간이 특정한 개인의 곤경에 반응하는 것과는 상당히 다른 문제이다.

키갈리 위쪽의 집단학살의 경우, 사진이 너무 생생하여 사람들이 사진을 전혀 보지 않을 만큼 사실적이지 않고, 완전히 역겹게만 보이지 않으면서 대학살의 참혹함과 잔인성을 적절하게 전해야만 했다. 따라서 들라하예는 의도적으로 시체 더미에서 한 걸음 물러나 멀리 떨어져서 사진을 찍는 것이 중요했고, 동시에 시체 더미에서 떨어져 있는 아이의 시체를 사진에 포함시켰다. 그의 사진 속에서 상처가 나고 훼손된 사람들 그리고 개인 얼굴들의 세부적인 사항은 집단학살의 엄청난 규모와 냉담함을 강조하고, 동시에 끔찍한 상처의 세부적이고 생생한 묘사를 피하기 위하여 표현되지 않았다.

그러나 우리는 세상에 대한 경험이 부족하고 도덕적으로 민감한 사람은 요구되는 일종의 비판적 거리두기를 달성할 수 없을 것이라고 생각할 만한 좋은 근거가 있을지도 모른다. 만일 어떤 사람이 충격을 받은 상태에 있거나 집단학살의 피해자들을 대신한 분노와 동정심에 휩싸였다면 비록 그들이 시체 더미를 찍는 과업을 심리적으로 대응할 수 있다고 하더라도 관련된 뉴스 요건을 유념할 가능성이 적을 수 있다. 그러므로 분노한 목격자는 당연히 그로써 야기된 기괴한 상처와 사망자의 특이성을 상세히 알리는 사진을 많이 찍고 싶을 수 있다. 그러나 사진의 특성을 고려해볼 때 그러한 사진은 아마도 어떤 뉴스 매체에서도 사용할 수 없을 것이고 더욱이, 초점이 자연스럽게 개인의 죽음에 맞춰지게 되어 집단학살의 규모와 본질을 알리는 데 실패했을 것이다. 윤리적인 측면에서, 우리가 그러한 악랄하고 잔혹한 범죄의 끔찍한 비도덕성에 민감해야 하지만 저널리스트가 자신의 업무 완수를 원한다면 그러한 반응은 밀쳐둬야 한다는 것이다.

그러나 만일 이것이 윤리와 저널리즘이 양립 불가능하다는 직관의 바탕에 깔린 사고라고 한다면, 잘못된 생각이다. 왜냐하면 저널리스트로서, 만일 그러한 사례에서 어떤 것이 도덕적으로 처방된다면 그것은 자신의 민감성을 발생하고 있는 끔찍한 사건을 증언하기 위해 가능한 최상의 사진을 찍는 것에 돌리는 것이다. 들라하예는 말했다. "나는 그것에 대하여 말할 것이 많다고 생각하지 않는다. 나는 단지 내가 그렇게 하지 않는 것이 비도덕적이라고 생각했기 때문에 이 사진을 찍은 것뿐이다."[12]

때로는 우리의 도덕적 민감성은 옳은right 또는 좋은good 행위를 할 때 우리에게 방해가 될 수 있고 방해하기도 한다. 커다란 시체 더미와 같이 많은 사람이 죽어 누워 있고, 신체가 훼손되어 품위 없는 모습을 촬영하는 것에 우리가 거북함을 느끼는 게 옳을 수 있다. 혐오감 중의 하나일 것 같은 그 평범한 인간 정서 반응은 우리가 행동을 그만둬야 한다는 것을 수반하지 않는다. 실제로 만일 그러한 반응이 적절하다면 저널리스트로서 우리가 반드시 해야 할 무엇이 있다면, 그것은 뉴스 가치가 있는 사진을 찍는 일이라고 말한다. 결국 우리는 아주 당연하게도 전쟁의 많은 결과와 행동에 혐오감을 느끼지만, 우리의 혐오감이 필연적으로 전쟁이 정당화될 수 없음을 함의하지는 않는다. 이것은 우리의 혐오감 그 자체가 정당화되지 않거나 부적절하다고 말하는 것이 아니다. 우리는 잔혹 행위, 전쟁 그리고 비인간적인 행위에 너무 익숙해져서 엄청난 인간의 고통 앞에서 꿈쩍도 않게 되는 군인과 저널리스트를 걱정할 것이다. 오히려 그것은 어떤 특정한 사례에서 우리의 혐오감에도 불구하고, 우리는 전쟁의 경우 싸워야 하는 것이건, 저널리즘의 경우 참혹한 사건을 목격하고 보도하는 것이든 간에 우리가 행동을 해야 할 도덕적 의무가 있다고 생각한다는 것을 보여주는 것이다.

더욱이 들라하예가 촬영한 사진의 사례에서, 우리가 집단학살의 특성에 적절하게 충격을 받았기 때문에 우리는 정확하게 괴로워했다. 그리고 그 결과의 사진에 의해 그렇게 괴로워해야만 한다. 실제로 이 사례가 드러내는bring out 것은 실용적인 활동의 영역과 도덕성 또는 윤리적인 성찰 사이의 대립이 아니라, 오히려 윤리적인 판단을 하고, 우리의 행위를 인도하는 도덕성 그 자체가 우선적으로primarily 실제적인 사안이라는 사실이다.13 따라서 요구되는 경험, 판단 그리고 역량은(이 경우에 훌륭한 사진작가에게 요구되는 기술적인 기능에서 그러한 비극의 특성과 뉴스 이해관심interest에 대해 적절한 판단을 하는 것까지) 어떤 윤리적으로 책임감 있는 저널리스트에 의해 길러져야만 한다. 만일 어떤 사람이 들라하예의 입장에서 사진 찍을 예상에 비위가 상했다면 필름에 사건의 특성을 잡아내기 위해 그들의 민감성을 극복할 의무가 있다. 그렇기 때문에 저널리스트는 윤리적이어야 하며, 이런 관점에 비추어 자신의 행위를 성찰해보아야 한다는 요구는, 저널리스트는 도덕적으로 순수한 사람이 되거나 그와 같이 행동해야 한다는 비현실적이고 이상적인 관념과 결코 비슷하지도 않고 실제로 그러한 관념을 배제한다.

내부로부터의 미디어의 이해Understanding the Media from the Inside

하지만 기자의 직무 수행이 윤리적 성찰 그리고 고결성과 양립할 수 없다는 생각은 특정한, 어쩌면 적절한 도덕적인 감정이 도덕적으로 순수한 사람들의 판단을 흐리게 할 수 있다는 것으로 단순히 환원될 수 없다. 그러나 여전히 가치판단의 특성을 인식하고, 비판적 사고가 수행할 수 있는 명료화의 역할을 인식하는 것이 매우 약한 결론만을 도출한다고 생각할 수 있다. 왜냐하면 미디어 전문가들은 주어진 관행 또는 전문직에 관여되어 있는 사람만 그것을(기자의 직무 수행) 비판적으로 성찰하거나 적절하게 이해할 수 있다는 생각에 기반을 두어 강한 회의론을 유지하기 때문이다. 아마도 로비 집단, 학자 또는 대중 일부에게 비판을 받는 기자들의 분개에는 이 생각과 같은 것이 기저를 이루고 있다.[14] 저널리스트, 프로그램 제작자 그리고 언론 기관들은 종종 전형적으로 저널리즘 및 미디어의 아주 기본적인 방법과 목적에 대하여 아무것도 모르는 비전문가들을 오로지 외부의 관점에서만 살펴볼 수 있는 것에 대하여 뻔뻔하게 비판할 자격이 가장 없는 사람들이라고 상정한다.

따라서 기저를 이루는 추정은 무엇인가를 올바르게 이해하기 위해서는 우리 스스로가 그것을 직접 경험해야 한다는 것이다. 우리가 테니스를 치거나 자전거를 타는 것을 시도해보지 않고는 테니스를 치거나 자전거를 타는 방법을 알 수 없는 것과 마찬가지로, (철학자들이 미디어에서 일한 경험이 거의 없거나 전혀 없기 때문에) 좋은 미디어 관행이 무엇인지를 우리가 이해하는 데 철학자들이 어떤 기여를 할 수 있다고 기대할 수 없다.[15] 어떤 특정한 관행을 이해하고, 모든 개별적인 사안에 다양한 문제를 적절하게 파악하기 위해서는, 우리가 이미 바로 그 관행에 우리 스스로 관여하고 있어야만 한다. 따라서 뉴스룸(편집국) 안에서 일하든 또는 지역 프로그램 제작을 하든, 우리가 이전에 미디어 세계 안에서 활동하지 않았으면 우리가 미디어 안에 만들고 싶어 하는 윤리적인 요구와 신념에 대해 어떠한 인식론적 정당화는 불가능하다. 단지 관행 내부 영역이나 관행 관련 영역에 직접 경험이 있는 사람만이 그것에 대하여 적절하게 숙고하고 성찰할 수 있다.

보다 요점을 구체화하기 위해, 어떤 종류의 경험이 없이 알맞은 철학적인 원칙 또는 직무 규약을 적용하는 것이 얼마나 문제인지를 생각해보자. 익숙한 기자의 관행인 '정보수집 전화collect call'를 예로 들어보자. 이런 전화는 저널리스트가 보도기사news story 사진을 구하기 위해 살인 또는 사고 피해자의 친구 및 가족들에게 하는 전화이다. 명백히 그 사진이 더 가슴 아픈 것일수록 기사에 더 좋으며, 따라서 비극과 관련된 아동, 노인, 경찰관 그리고 간호사의 사진들이 특히 인기가 있다. 전형적으로, 기자는 유족의 친구 또는 이웃에게 접근하여 그들이 어떤 상태에 있는지를 물어볼 것이다. 그 후 그들이 직접 또는 중개인을 통해 가족들에게 접근하여 뉴스 기사에 같이 나갈 사진을 제공할 수 있는지를 물을 것이다.

이제 저널리즘의 관행 밖에 있는 사람들은 대개 그런 관례를 잔인하고 거슬리며, 불쾌한 것으로 여길 수 있다. 왜냐하면 이것(관례)은 미디어 선정주의의 이득을 위해 고통과 슬픔의 영향을 가장 많이 받은 사람들을 이용하는, 불행한 피해자들에 대한 일종의 기생충적인 괴롭

힘과 관련된 것처럼 보이기 때문이다. 따라서 사생활이 존중되어야 한다고 생각하는 누군가가 특히 사별, 질병 또는 불행의 경우에 그러한 관례를 매우 비윤리적으로 보는 것은 당연하다. 그러나 만일 어떤 사람이 실제로 그런 전화를 해본 경험이 있거나 그러한 경험이 있는 사람의 이야기를 들어본다면 외부인이 어떠할 것이라고 생각하는 것과는 다르다. 물론 경찰관이 유사한 종류의 전화를 달갑게 여기지 않는 것과 마찬가지로, 대부분의 저널리스트는 단연코 정보수집 전화를 하는 것을 좋아하지 않는다. 그들은 커다란 고통의 한가운데 있는 사람들에게 접근하며 매우 개인적이며 감정에 북받친 무엇인가를 요구한다. 그들이 원치 않는 것은 불법 침입자가 되는 것이다. 따라서 민감한 sensitive 저널리스트는 가능한 중개인을 이용하는 것에서 불행한 사건에 대한 슬픔과 애도를 표현하는 것까지 관련된 가족에게 적절한 염려와 민감성을 보이기 위해서 다양한 전략을 활용할 것이다.

그러나 그런 민감성을 고려한다면 신문 기사를 설명하기 위한 사고 또는 살해 피해자 사진 요구가 본질적으로 잘못된 것이 없을 것으로 보인다. 중요점은 그러한 기사에 함께 실리는 사진의 이용은 단지 판매부수 증가 수단이 아니라는 것이다. 오히려 어떤 판매부수의 증가는 그러한 사진을 이용하는 본질적인 이유에 달려 있다. 즉, 좋은 신문이 그래야만 하는 것처럼 발생한 것의 특성을 좀 더 생생하게 전달해야 한다. 이런 이유로 영령기념일Remembrance Day 예배에서 IRA가 폭발물을 터뜨리고 난 후 북아일랜드의 피스 메이커 통신사의 저널리스트가 에니스칼렌Enniskillen 정보수집 전화를 걸었을 때, 그들은 그 사진이 단순한 글만으로는 표현할 수 없는 생생한 방법으로 폭발 사건의 사악한 특성, 즉 분쟁에 관여하지 않은 무고한 남자, 여자 그리고 아동들이 잔인하고 고의적으로 살해되었다는 것을 보여줄 것이라고 설명했다.

인간으로서 우리는 꽤 자연스럽게 보다 깊게 그리고 더 복합적이고, 심오하고, 복잡한 방법으로 특정한 개개인에 대응한다. 사진은 특정 개개인을 묘사represent함으로써, 삶을 빼앗긴 사람들을 실제로 보여주고, 절실히 느껴지게 한다. 비극은 사진이 없는 긴 기사보다 신중한 사진 사용으로 훨씬 더 생생하게 우리에게 전달될 수 있다. 납치되고, 학대당하고, 살해된 소년이 미소 짓는 모습, 얼굴의 주근깨, 새하얀 이빨을 드러낸 활짝 웃는 모습으로, 교복에 넥타이가 자랑스럽게 단정히 매여 있거나 반쯤 매여 있는 모습의 사진으로 표현될 때, 그 기사를 단지 또 다른 살인 통계자료로 일축하기가 더욱 어렵다. 사진은 비극의 특정한, 개인적인, 인간적인 본질을 절실히 느끼게 해준다. 따라서 과업의 불편한 특성에도 불구하고, 저널리스트가 희생자의 가족에게 그들이 사진을 원하는 이유를 설명할 때, 대부분은 아니더라도 많은 사람들은 일반적으로 동의를 하며 매체가 사용하도록 자신들이 사랑했던 사람들의 소중한 사진을 보여준다.

물론 그러한 사진을 비윤리적인 방법으로 구할 수 있다. 민감성sensitivity이 부족한 저널리스트가 가족을 따라다니거나 협박해서 사진을 볼 수 있다. 실제로 합의가 준비되지forthcoming 않은 곳에서 저널리스트는 자신의 편집자를 위해 심지어 기만적인 방법으로 사진을 획득할 만큼 비열해질 수 있다. 예를 들어, 비협조적인 가족에게서 사진을 구하는 한 가지 방법은 차를 한 잔 요구하고 거실에 혼자 있게 되었을 때 거실 벽난로 뒤의 장식용 선반에서 소중한 사진을 낚아채는 것이다. 사진이 한 주 뒤에 사용되고 난 후 되돌려졌을 때 편집자는 가족의 협조에 대한 감사문을 포함시킬 수 있다. 의심의 여지없이 슬픔에 잠긴 가족은 어쩌면 그들이 동의하지 않았다는 사실을 기억하지 못할 수 있다. 따라서 저널리스트는 상처받기 쉬운 사람들을 기만적이고, 부정직하며, 비도덕적인 방법으로 괴롭힐 수 있다. 그러나 여기서 잘못된 것은 정보수집 전화 관행 그 자체가 아니라 오히려 목적을 이뤄낸 방법이다. 기자가 적절한 민감성을 가지고 있을 경우 가족의 동의를 요청하고 받아내며, 사진은 적절하게 사용되고, 실제로 관행에 관해 어떤 도덕적으로 의심받을 만한 것이 없는 것으로 보일 것이다.

이러한 예를 설명할 수 있는 것은 우리가 경험이 없거나 우리와 관련이 없는 절차 또는 관행은 도덕적으로 매우 미심쩍은 것으로 보일 수 있다는 생각이다. 그러나 관련자들의 경험에 비추어 그러한 관행을 더 꼼꼼히 따져 물어볼 때examine, 실제로 관련된 것이 드러나고, 관행들이 본질적으로 비윤리적이지 않으며 더욱이 적절한 민감성을 지니고 수행할 때, 훌륭한 관행으로 된다고 볼 수 있다. 훌륭한 저널리스트는 자신의 경험을 통해 협박, 속임수 또는 기만에 의지하지 않고 정보수집 전화를 할 수 있다는 것을 알게 된다. 만약 직접 경험이나 관행 안의 사람들의 경험에 의해 알게 된 지식이 없다면 외부인들은 사생활 존중이 정보수집 전화를 불가능하게 한다고 생각할 수 있다. 이런 이유로 그 생각은 포함되는 것, 포함해야 하는 것 그리고 포함될 수 있는 것에 대한 윤리를 적절하고 충분히 숙고deliberate하기 위해서는 반드시 저널리즘의 경험이 있어야 한다는 것이다.

하지만 우리는 직접 경험이 특정 관행을 타당하게 비판적으로 성찰하는 데 충분하지 않다는 것을 인정해야 한다. 많은 보통의 저널리스트는 그들이 하는 것에 대한 이유를 명확하게 표현할 가능성 없이 선례를 의심 없이 따를 수 있다. 실제로 시간 제약과 기관의 압박을 감안할 때, 저널리스트들은 외부인들보다 정직, 기만, 사생활 보호 그리고 위법 행위에 대하여 의문을 제기할 가능성이 적을 수 있다. 어느 누구도 친구를 소외시키거나 동료를 폄하하거나 또는 자신 고용주를 공격하기를 원하지는 않는다. 더 중요하게, 단순히 어떤 사람이 관행의 외부에 있다는 것이 관행을 이해하거나 비판적으로 성찰하지 못하게 하는가? 일부 최고의 예술 비평가들은 예술가가 아니며, 정치학자들이 정치가인 것도 아니며, 이것은 확실히 좋은 점이다. 저널리즘과 매체에 대한 많은 비평가들은 그들 자신이 현재 활동하고 있는 저널리스트들이 아니지만, 이로 인해서 그들의 생각 또는 비판이 어떠한 가치를 갖지 못하게 하는 것은 전혀 아니다.

실제로 지식이 경험에 의존한다고 여길 상당한 근거가 있다. 내가 테니스의 근본적인 원리를 판단할 수 있지만, 내가 실제로 테니스를 치려고 시도해보지 않고는 칠 수 없을 것이다. 이와 마찬가지로, 최근에 사별한 가족에게 비극적인 불행, 사고 또는 살인 피해자의 사진을 구하기 위해 정보수집 전화를 거는 이유를 이해할 수는 있다. 하지만 실제로 그러한 전화를 거는 사람을 도제가 하듯이 따라다니거나 또는 전화를 스스로 걸어보고 실제로 관련된 복잡한 일을 알려 하지 않고서는 나는 관련된 일종의 어려움을 인지하지 못할 수도 있다. 결국 이것이 바로 우리가 경험으로부터 배우는 이유이다. 그러나 비판적 성찰이 관련된 사안에 대한 우리의 이해를 심화시키며 우리의 실천을 변화시킬 수 있다고 인식하는 것과 참된 이해가 경험에 달려 있다고 주장하는 것은 양립할 수 있다. 비판적 성찰이 그러한 역할을 할 수 없다면, 우리의 이해는 실제 경험을 넘어설 수 없을 것이다.

또한 비판적인 성찰은 우리가 관행 안에 물들어 있는 사람들이 관행에 대해 느끼는 것과 독립적으로 어떤 것의 근본적인 이유를 보다 명확히 생각할 수 있게 한다. 저널리즘이건 정치건 주어진 관행에 관련된 사람들을 이해하기 위해 우리는 그들 자신이 그것을 이해하는 방법을 알기 위해 노력해야 한다. 그러나 그들의 자기 이해는 진실의 보증인이 되지 못한다. 예를 들어, 노예 제도의 관행에 관련된 사람들을 이해하기 위해서는 노예 제도 관행에 있는 자들이 자신을 어떻게 이해하는지 살펴볼 필요가 있는데, 그들은 스스로를 도덕적 고려의 가치가 없는 인간 이하의 종 또는 부족을 거래하는 사람이라고 이해한다. 그럼에도 불구하고 우리가 비판적인 관점에서 본다면, 그들이 노예로 대하는 사람들이 인간이며, 더구나 민족적, 종교적 또는 문화적 차이가 사람들을 도덕적 관심영역에서 배제하기에 충분하지 못하다는 것을 이해할 수 있다. 중요한 점은 오늘날 우리가 인정하는 관행은 과거의 노예 제도와 마찬가지로, 비판적으로 살펴보았을 때 문제적인 것으로 드러날 수 있다는 것이다. 따라서 저널리즘적인 기만, 사적 비밀에 대한 침해, 선정주의 그리고 관음증은 비록 현대 미디어 관행의 일반적인 부분일지 모르나 도덕적으로는 문제적일 수 있다는 것이다. 그것들이 문제적인지와 그 판단의 이유는 오로지 비판적인 철학적 탐구의 측면에서만 발견이 가능하다.

우리가 관행의 적절한 근거를 따져 물으려examine 애쓰지 않는다면,

우리가 하는 일이 실제로 정당화될 수 있는 일인지 아닌지를 알 수 없다. 개인적·공동체적 차원에서 잘못 판단할 가능성을 인식할 수 있고, 인식한다는 것은 조야한crude 도덕적 상대주의를 배제하는데, 이 상대주의는 사물이 실제로 존재하는 방식에 관한 무비판적인 오만을 지지한다. 이것이 상대주의 그 자체를 배제하지는 않는다는 것을 인식하는 것이 중요하다. 도덕의 영역에서 우리가 가치 있게 여기는 것에는 흠잡을 데 없고, 제거될 수 없는 의견 불일치가 존재할 수 있고, 이는 범주적인 도덕성과 구분된다고 생각한다. 그러나 우리가 선한 것으로 여기는 도덕적 원칙에 대하여 이것이 참이라고 하더라도, 외부의 검토와 비판적 평가의 대상이 되지 않는다는 잘못된 추정에서 이끌어진 것은 아니다. 따라서 이론적 성찰은 우리가 기존의 관행을 보다 효과적으로 수정하거나 새로운 관행을 확립하게 할 수 있으며, 실제로도 확립하도록 한다.

　나는 대체로 많은 철학자, 이익집단 그리고 미디어 관행의 여러 비판자들이 기자와 미디어 관행에 대해 피상적인 이해밖에 갖지 못한다는 것을 부정하려는 것은 아니다. 이런 이유로 미디어 비평과 윤리적인 토론은 실제 발생하는 부도덕하고messy, 복잡한 사례와 딜레마를 착각하게 만드는 경향이 있다. 기자의 관행 또는 미디어의 검열에 관련하여 제안되는 윤리적 규범과 규정은 종종 매우 단순하고 보잘 것 없어서, 명백하게 쓸모없는 것에서부터 매우 해로운 것까지 있다. 그러나 이것이 비판적인 성찰의 중요성과 목적을 부정하는 것은 아니다. 실제로 매체 직업전문가들은 단순히 기술적인 사안에서부터 보다 명백한 윤리적인 사안에 이르기까지 그들이 하는 일에 대해 비판적으로 성찰할 필요가 있다고 그들 스스로가 지적한다.[16] 그러나 이것이 보여주는 것은 기껏해야 관행 내부자들의 경험이 관행에 대한 윤리적인 성찰을 하는 우리에게 정보를 줘야 한다는 것이다. 그러므로 현실의 윤리적인 이슈에 대하여 비판적으로 검토하기 위해서, 우리는 최소한 저널리즘과 매체에 관련된 사람들의 경험을 잘 알고 있어야 한다.

결국 관련된 관행과 관습에 대한 우리의 판단은 필연적으로 상대적이다. 따라서 우리에게 저널리즘과 미디어의 역사 및 발전에 대한 감각에 근거하여 이전의 것과 비교하는 능력이 요구된다. 그러한 인식은 현대 미디어 유행의 방식 또는 특정한 단체 그리고 정부 의제institutional agenda의 숨겨진 편견에 의해 제약받을 가능성을 줄여줄 것이다. 더욱이 그러한 비교의 기반은 특정한 사례에서 판단의 근거를 더 분명히 명백하게 할 수 있게 한다. 만일 우리가 외부의 비판을 신뢰할 수 있기 위해서는 그들이 공감적으로 충분히 분별력이 있고, 비록 그들이 관행과 관습에 동의하지 않더라도 이것들[관습과 관행]의 요지를 인식할 수 있다고 가정해야만 한다. 예를 들면 광고가 거짓말을 한다는 이유로 모든 광고를 묵살하는 어떤 사람의 말을 경청하지 않을 것이다. 그러한 비판은 광고의 요점과 목적을 잘못 이해하고 있다. 이것은 외부의 비판을 배제하는 것이 아니라 잘못된 정보에 기반을 둔 비판만 배제하려는 것이다. 결국 그 관행은 외부의 비평가가 볼 수 있는 방식으로 부패했을지도 모른다.

비판적인 탐구 미디어 관행은 서로 봉쇄되어 있지 않다. 실제로 철학적인 조언 없이는 보도, 제작 그리고 촬영하는 사람은 그들 스스로가 우선 뉴스의 요점, 개인과 기관 책임의 특성, 충성심과 공중의 이익

사이의 갈등, 검열 고려사항의 효력 등과 같이 다양한 이슈에 대하여 명확히 할 수 없다. 우리는 단순히 원칙의 추상적인 분석이나 관련된 논쟁을 논증하는 것에 관여하는 데 그치지 않는다. 오히려 우리는 특정한 묘사들이 왜 다른 묘사보다 더 적절한지 그리고 왜 저널리즘과 미디어가 가치 있어져야 하는지에 관여한다. 따라서 부분적으로는, 누군가가 요점을 놓치고 있는 것일 수 있다는 것을 보여주려 노력하면서 주장을 진행해야 한다. 이 책에서 파악하려 애쓰는 것은 직관, 적절한 묘사와 원칙의 분석 사이의 상호작용이며, 이것은 훌륭한good 저널리스트가 준수해야 하는 가치와 개념, 원칙들에 대한 더 깊은 이해를 위한 것이다.[17]

비도덕주의와 미디어Immoralism and the Media

그럼에도 불구하고, 미디어media 윤리 배후의 동기를 부여하는 마지막 하나의 중요한 도전challenge이 있다. 그 생각은 본질적으로 뉴스 미디어와 저널리스트는 자신들의 전문적인 역할을 제대로 수행하기 위해 비도덕immoral적일 만반의 준비를 해야 한다는 것이다.[18] 결국 많은 사람들은 정치가가 도덕적 성인이기를 기대할 수 없고, 특히 우리의 적들에 대해 항상 진실을 말하길 기대할 수 없다고 생각한다. 비슷하게 추문을 알아내고 공중이 원하는 것을 제공하기 위해서 선정주의, 기만 그리고 뇌물수수에 저널리스트들 자신이 관여하고 있다는 것을 발견할 수 있다. 다른 말로 표현하면, 그러한 생각은 어쩌면 최소한 저널리스트와 같이 미디어에 소속된 사람들은 보통의ordinary 상식적 도덕성에 얽매이지 않는다는 것이다.[19] 들라하예 사례에서 나는 저널리스트의 도덕적 의무는 실제로 대량 학살에 관련된 뉴스 이해관심과 일치하였다는 것을 제시한 바 있다. 관련된 뉴스 이익과 저널리스트의 도덕적 의무 둘 다는 특정 개인 또는 잔혹 행위에 초점을 맞추지 않고 들라하예가 대학살의 규모와 특성을 포착하는 사진을 찍어야만 하는 것을 필요로 했다. 그러나 물론 저널리스트의 도덕적 의무와 직업적 이해관심이 거의 완전히 나누어지는 것처럼 보이는 많은 사례가 존재한다. 즉, 특정한 종류의 사례에서는 전문적 저널리스트로서 행위를 하는 것이 사실상 우리에게 비도덕적일 것을 요구할 수도 있다.

예를 들어, 1988년 12월 21일 런던에서 뉴욕으로 가는 팬Pan 103편 항공이 스코틀랜드의 록커비 상공에서 폭발하였을 때, 저널리스트들이 어떻게 반응했는지 생각해보자. 기내board에 설치된 폭발물의 폭발로 비행 중에 270명의 사람들이 죽었다. 친구, 가족 그리고 지인들은 가장 가깝고 가장 사랑하는 사람들이 잔인하게 죽은 것을 알게 된 몇 시간 안에 죽은 사람들에 관한 상세한 내용을 알아내려 하는 저널리스트 및 방송관계사들의 전화를 받았는데, 이는 그들이 스스로 비극에 대해 실제로 알게 된 바로 직후였다. 죽은 사람들 중에서, 35명이 시라큐즈Syracuse 대학의 학생이었으며, 해당 대학에서는 학생들을 위한 추모 예배가 거행되었다. 그러나 헨드릭스 채플의 추모 예배에서 학생들은 예배 전 사진작가와 기자들에게 괴롭힘을 당했다. 복도는 저널리스트, 텔레비전 장비, 카메라 기계로 넘쳐 났으며, 터뜨려진 섬광등은 추모 예배를 산만하게 했으며 방해했다. 반면에 세심하게 계획된 카메라 장면은 가장 사적인 슬픔의 순간에 있는 사람들을 따라 이동하면서 그러한 비극적인 사건이 남겨진 사람들에게 입혔을 잔인한 영향을 마음대로 침입하고 있었다.[20] 그와 같은 기자의 행동은 기사를 취재하기 위해 필요하지만, 그 자체적으로는 우리가 윤리적으로 적절한 반응이라고 여기는 것에 어긋나는 것 같다. 최소한 자신의 친구 또는 부모가 막 비행기 사고로 사망한 사람에게 "어떤 느낌인가?"라고 묻는 것은 부적절하며, 최악의 경우에는 관련된 사람들의 비극의 특성에 대해 전적으로 민감성이 부족해 보인다. 직업적으로 말해, 기자의 반응은 아무리 불쾌하다고 하더라도 그러한 사건을 취재해야 한다는 것일 수 있다. 기사는 취재해야 하고 사진은 찍어야 하고, 비극의 정보, 슬픔, 특성에 대하여 보도하거나 전달하기 위해 질문을 해야 한다. 결국 만일 비행기가 폭파되지 않았다면 기사, 슬픔, 비극도 없었을 것이며, 따라서 저널리스트도 거기 있지 않아도 됐다.[21]

한 여성의 특정한 히스테리적인 슬픔의 사례에서 우리는 이런 종류의 관점이 어떻게 전문적인 저널리즘과 윤리적인 책임 사이의 대조로 구체화되는지 알 수 있다. 텔레비전 카메라 팀과 기자들은 103편 항공기의 승객들을 기다리는 많은 친구 및 친척들이 도착하거나 또는 심지어 사망 소식을 듣기 전에 뉴욕 공항에 도착해 있었다. 당연히 승객들을 기다리는 사람들은 걱정이 되었고, 늘어나는 텔레비전 카메라와 저널리스트들로 더욱더 제정신이 아니었다. 결국 비행기 폭발과 관련된 정보가 승객을 기다리던 사람들에게 전해졌다. 대부분의 기자, 사진작가 그리고 텔레비전 카메라들이 분리된 일등석 라운지 근처에 자리를 잡은 후에 한 부부가 공항에 막 도착했다. 여인은 저널리스트와 카메라맨 근처에 서 있던 팬Pan 직원에게 다가가 이곳이 왜 이 난리냐고

물었다. 그녀의 딸이 타고 있던 103편이 폭파되었다고 직원이 말했다. 그러자 그녀는 비명을 지르고 울부짖으며 치마가 올라간 채 바닥을 기며 히스테리적인 발작을 일으켰는데, 그것은 딸의 죽음에 대한 가장 고통스러운 슬픔의 표현으로밖에 묘사할 수 없는 것이었다.

카메라는 그녀가 지속적으로 발작하는 것에 주목했다. 사람들은 바닥 위에서 울부짖는 장면을 찍으려고 경쟁했으며 일부는 즉각 텔레비전으로 중계되었다. 그의 팀을 BBC에서 감독한 프리랜서 기자가 말했다. "나는 실제로 무엇이 일어나고 있는지 몰랐다. 나는 이 사람이 공항에 온 사람이고, 자신의 딸이 비행기에 타고 있었으며, 지금 막 그것을 알게 된 사람이라는 것을 몰랐다. …. 나는 이와 같은 것들을 전혀 들은 바가 없었다. 단지 즉각적인 반응을 했을 뿐이다. … 봐, 그냥 찍어."[22]

그 장면은 CNN 채널을 통해 방송되었다. 끔찍한 공포 속에서 바닥에서 짐승같이 몸부림치는 이 여인의 방송 영상은 카메라맨과 저널리스트가 묘사한 것이다. 그러나 많은 사람들은 그녀의 동의 없이 그리고 그녀의 입장에 대한 어떤 공감이나 이해를 고려하지 않고 본질상 사적인 그녀의 슬픔, 분노, 무기력, 절망이 모든 시청자들에게 전시되는 것에 분노했을 것이다. 그들 앞에 비극적인 사건을 애통해하는 행위 그 자체에서 저널리스트와 뉴스 미디어는 타인의 비극에 대한 소름 끼치는 호기심과 음울한 즐거움을 조장하는 것처럼 보인다.[23] 비록 대부분의 저널리스트들은 그와 같은 사건을 테이프에 담는 것이 자신들의 직업적인 의무라고 여길 수 있지만, 그것은 비윤리적인 저널리즘의 전형적인 사례인 것 같다.

팬 암Pan Am 참사에 대한 기자의 보도가 보여주는 것으로 생각할 수 있는 것은 일반적으로, 저널리즘이 본질적으로 엽기적이고 기생적이라는 것이다. 즉, 우선적으로 저널리즘은 타인의 비극과 불행을 먹잇감으로 삼는 것과 관련된다. 케네디 오나시스Jacqueline Kennedy Onassis가 자신의 뉴욕 아파트에서 죽어가고 있을 때 뉴욕에서는 그녀가 이미 사망했거나 또는 최소한 그녀가 수명이 다했다는 소문이 퍼져 있었다. 그래서 수백 명의 기자, 카메라맨 그리고 텔레비전 팀이 5번가 그녀의 아파트 밖에 모였다. 재클린 케네디의 시신이 아파트 단지의 정면으로 나올 것인지 뒤쪽으로 나올 것인지에 관한 《뉴욕 데일리 뉴스Daily News》의 두 기자 사이의 대화 발췌문은 이러한 분석을 증명하는 것 같다.

> 데일리 뉴스 기자 롭 스파이어Rob Speyer : 만약 그들이 시신을 가지고 나온다면 다른 쪽에서 가지고 나올 거라 생각해요. 앞문 쪽에서 시신을 가지고 나오지 않을 것 같아요. 시신을 차양 밖으로 즉시 가지고 나온다면 얼마나 소란스러워질지 상상하실 수 있어요?
> 데일리 뉴스 기자 2 : 알아요. 하지만 그것은 약간의 존중과 같습니다. 뒤쪽에는 쓰레기봉투 같은 게 있고….
> 롭 스파이어 : 나는 모르겠어요.… 나는 5,000명의 카메라맨이 그녀의 시신을 짓밟는 것만큼 무례를 표하는 것을 상상할 수 없어요.[24]

이와 유사한 방식으로 데일리 뉴스의 정치 특파원인 폴 슈바르츠맨Paul Schwartzaman은 자신이 대부분의 시간을 뉴욕의 줄리아니Giuliani 시장을 따라다니며 보낸 사실을 논하며 뉴스 저널리즘은 하나의 소름 끼치는 일이라고 시사했다. "무슨 일이 벌어질지 우리는 전혀 모릅니다. 우리는 단지 그 사람이 머리에 총을 맞는 순간이 있을 수 있기 때문에 많은 시간 일을 합니다."[25]

그래서 뉴스 저널리스트들이 사건에서 가진 그 이해관심의 종류 그 자체가 본질적으로 미심쩍은 것일 수 있다. 더욱이, 뉴스 가치가 있는 사건에서 공중의 이해관심을 자극하는 정보를 얻는 것과 관련된 직업 기자의 활동은 그 자체가 비윤리적일 수 있다. 정보에 대한 대가를 제안하는 것에서 기만, 뇌물수수까지 이르는 전략들은 저널리즘 관행에서 오랜 역사를 지니고 있으며 종종 기자의 다양한 특종과 독점 기사의 획득에 이것들이 포함된다. 기자가 비극의 희생자에 관한 기사를 보도하기 위해 친척 집에 소매치기snatchmen와 함께 가기도 했다. 소매치기의 일은 그 친척이 사진이 없어진지 모르게 신문에 기사와 함께 내보낼 죽은 사람들의 사진을 훔치는 일이었다. 때로는 사진이 친척에게 협조에 감사한다는 편집자의 메모와 함께 돌려보내지곤 했다.[26] 따라서 그러한 사례에서 도출할 수 있는 결론은 (록커비 사례에서는 비행기 사고에 대한 정보와 죽은 이들과 가장 가깝고 그들을 가장 사랑하는 사람들이 받은 영향을 보도하면서) 저널리스트들은 그들의 기능을 수행하기 위해 우리가 일상생활에서 통상적으로 준수하는 윤리적인 세부 사항에 관심을 갖지 않아야 한다는 것일 수 있다. 전문적인 저널리스트들은 (최소한 그들이 진정으로 전문적인 한) 상식적인 도덕성을 존중할 수가 없는 것이다.

정당성이 입증된 미디어 윤리|Media Ethics Vindicated

하지만 그러한 고려사항은 상당히 반대되는 것을 시사한다. 일반 대중이 많은 미디어 전문가들과 마찬가지로 스스로 록커비 재앙에 대한 보도의 여러 측면에 분노했다는 사실 자체가 최소한 미디어 윤리에게 한 가지 중요한 역할을 제시한다 할 것이다. 왜냐하면 비판적인 성찰이 우리에게 할 수 있게 해주는 것은 저널리즘과 미디어 관행에 대하여 우리가 실제로 지니고 있는 직관, 개념 그리고 신념을 명료하게 하는 것이기 때문이다. 따라서 철학적인 사고는 유용하게 우리가 행동을 다스려야 한다고 생각하는 원칙을 공식화하고, 비판적으로 설명하고, 그럼으로써 평가하기를 열망할 수 있게 한다. 따라서 우리가 기자의 입장과 미디어의 관행 안에 가능한 모순을 없애는 것을 추구할 수 있다.

그러한 역할은 중요한데, 그것은 일단 우리가 상당하게 동의할 수 있는 원칙을 공식화하고 나면 우리의 미래 행동을 운영하는데, 특히 우리의 판단이 우리의 기대에 어긋나는 데서 이 원칙에 주목하게 할 수 있기 때문이다. 따라서 록커비 사례의 경우 비행기 사고의 특성, 승객들의 도착을 기다리던 사람들의 슬픔 그리고 그 결과 치러진 추모예배가 발생된 사건에 침해와 무감각함 없이도 전달될 수 있었을 것이 명백한 것 같다. 사진 자체가 그들의 슬픔을 충분히 전달하고 있는데, 여인의 과잉 흥분hysteria이 방영되거나 그들의 기분이 어떤지 물을 필요가 없었던 것이다.

더욱이 동일한 추론이 유사하면서도 구별되는 사례에서도 어떤 행동이 적절했을 것인지를 명확히 해줄 것이다. 여인의 과잉 흥분을 보여주는 것을 가로막는 동일한 고려사항에 따라 보스니아에서 새카맣게 탄 시신들을 보여주는 것을 금지할 수 있는데, 그것은 그 이미지들 자체가 참혹하였기 때문이며, 반대로 르완다의 대량 학살의 경우 특정한 시신과 상처 자체가 배경으로 처리되었다면 허용했을 수 있다.

물론 많은 저널리스트들은 반드시 발생하는 불행 또는 행운의 경우에 공적 인물public figure을 꽤 정당하게 따라다닌다. 그러나 이것은 대중들에게 그들이 살고 있는 세상 안의 중요한 사건을 알리기 위한 이러한 행동의 필요성에서 비롯된다. 그것에 본질적으로 비도덕적인 것은 아무것도 없다. 기자와 카메라맨은 이해관심이 있는 대중들에게 재클린 케네디가 죽어가고 있다는 것을 보도하고 그녀의 죽음에 대한 보다 전반적인 묘사를 전해줄 사진을 얻기 위해 그녀의 아파트 밖에 있어야 했다. 그래서 일간 신문인 포스트는 16페이지에 달하는 재클린 케네디에 관한 별책 특집을 실었고, 16,000부를 추가 판매할 수 있었다.

재클린 케네디가 죽어가는 동안 그리고 그 후 그녀의 장례식에 기자들이 모였다는 사실은 누군가에게 역겨울 수 있지만, 그것은 장의사의 일보다 조금도 더 비도덕적이거나 덜 비도덕적인 것으로 보이지 않는다. 장의사는 적절한 시체 매장과 표현된 공중의 슬픔의 형태를 위해 특정한 과업을 수행해야 한다. 저널리스트들이 비극적인 일이든, 불행한 일이든 또는 존경할 만한 일이든 관계없이, 일어난 바대로 보도를 하고 사진을 찍어야 하는 것도 마찬가지이다. 중요한 것은 기자, 저널리스트 그리고 미디어가 관련된 사람들에 대한 정중함과 존중을 가지고 이러한 기능을 수행하는 것이다. 실제로 그들의 기능을 잘 수행하기 위해서 미디어는 대중의 신뢰와 그들이 말하는 것에 대한 존중을 유지하기 위해 특정한 가치를 존중해야만 한다.[27] 그러면 언급된 양립 불가능성은 원칙에 관한 것이 아니며, 미디어 윤리는 모순어법이 아니지만, 관련된 기능들을 다소간 존중할 만하게 수행하는 특정한 방법과 연관되어 있다. 전문성은 윤리적인 책임과 분리될 필요가 없다.[28]

　윤리적인 저널리즘에 대한 이의제기는 받아들이기에 이상하고 매우 타당해 보이지 않는 입장이다. 결국 철학적인 윤리는 전형적으로 윤리적인 이론에 대한 이해뿐만 아니라 윤리적인 원칙과 그것의 적용을 비판적으로 수정하는 것을 포함하며 원칙은 그것들이 규범적이면서도 한편으로 실용적이기 때문에, 매일매일 생활 속의 숙고와 의사결정에 직접적인 영향을 미친다. 실제로 윤리적이어야 한다는 요구가 가장 실용적인 정치를 포함하여 실제적 삶의 모든 측면에 적용된다는 것을 인정하면서도 미디어 윤리에 반대하는 것은 기이하다. 철학적 윤리 가치의 일부는 그것을 우리의 평범한 삶에 적용하는 것 그 자체에 있다. 윤리적인 의무와 요구로부터 미디어 기관과 기자의 관행이 제외되어야 한다는 대비되는 모습은 없다. 따라서 우리는 저널리즘과 미디어에 속한 사람들이 세상의 중요한 사건에 대한 정보를 제공한다는 목적을 추구하면서 윤리적으로 존중받을 수 있는 방식으로 행동할 것을 요구해야만 한다.

1 이것의 좋은 예는 Philip Meyer's *Ethical Journalism*(New York: longman, 1987), Edmund B. Lambeth's *Committed Journalism*, 2nd ed edition(Bloomington, IN: Indiana University Press, 1992), and Clifford Christians, John Ferre, and Mark Fackler, *Good News: A Social Ethics of the Press*(New York: Oxford University Press, 1993)를 포함한다.

2 수련 기자들이 미디어 윤리 수업을 수강하고, *Columbia Journalism Review*와 *Quill*과 저 널들이 정기적으로 이와 같은 문제에 주목하는 미국과 달리, 영국에서는 어떠한 실수도 인정하지 않기 위해 노력하는 것이 기본적인 규칙으로 보인다. 이에 따라《선데이 텔레 그래프*The Sunday Telegraph*》의 Peregirne Worsthorn은 "저널리즘이 거짓된 신성함으로 속일 때보다 진실된 상스러움으로 넌더리나게 할 때가 덜 해롭다. 그리고《데일리 텔레 그래프*The Daily Telegraph*》와《스펙테이터*The spectator*》의 저널리스트 크리스토퍼 필 드(Christopher Fildes)는 윤리는 우리에게 필수적이지 않은 성장 산업이라고 주장했다.

3 예를 들면, 1990년에 실시한 모리(MORI)의 여론조사에 따르면 "영국의 언론이 책임감 있게 행동하는가에 대해 물어본 질문에 과반수 이하가 동의했고, 73%가 언론이 공인들 의 삶을 너무 많이 침해한다고 생각했다. Raymond Snoddy, *The Good, The Bad and The Unacceptable*(London: Faber, 1993), pp.16-17 참조.

4 예를 들어, Paul Weaver's *News and Culture of Lying*(New York: Macmillan, 1994) 참조.

5 언론이 자동적으로 주장하는 언론 자유권은 언론 보도가 사법절차에 편파적인 영향을 주는 경우에 있어서 특별히 부정적으로 보인다. 예를 들어 1995년 1년 가까이 이어진 O. J. 심슨(O. J. Simpson)의 재판에서 미디어의 역할을 살펴보면, 텔레비전 카메라가 그 자리에 있었다는 것과 그 결과 언론이 열광적인 관심을 보였다는 것으로 인하여 발생 할 수 있을지 모르는 영향력은 배심원에게는 물론이고, 증언대에 서는 증인과 그들의 업무를 수행하는 변호사 그리고 그 사건을 받아들이는 대중의 편견에 영향을 주었을 수도 있다. 영국에서 테일러(Taylor) 자매의 살인에 대한 유죄판결이 1993년 각하되었는 데, 상급법원이 언론 보도가 편파적이었다고 판단했기 때문이다. 재판은 공중의 욕망이 나 편견 혹은 미디어 의제에 의해 조작되고 알려지기보다는 공중 영역에 대하여 일정 한 거리를 가질 것이 요구되기 때문이다.

6 Lucas A. Powe, Jr., *The Forth Estate and Constitution; Freedom of the Press in America* (Berkley and Los Angeles, CA: University of California Press, 1991) 참조.

7 대중에 대한 노골적인 거짓말과 관련된 명백한 사례는 다운 라이트가 8살 소년의 마약 중독에 관하여 쓴, 완전히 위조된 이야기인 재닛 쿡(Janet Cooke)의 '지미의 세상'이다. 이 기사는 1980년에 퓰리처상을 받았으나 1년 후에 상이 취소되었다. 그리고 워싱턴포 스트지는 그 이야기에 대해 폭로기사를 실었다. 영국의 조금 더 복잡한 사례를 보자면, 영국 하원의원에게 금전지급의 대가로 질문을 했다는 의혹에 대하여《선데이 타임스》 가 1995년 7월에 진행한 조사였다. 그 탐사보도 자체는 거짓말과 다양한 형태의 속임수 가 포함되어 있었다. 여기에서 주목할 점은 기자와 신문사가 그러한 속임수에 관련되거 나 고결성이 부족한 경우에는 대중을 속이고 아직 잡히지 않은 공인을 고발하는 것이 훨씬 어려울 것이라는 것이다.

8 미디어 프로그램의 종류와 증가하고 있는 확산성, 다양하고 급증하는 미디어 프로그램 의 증가, 뉴스 미디어의 관행과 활동에 관련된 텍스트 숫자의 증가, 많은 공중 캠페인, 공인이 게이임을 밝히는 활동과 같은 공중 캠페인, 케이블 폭력 기획에 반대하는 목소 리는 언론과 미디어 윤리의 측면을 다양한 방식으로 환기시킨다.

9 예를 들어, 저널리스트의 업무 규약의 확립, 행동지침 프로그램의 작성, 광고 규제는 대 중의 걱정을 완화시키는 데 유용한 수단처럼 보일 수 있다. 미국의《로스앤젤레스 타임 스》는 그 신문의 저널리스트들을 위하여 문서화된 윤리 규약을 갖고 있다. 또한 영국에

서는 사생활과 그 중요성에 대한 캘커트 위원회(Calcutt Committee)의 1990년 보고서 이후, 언론 위원회는 뉴스산업이 제정한 규약에 대하여 감시의 기능을 하게 되었다.

10 Michael Oakeshott, *Experience and Its Mode*(Cambridge University Press, 1933), pp.69-81 and pp.331-346, 철학적 이론화(그 본질적 특정에 의해)는 특정한 관행과 전문직에 적용할 수 없다.

11 Mary Midgley, 새로운 칼을 사용해보자(trying out One's New Sword, in *Heart and Mind*)(London Routledge, 1981). 또한 매일매일 삶에서 악덕과 미덕(*in Vice and Virtue in Everyday Life*), ed Christina Sommers and fred Sommers, 5th ed(Fort WORTH, TX: Harcourt Brace, 1993), pp.174-180.

12 Luc Delahaye 결정적인 순간: *Photographs that changed World*, BBC TV 1994.

13 아리스토텔레스가 인식했듯이 추론과 성찰의 역할은 함양해야 할 기질, 억제해야 할 욕구 그래서 어떠한 사건에서도 적절하고, 적정한 행동의 방침은 무엇인지 인식하는 것을 가능하게 하는 것이다.

14 예를 들어, 미국 편집자들 대부분은 언론의 직무 수행과 책임에 대해 비판적으로 조사한 Huchins Commission의 1947년 제안에 대해, 뉴스에 대해 아무것도 모르는 지식인들의 쓸데없는 생각을 강요할 수 있다는 점을 근거로 비판했다. Gene Gilmore and Robert Root, '기자를 위한 윤리(Ethics for Newsmen, in *Ethics and the Press*)', John C. Merill and Ralph D. Barney(New York: Hosting House, 1975), p.33. 이러한 종류의 불평은 저널리즘과 언론 기관에만 한정되는 것은 아니다. 변호사, 사업가, 의료 서비스 종사자, 사회복지사들은 모두 특정 관행의 이유에 관심을 갖는 철학자들에 대하여, 그들이 원칙적으로 무엇이 수반되는지 모른다는 근거로 비판을 제기한다. 의료 윤리와 관련하여 이와 같은 주장을 명확히 하는 것을 위해 Anne Maclean, *The Elimination of Morality*(Routledge: London, 1993) 참조.

15 Stephen R. L. Clark's "Abstract Morality, Concrete Cases," in *Moral Philosophy and Contemporary Problems*, ed. 1. D. G. Evans(Cambridge: Cambridge University Press, 1987).

16 Meyer, *Ethical Journalism*, pp.189-200 참조.

17 In Plato's *Protagoras and Meno*, trans. W.K.C. Guthrie(Harmondsworth: Penguin. 1956), 소크라테스는 무엇이 덕을 구성하는지 정의내리는 질문을 하기 위해 우리가 덕스럽게 행동해야 하는지, 덕은 가르칠 수 있는지, 덕은 계속될 수 있는지와 관련된 의미 있는 탐구에 앞서 인식론적 우선성이 취해져야 한다고 주장했다. 그러나 플라톤이 *The Republic,* trans. H. D. P. Lee(Harmondsworth: Penguin, 1974)에서 정의의 본질과 정의로운 국가에 대한 소크라테스 탐구가 형식적인 숙고와 실제적인 숙고 사이에서 공생적 상호 작용으로 수행되었다고 기술했다.

18 이러한 생각은 Robert Aibe J, "Ethics and Professionalism in Documentary Film-making," in *Image Ethics*, ed. Larry Gross, John Stuart Katz. and Jay Ruby(New York: Oxford University Press, 1988), pp.108-118에 명확하게 표현되어 있다. 이러한 종류의 생각의 고전적인 유래는 명확하게 Niccol Machiavelli's *The Prince*, 마키아벨리의 군주론에 나타나 있다. 여기에서 그는 군주의 정부 통치와 관련하여, 정부 통치는 핵심적이다. 그래서 그의 자리를 유지하고자 하는 군주는 훌륭해지는 법을 배워야 하고, 다른 어떤 사람보다 훌륭하게 될 수 있는지 그리고 그의 훌륭함을 필요할 때 사용하고 사용하지 않는 것을 배워야 한다. Niccol Machiavelli, trans. N.H. Thomson, *The Prince*(New York: Dover, 1992) p.40 참조.

19 이러한 주장은 by Stephen H. Daniel, "Some Conflicting Assumptions of Journalistic Ethics," in *Philosophicallssues in Journalism*, ed. Elliot D. Cohen(New York: Oxford University Press, 1992), pp.50-58에 있다.

20 Joan Deppa, *The Media and Disasters: Pan Am 103*(London: David Fulton, 1993), and Saul E. Wisnia, "Private Grief, Public Exposure," in Impact of *Mass Media*, ed. Ray Eldon Hiebert. 3rd edition(New York: Longman, 1995) pp.113-118 참조.

21 Jody Powell, "No Consequences," in Impact of Mass Media, ed. Ray Eldon Hiebert, 3rd edition(New York: Longman, 1995), pp.119-122 참조. 클린턴 재임시절 백악관 변호사 빈 센트(Vincent)의 자살을 뉴스 미디어가 다룬 방식과 저널리스트들의 행동에 대해 했던 합리화의 냉소적인 형태에 대한 토론을 위해서는 참고 서적을 보라.

22 Deppa, *The Media and Disasters: Pan Am 103*, p.29.

23 Altair Cooke's "The Obscenity Business," in his The Americans: *Fifty Talks on Our Life and Times*(New York: Alfred A. Knopf, 1979), 이런 무서운 사건에서 뉴스 미디어에 의한 위선적인 이해관심이 꽤 간결하게 확인된다.

24 *Naked News: The Tabloid*, Channel 4 TV, 1995.

25 Paul Schwartzman, *Daily News* Political Correspondent, in *Naked News: The Tabloid*, Channel 4 TV, 1995.

26 Snoddy, *The Good, The Bad and The Unacceptable*, p.35 참조. 불행하게도 현대 저널리즘 의 관행에서도 완전히 사라지지 않았다.

27 See Andrew Belsey and Ruth Chadwick, "Ethics as a Vehicle for Media Quality", *European Journal of Communication, 10*(1995): 461-473.

28 그러나 특정한 윤리적 요구의 영향력은 미디어의 기능과 저널리즘에 대한 특정한 모습 때문에 특별한 기준에 의존할지 모른다.

2

뉴스 그리고 제4부
News and the Forth Estate

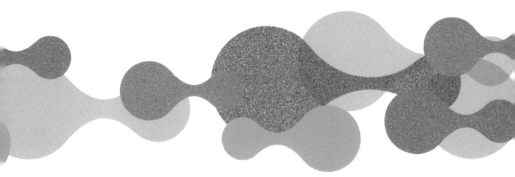

2

뉴스 그리고 제4부
News and the Forth Estate

서론Introduction

　우리는 너무나 당연하게 뉴스가 무엇인지 알고 있다고 추정하는 경향이 있다. 바로 그 용어가 시사하듯, 뉴스는 새로운 정보, 생생한 사건 보도 또는 오래된 사건을 새롭게 조명하는 것으로 구성되어 있다. 이런 이유로 아마도, 저널리즘journalism의 기능은 정확하게 그리고 철저한 방식으로 새로운 사건이나 이해와 관련된 진실을 보도하는 것이라 할 수 있다. 그러나 뉴스를 만드는 것은 결코 간단하지 않다. 만약 모든 사건들이 적절하게 뉴스로 여겨지고, 보도된다면 TV와 라디오는 뉴스 외에 다른 어떤 것을 방송할 시간이 없을 것이며, 신문은 브리태니커 백과사전의 크기가 될 것이고 우리에게 흥미로운 어떤 것이라도 처리할 수 없는 정보의 홍수 속에서 유실될 것이다.

　적절한 비유를 들자면 루이스 캐롤Lewis Carroll의《실비에와 브루노》

완결판에 등장하는 지도제작자의 지도가 있을 것이다. 지도제작자의 목표는 영국에서 가장 신뢰할 만한 지도를 만드는 것이다.[1] 그러나 그의 목표를 이루기 위해 지도제작자는 모든 지리적인 세부사항, 모든 고속도로, 샛길, 풀잎 하나하나를 모두 나타내야만 한다고 생각한다. 그 결과 그야말로 나라 전체를 덮을 만한 지도를 만들어냈고 많은 사람들이 분명히 그[지도] 아래에서 숨 막혀 했을 것이다. 그 지도는 명백히 아무 쓸모가 없다. 지도를 접어서 주머니 안에 넣을 수 없고, 앞의 풍경 어떤지 실제로 그 장소에 가보지 않고서는 말할 수 없을 것이다. 우선 너무나 고지식한 지도제작자는 지도를 만드는 그 요지point와 목표를 약화시켰다. 지도와 마찬가지로 뉴스도 틀림없이 필연적으로 선택적일 것이다.

그래서 새로운 사건이 뉴스로 여겨지는 것이 유용하지 않은 경우도 있다. 그러므로 선택 과정을 이끄는 것에 대한 어떤 발상이 필요하다. 무엇이 우리에게 뉴스로서 가치가 있는 사건과 단지 새롭기만 한 사건을 구별할 수 있게 하는가? 중요한 것은 신문이 모든 정보를 사용자 친화적 방식으로 저장할 수 없다는 것이다. 세상의 모든 사건을 기록하는 뉴스 서비스에 접근할 수 있는 깁슨Gibson '뉴스'가 존재하는 미래 사회를 상상해보라. 그와 같은 업무service는 현재 우리가 읽는 신문보다 세상에 대한 정보를 덜 전달할 것이다. 무한 저장 용량에 저장된 표준화된 뉴스 단신은 유익한 가치와 이해관심의 뉴스 서비스가 되기 위해 필요한 최소한의 경계threshold에 도달하지 못한다. 뉴스의 요지는 point 이 세상에서 일어나고 있는 것에 관해 반드시 알아야 할 것들을 적절하게 선택하고 강조하고 다루는 것이다.

사회학적 설명A Sociological Account

무엇이 뉴스를 구성하는지에 대한 한 가지 일반적인 사회학적 설명은, 이는 순전히 분류상의 문제이며 이것은 보도 관례와 이야기 서술 방식narrative style의 관례 그리고 뉴스 기관과 프로그램 또는 편집자들이 그것을 뉴스로 여기는지에 달려 있다고 상정한다. 뉴스로 보도된 이야기가 가치가 있는지 아니면 관심을 가질 만한 것인지는 더욱더 동떨어져 있고 관련 없는 질문이다. 특정 기능의 수행이라는 측면에서 뉴스를 평가한다는 생각은 '뉴스'라는 용어의 분류적 의미와 평가적 의미를 엉터리로 융합시키고 있다는 것이다.[2] 그와 같은 구별의 장점은 뉴스라고 여겨지는 것에 대해 지나치게 편협할 필요가 없다는 것을 의미한다. 이 사회학적 설명에 따르면, 빌 클린턴 정부의 적극적 차별 철폐 조처affirmative action, 제니스 공개매입,* 헤더 로클리어Heather Locklear**의 선정적인 섹스 비밀, 할리우드의 소문 그리고 마이클 조던의 야구 전향, 이 모든 것이 뉴스인 이유는 우리가 그것들을 부정적으로 평가할지 모르지만 신문, 라디오, TV 방송국이 그것을 보도하기 때문이라는 것이다.

그러나 이러한 사회학적 설명의 장점에도 불구하고, 분명하게 해야 하는 가치나 판단과 관련된 어려운 질문을 교묘하게 피하기 때문에 몹시 부적절하다고 증명될 수밖에 없다. 우선, 특정 이야기에 대해 뉴스의 자격을 부여하는 데 정확히 누가 중요한가? 기관? 소유주? 편집인?

---

* 경영권의 지배 등을 겨냥하여 대량(大量)의 주식을 취득하는 일.
** 헤더 로클리어(1961년 10월 25일~)는 미국의 배우이다.

저널리스트? 소유주들은 뉴스와 저널리즘에 어떤 본질적인 연관성이 없고 뉴스와 저널리즘을 이해할 필요가 없다. 다만 이윤을 극대화하고, 권력이나 영향력을 위해 단지 해당given 신문이나 뉴스 네트워크를 소유하는 데 관심이 있을지 모른다. 저널리스트들은 기사를 뉴스로 작성할 수 있지만, 그 이야기가 뉴스의 자격을 얻는 데 실패할 수 있다. 이는 편집자들이 그것을 기사로 받아들이기를 거부하거나 그 이야기에 대한 대중의 이해관심public interest을 인지하기 거부하기 때문이다. 아마도 편집자가 뉴스 제작 과정news-making process에서 핵심 인물이 아닐까? 일반적으로 편집자들은 저널리스트로 시작했기 때문에 기자 업무의 능력과 이해하는 데 상당히 철저한 기본지식을 지니고 있다. 그들이 보도기사의 내용과 보도방식style을 거부하고 고쳐 쓰고, 조정하는 힘을 가지고 있고, 이는 기업적 저널리즘corporate journalism의 세계에서 더욱 그렇다. 그러나 그렇더라도 뉴스 편집자와 기관이 뉴스 자격의 수여자로 충분히 여겨질 수 없다. 단지 저널리스트들이 종종 편집자의 방향과 독립적으로 그들 스스로 이야기를 찾고, 뉴스로서 인정되기를 기대하면서 편집자에게 그 이야기를 주기 때문만은 아니다. 더 중요한 것은 모든 저널리스트, 편집자 그리고 대중이 대체로 인정하는 것과 같이 중대한 소식big news stories의 기사들이 언론에 의해 유실missed될 수 있으며 또 실제로 가끔 그렇기 때문이다.

예를 들어, 1980년대에는 주택도시개발청Department of Housing and Urban Development, HUD의 활동이 거의 뉴스거리가 되지 못했다.[3] 그러나 레이건 행정부의 초기에 무엇인가가 잘못되었다는 것이 분명해졌다. 주택도시개발청장에 임명된 뉴욕 변호사 샘 피어스Sam Pierce는 다양한 주택

업자와 은행업자들에 의해 미국 전역에 불려 다녔다. 산업체들은 여러 행정 관리들의 해외여행을 조장했고 이탈리아를 포함하여 유럽의 출장비용은 천정부지로 솟았다. 불행히도, 계약은 정치적 연줄, 만연한 뇌물수수 그리고 위조된 연방 모기지 적용에 관련된 사람들에 의해 이루어졌다. 대규모의 문제가 존재한다는 증거와 그와 같은 부패가 사회의 약자들과 가장 취약한 사람들에게 영향을 미쳤는데도 불구하고, HUD 스캔들은 뉴스거리로 여겨지지 않았다. 1989년 4월이 되어서야 이 기사가 뉴스 가치가 있는 것으로 여겨졌는데, 이와 관련된 인간 위선의 시각 때문이었다. 제임스 와트James Watt는 연방정부의 빈곤 프로그램 그리고 그 결과로 생간 보조지원금, 비용을 부풀려 영향력을 행사한 전문가의 의견, 프로그램의 무능을 맹비난한 것으로 유명해졌다. 그러나 그는 HUD의 주택 프로그램 중 하나에서 여러 가지 보조금을 현금화한 것으로 확인된 자문위원 집단에 속해 있었다. 하룻밤 사이에 갑자기 HUD는 빅뉴스가 되었다. 그러나 실제로 일어났던 진짜 이야기는 이미 사라져버렸다. 다년간 연방 프로그램들이 당국의 사람들에 의해 조작되었고, 개인적 이해관심이나 이익이 포함되었으며, 이에 대한 대부분의 주요 정보는 5년 전 회계 감사에서 공개되었다.[4]

반대로, 하드 뉴스의* '독점기사'는 게재된 신문에 가치가 없는 것으로 나타날 수 있다. 예를 들어, 최근 한 《선데이 타임스Sunday Times》 독점판은 한때 영국노동당의 리더였던 마이클 푸트Michael Foot가 러시아 KGB를 위해 일한 적이 있다는 보도를 냈다. 그러나 뉴스 정보원의

---

* 정치·경제 등의 분야를 대상으로 하는 뉴스 내용을 지칭하며, 어느 정도 시간이 경과한 뒤에 영향이 나타난다.

기사가 잘못 설명되었으며 《선데이 타임스》가 그들 자신의 뉴스 정보원의 주장을 잘못 전한 것으로 판명되었다. 마이클 푸트가 다양한 러시아 사절들을 만났다는 사실만으로는 거의 뉴스가 될 수 없었다. 왜냐하면 대부분 좌익 정치인들이 정치 업무 수행 중에 이런 식으로 접근하기 때문이다. 결과적으로 《선데이 타임스》는 기사를 철회하고 손해배상금을 지불해야 했다.

사회학적 설명은 미디어가 무엇을 뉴스로 보도하는가에 따라 뉴스를 효과적으로 정의한다. 그러나 신문이나 TV는 중대한 이야기는 놓치고, 반대로 결코 뉴스가 될 수 없는 것으로 판명되는 이야기를 보도하는 경우가 종종 있다. 영업marketing을 위한 것을 제쳐두고라도 주말 신문의 많은 부분에 요리, 여행, 자동차 섹션 등 결코 보통 뉴스라고 할 수 없는 것들이 채워져 있다는 것은 가볍게 넘길 일이 아니다. 《선데이 스포츠The Sunday Sport》와 같은 신문들이 '화성에서 발견된 엘비스'와 같은 이야기를 보도하는 것과 같은 최근 현상도 마찬가지이다. 이런 이야기들이 진짜 뉴스로 의도된 것도 아니며, 독자들도 진짜 뉴스라고 받아들이지도 않는다. 그들은 뉴스의 형식의 기이한 괴벽 이야기와 과장된 이야기에 패러디다. 오히려 뉴스를 미디어가 실제로 보도한 기사들로 한정하고 미디어 내부의 사람들에 의해 기사로 인식된다면, 뉴스에 대한 우리의 이해의 폭은 너무 넓고 또 너무 좁게 될 것이다. 그 이해는 조크 스토리joke story가 뉴스 형태로 잘못되게 포함되고 실수로 보도하지 않은 이야기들을 잘못되게 배제한다. 불행히도 후자의 경우는 많은 저널리스트들이 믿고 싶지 않을 만큼 흔한 일이다.

이러한 모든 문제들이 사회학적 접근법 고유의 오해를 지적하고 있다. 사회학적 설명은 저널리스트의 제도적 존재, 미디어 기관 그리고 뉴스 제작 과정을 전제로 한다. 하지만 뉴스에 대한 모든 설명이 기술해야 하는 것은 바로 왜 우리가 뉴스 미디어를 갖고 있으며 그 기능이 정확히 무엇인지이다. 사회학적 설명은 수레를 말 앞에 매는 격이다. 먼저 어떤 것들이 뉴스인지에 대한 인식을 구축하지 않으며 어떻게 미디어 기관, 뉴스 그리고 저널리스트들이 일에 착수하겠는가? 발전하는 기관과 커뮤니케이션 방법이 뉴스의 성격에 영향을 미친다는 점을 부정하는 것은 아니다. 결국 텔레비전이 보도하는 기사와 어울리는 화면의 필요나 광고주의 요구가 뉴스 프로그래밍의 모양과 본질에 결정적인 강력한 영향을 미칠 수도 있다. 그러나 무언가가 뉴스라는 일차적 인식 없이는 미디어 기관들이 업무를 시작할 수 없을 것이며, 커뮤니케이션 방식과 기관이 변화를 주고, 영향을 끼칠 수 있는 대상이 없을 것이다.

우리의 자연스럽고 알맞은 추정은 저널리스트들이 발견한 것이 중요하다는 것이다. 우리는 단순히 뉴스 기사를 만들어내는 것보다는 그것을 인식하는 것에 관해 이야기한다. 저널리스트가 어떤 것이 뉴스 기사라는 것을 납득시키려 한다면 하나의 뉴스 기사로 작성되었다거나 또는 편집자가 뉴스 기사로 인정했다고 말함으로써 다른 사람을 이해시키려 하지 않을 것이다. 오히려 훌륭한 저널리스트는 뉴스 편집자나 의혹을 품은 사람들에게 중대한 대중적 또는 인간적 이해관심의 어떤 것이 포함되어 있다는 것을 보여줌으로써 그 뉴스 기사가 왜 중요한지를 설명하려고 노력할 것이다. 그는 기관의 고려사항을 호소하기보다는 이야기의 핵심적인 측면을 어떻게 봐야 할지 보여주려고 노력할 것이다. 어떤 것이 적합하다는 것은 신문에 실리거나 CNN이나 BBC에 의한 제작이 아니다. 이것은 정확히 왜 우리가 뉴스 기사에 관심이 있어야 하는지 또는 뉴스 기사에 관심이 있는지를 인식하지 못할 때에만 기관 유형의 설명을 추구하는 경향이 있다는 것이다. 따라서 오직 뉴스 기사가 실제로 뉴스 가치가 없다고 생각될 때에야 우리는 광고주에 의해 제기된 요구로서 왜곡된 기관의 영향에 관하여 생각을 시작할 것이다. 결국, 우리는 뉴스를 보고 "저것은 뉴스가 아니다."라고 불평할 수 있다. 그 불평은 사회학적 설명으로 말할 수 없다. 반대로, 미디어가 보도하지 않은 어떤 이야기나 사건이 중대한 뉴스가 될 수도 있다. 우리는 뉴스 기사를 판단하는 것이지 기사에 뉴스 지위를 부여하는 것은 아니다. 뉴스의 가치 그리고 이와 관련된 암묵적인 윤리적 입장은 사회학적 설명으로 해석될 수 없다. 사회학적 설명은 우리에게 설명하고자 설정한 것 그 자체를 더 불분명하게 남겨둔다.

제4부 암묵적 계약The Fourth Estate and the Implicit Contract

우리는 여전히 무엇이 가장 중요한 뉴스 기사인지 알아낼 수 있도록 하는 가치들에 대한 이해가 필요하다. 전통적인 추정은 '주요 원칙은 시민으로서의 시민으로서 우리의 삶에 영향을 미치는 것이 무엇인지에 대한 기본 원칙이 중요하다'는 것이다. 즉, 미디어는 우리 삶에 주요한 영향을 주는 사건에 관해 우리에게 알려줄 의무가 있다.

뉴스 미디어의 역할에 대한 전통적인 개념은 언론the press이 제4부라는 추정에 일반적으로 동의한다. 입법, 행정, 사법, 3개의 부는 모두 준

자치적, 공식적 정부 영역이다.[5] 민주주의 국가에서는 국민을 대신하여 법률을 제정하도록 입법부 사람들을 선출한다. 법은 공명정대하게 행정부가 집행하고, 사법부는 그 법을 어떻게 적용해야 하는지, 더욱이 법안이 입헌적 자유주의 국가 범위 내에 있는지를 판결한다. 민주적 책무는 권력에 있는 사람들이 공공 이해관심을 희생시키고 자신만의 이해관심을 위해 지위를 이용할 수 없도록 보장하는 일차적인 수단이다. 언젠가 윈스턴 처칠이 말한 것과 같이, 민주 정부가 나쁠 수도 있지만 그 대안은 더 나쁘다.[6]

비록 견제와 균형의 정치적 제도가 정부의 한 영역이 다른 영역을 지배하는 것의 방지를 목표로 한다 할지라도 정부 내의 기만적이고 강력한 개인과 기관들은 그들만의 사적인 이해관심 안에서 음모를 꾸밀 가능성이 있다. 합법성legality과 공익과는 관계없이 사적인 목적 달성을 위해 책무를 피하기 위한 목적은 정부의 투명한 기능을 왜곡하는 것이다. 정부의 복잡성, 규모 그리고 층위 때문에 민주주의적인 과정 안에 관련된 절차, 기구, 개인들 그리고 상호관계는 결코 투명하지 않다. 어떠한 정치적 정부에서와 마찬가지로 감시인을 누가 감시하게 할 것인가라는 질문이 제기된다. 이 질문이 자유주의 민주사회에서 특히 중요한 이유는 자유주의 정부의 기본 상정은 정부의 기구가 국민들에게 책임이 있기 때문이다.[7] 그러나 그곳에 절대적인 보증이 없고 권력과 영향력의 함정은 실권자를 타락하게 할 수 있다. 정치 영역에 있는 사람들이 그들 자신의 목표와 목적을 증진시키기 위해 민주주의 절차의 왜곡을 시도하고 서로 협력하는 경우가 종종 있다.

바로 여기에 비공식적인 제4부로서의 언론의 개념이 도입된다. 명백하게 우리는 정부의 불투명한 업무에 대처하거나 정치적 술책들의 미묘한 차이를 이해하기를 모두 기대할 수 없다. 그러나 그날그날을 단위로 정치 과정 자체를 연구하고, 정치 과정을 논평하고, 뉴스 미디어를 통해 우리에게 보도하는 사람들이 정부의 공적 업무를 우리에게 보도할 뿐만 아니라 무엇이 특정 사건의 의의significent일지 우리에게 설명하기를 기대할 수 있다. 따라서 의회, 국회, 법원에서의 그날 활동과정 또는 경찰들의 행동에 대해 보도하는 저널리스트는 사실상 권력과 우리의 이익을 위해 우리를 대신하여 지배하고 권력의 위치를 차지하고 있는 사람들의 감시인이다.

근본적 요지는 권력의 수단을 통제하는 사람들이 일종의 부패에 열려 있다는 실증적인 주장만이 아니다. 결국 언론의 감시인 역할은 사건을 형성하고 사건에 영향을 주는 그들만의 권력의 형태를 가져온다. 오히려 이것은 자유주의 정부의 시민과 뉴스 미디어 사이의 암묵적 계약을 강조하는 것이다. 언론의 요지는 실제 일어나고 있는 것과 우리의 이름으로 자행되고 있는 것을 보도하기 위해 우리에게 영향력을 행사하는 위치에 있는 사람들을 감시하는 것이다. 우리는 현재 어떤 일이 일어났는지 알고, 우리의 대표자들이 제대로 일을 하고 있는지, 올바른 정책들이 추구되고 있는지, 어떤 정책에 반대하여 정부에 대표단을 보내야 하는지 그리고 진정한 정의가 실행되고 있는지를 판단하도록 하기 위해서 이 정보가 필요하다.

감시자로서의 뉴스 미디어와 시민 사이의 암묵적 계약은 좋은 저널리즘에 대한 규범적 관conception을 수반한다는 점을 깨닫는 것이 중요하다. 우리는 좋은 저널리즘이 무엇인지 보여주는 그림이 있으며, 그

그림에 기초하여 뉴스 기사와 저널리즘의 관행을 평가하고 비판할 수 있다. 규정된 좋은 저널리즘에 대한 규범적 상은 전통적인 상과 상응한다. 즉, 좋은 저널리즘은 우리가 알아야만 하는 것과 우리와 사회가 통치되는 방법에 영향을 주는 정책과 사건의 측면에서 해석된 것을 보도한다. 전체적으로 뉴스 미디어는 국민의 자유나 권리에 정부가 부당하고 불필요하게 침해하는 것에서 대중을 보호한다. 따라서 정부의 기능과 발표, 선거, 정치 논쟁, 정책 그리고 정치인의 생활에 대해 폭넓은 보도를 했다. 이처럼 정치 및 정부 진행 과정은 좋은 저널리즘과 좋은 뉴스 보도의 중심으로 여겨진다.

미디어가 우리의 삶과 그 삶의 관리 방식에 관련이 있는 이야기를 적절히 인식하거나 보도하지 못한다면 그것이 곧 기자의 실패라는 결론으로 이어진다. 물론 먼저 그 기사가 다뤄지고 보도될 수 있었던 곳에 그런 실패가 있다. 만약 어떤 급박한 금융 재해와 관련된 공적 또는 개인적인 증거가 없었다면, 월스트리트나 런던의 로이드의 붕괴 가능성에 관한 보도를 실패한 것은 뉴스 미디어의 실패라고 볼 수 없다. 그러나 증거가 넘쳐나고, 취재원을 구할 수 있고, 사건이 많은 사람들의 절약이나 삶에 만약 어쩌면 폭넓은 영향을 암시하는 경향을 제시한다면 어떤 기사를 조사하고 보도하는 데 실패한 것은 뉴스 미디어의 기능을 수행하고 암묵적인 계약을 이행하는 데 실패한 것이다. 따라서 뉴스 미디어를 제4부로 생각하는 것은 사회학적 설명과는 대조적으로 왜 우리가 뉴스 미디어에 가치를 두고 있으며 무엇이 좋은 저널리즘과 나쁜 저널리즘을 구성하는지를 모두 설명할 수 있다.

그럼에도 불구하고, 그와 같은 설명에 관해서도 우려가 있을 수 있다. 뉴스 미디어를 제4부로 생각하는 것은 다음과 같은 것을 수반한다. 어떤 것이 뉴스로서 가치 있다는 것은 기사가 사회 안에서 시민으로서 기능할 수 있는 우리의 기능과 관련 있을 때 그리고 그때에만 해당한다. 그 기능은 자유주의 사회에서 미디어의 감시자 기능의 비판적 분석에 의해 주어진다. 앞서 이야기한 공적 의의의 규정 원리ordering principle는 엄밀히 하자면, 오락물에 불과한 것이 뉴스로 간주될 수 없다는 많은 저널리스트들의 전통적인 추정을 담아낸다. 기껏해야, 연예 기사는 의의 있는 사건과 재난에 대한 진짜 뉴스real news 사이에서 마음을 편하게 변화시켜주는 역할을 할 수 있다. 따라서 다이애나비(妃)와 자녀들이 래프팅을 하러 아스펜에 갔다는 기사는 최근 연이어 발생한 살인 사건, O.J. 심슨 재판, 보스니아의 재난 또는 대통령과 백악관 사이의 논쟁 등의 뉴스 단신 끝에서 치료상의 감미료가 될 수도 있을 것이다. 그러나 기껏해야 그와 같은 기사는 '진짜' 뉴스에 기생하는 것으로 여겨진다.

그러나 그와 같은 결론에도 심각한 오류가 있다고 반대한다. 우리가 파멜라 앤더슨, 휴 그랜트, 마돈나부터 리차드 기어나 신디 크로포드에 이르기까지 부유하거나 유명한 사람들의 애정 행각에 관한 보도에 관심을 갖고 뉴스 가치가 있는 것으로 간주하는 것은 자연스러운 일이기 때문이다. 물론 사회에서 시민으로서 기능하기 위해 그와 같은 것을 알아야 할 필요는 없다. 그러나 이와 같은 사실은 그와 같은 보도가 진짜 뉴스가 아니라는 것을 보여주기는커녕, 제4부로서의 뉴스 미디어에 대한 기능주의적 설명functionalist account이 너무나도 편협하다는 것을 보여준다. 사실, 이 설명은 뉴스 미디어가 진화해온 방식을 왜곡하여 이해하고 있는 것에 기초하는 것으로 보인다. 왜냐하면 오히려 뉴스 미디어는 오늘날의 뉴스 미디어보다도 훨씬 더 많은 추측을 하고, 진실에 대해 훨씬 더 느슨한loose 오락물, 선정적인 추문을 다루는 신문 그리고 홍보 책자에서 진화하였기 때문이다.[8] 따라서 〈엔터테인먼트 투나잇Entertainment Tonight〉이 우리가 지배받는 방식을 형성하는 사람들 및 사건에 적절한 묘사를 제공한다고 주장하는 사람이 아무도 없을지라도 이것이 연예계에 대한 뒷이야기gossip를 제공하는 훌륭한 뉴스 쇼라고 주장하는 사람도 있을 것이다.

이 반대 주장에는 어떤 설득력force이 있다. 오직 제4부의 관점에서 뉴스 미디어를 생각하는 데 대한 근본적인 결함은 그와 같은 설명이 너무 제한적이라는 점이다. 우리는 스포츠 스타, 연속극 스타, 작가, 배우, 토크 쇼 진행자, 복권 당첨자의 애정 생활, 초기 작품의 이해관심, 열정 그리고 역경을 이겨낸 일반적인 사람들, 불행, 화려함 그리고 음모의 이야기 등 우리의 공적인 통치에 영향을 미치는지와 거리가 먼 것들에 관심이 있다. 결과적으로 우리가 관심을 가지는 것들을 배제하고, 또한 뉴스로서 미디어에 포함되는 것 중 대부분을 배제하는 모든 설명은 직관적으로 잘못된 것처럼 보인다. 결국 뉴스 시청자들은 파멜라 앤더슨의 풍파가 많은 결혼 생활에 대한 보도에 관심을 갖는 만큼 '의의significant' 있는 사건들에 관심을 기울이지 않을 수 있다. 파멜라 앤더슨에게 일어나고 있는 것을 독자들이 알고 싶어 한다는 점을 고려한다면 그녀에 대한 보도의 사실 여부도 물론 중요하다. 그러나 그와 같은 정보는 전체적인 측면에서 적합하거나 '의의' 있지 않다. 그럼에도 불구하고, 어떤 축구 선수가 살인죄로 기소되었을 때, 뉴스 미디어는 북부 아일랜드의 휴전이나 르완다의 비극적 사건보다 더 많은 공간을 할애할지 모른다.

물론 강경한 정치 저널리스트는 그런 것들에 관심을 가질 수는 있지만 그것은 뉴스라고 불리거나 관심 가질 만한 종류의 것이 아니라고 반박할 수 있다. 지나치게 편협한 평가적인 입장은 불가피하게 부분적인 방법으로 뉴스라는 범주를 규정하는 것처럼 보인다. 공적인 의의의 추정이 유용하고 가치 있는 기능을 나타내지 않는다는 것이 아니다. 오히려 전체로서의 뉴스의 특성을 포착하지 않고 또 포착할 수 없다는 것이다.

게다가 만약 뉴스 미디어 의제가 전적으로 제4부의 개념에 의해 만들어진다고 상상해보라. 아마도 우리가 얻을 뉴스는 미국의 《뉴욕 타임스The New York Times》, 《시카고 트리뷴The Chicago Tribune》, 《워싱턴 포스트The Washington Post》나 영국의 《가디언The Guardian》, 《타임스The Times》와 같이 가치가 있는 신문들의 고상한higher-minded 정치 보도와 유사할 것이다. 이와 같은 신문들의 장점은 미국 정부와washington 영국 정부westminster의 정치적 책략을 추적하고 상세하게 다루며 정책적 논쟁, 정치적 충돌, 공공 업무 및 스캔들을 상세히 다루는 제4부로서의 뉴스 미디어관과 일치한다는 것이다. 그러나 이러한 따분하지만 가치 있는 뉴스 보도가 정치에 사로잡힌 사람들에게만 제외하고 거의 흥미롭지 않고 우리가 뉴스에서 중요하게 여기는 많은 부분이 사라졌다고 느낄 것이다.

실제로 이와 같은 뉴스 미디어 보도가 우리의 관심을 불러일으키기에는 너무 추상적이고 복잡하고 지루한 방식으로 정부의 세부사항을 상술하여 정치 과정 그 자체에서 우리를 사실상 멀어지게 할 수 있다. 정치에 심취하는 경향을 보이는 것은 자멸적일 수 있다. 그 경향은 특정한 정책의 변화에 관한 세부 사실에 끝없는 장황한 설명, 정치적 인성political personality, 정치적 공작에 관해 끝없이 추측하는 것 그리고 일반적인 사람은 전혀 관심이 없거나 이해하기 힘든 당면한 문제에 대해 말하는 훌륭하지만 모호한 전문가들의 행렬에 집착하는 것이다. 만약 뉴스 미디어의 단독 상영물이 정치이고, 점점 더 사람들의 삶에 관련이 없어진다면 대부분의 사람들은 뉴스 미디어에 신경을 끌 것이다. 이것은 정치가 보도되는 방법이 과도하고 추상적인 전문적인 용어로 가득하다는 것을 말하는 것이 아니다. 왜냐하면 만약 가치 있는 정치 뉴스가 쉽게 이해할 수 있는 방식으로 명확하게 하고 전달된다 하더라도 (그렇게 할 수 있고, 그리고 그래야만 하는 것처럼) 여전히 부족한 것(인간 이해관심의 부족)이 있다.

그러나 반대 의견이 있을 수 있다. 먼저 우리는 반대 의견이 뉴스 미디어가 제4부로서의 기능을 해서는 안 된다는 것을 보여주지 않는다는 것에 주목해야 한다. 뉴스 미디어가 오로지 부자와 유명인의 삶에 관한 뉴스, 뒷이야기 그리고 음모로만 구성되고, 행정부의 업무, 정치적인 문제 그리고 공공 정책을 완전히 무시한다고 생각해보라. 우리는 지극히 당연하게 미디어가 우리를 실망시키고 있다고 가정할 것이다. 따라서 걸프전이나 베트남전에서 최소한 미국 개입 이전이나 초기 단계에 대한 최초의 보도를 비판할 수 있다. 왜냐하면 실제 상황이 어떤 것이었는지, 그들이 어떻게 최선으로 전투할 수 있었는지, 행동의 공정한 과정은 무엇이었는지에 대한 오해를 조장했기 때문이다.[9] 더

극단적인 각본은 제임스 그레이 밸러드J.G. Ballard의 단편《제3차 세계
전쟁 밀사(密史)》[10]에 있다. 그 이야기는 실제 세계에 대한 이해를 희
생시키고 음란한 인간 이해관심에 의해 지배되는 뉴스 미디어의 부조
리를 효과적으로 강조하고 있다. 이 이야기는 유일하게 친구와 동료들
중 유일하게 몇 분 내에 시작되고 해결되었던 제3차 세계대전을 기억
하는 한 평범한 외과 의사의 서사(敍事)로 이루어져 있다. 아무도 이것
을 기억하지 못하는 이유는 뉴스 미디어가 역사적인 삼선 경선 중의
로널드 레이건 대통령의 정신 건강과 육체 건강에 초점을 맞추고 러시
아와 미국 간에 잠재되어 있는 불길한 긴장에 시간과 관심을 들이지
않았기 때문이다. 밸러드의 이야기에서 뉴스 미디어는 시민이자 인간
존재로서 사람들에게 영향을 주는 사건과 이슈를 가장 중요한 방식으
로 보도하는 데 명백하게 실패했다. 따라서 뉴스가 이러한 방식에서
중요한 예금이나 대출 추문과 같은 기사를 보도하는 데 실패할 때 우
리는 뉴스를 비판한다.[11] 정적주의quietism*와 왜소화trivialization**가 비
난받을 만한 특성인 것은, 바로 그것들이 뉴스 미디어의 가장 중요한
기능의 실패를 구성하기 때문이다.

보도되는 것은 새롭고 의의가 있어야 한다는 것이 바로 그 '뉴스'
개념의 일부이다. '의의significant'는 사건들이 우리 삶의 방식을 선택하
는 데 영향을 줄 수 있거나 실제로 영향을 주는 것이다. 정치 국가
political state 특히 자유주의, 민주주의 국가에서 이것은 정치 이야기와

---

* 그리스도교에서 인간의 자발적·능동적인 의지를 최대로 억제하고, 초인적인 신의 힘에
  전적으로 의지하려는 수동적 사상.
** 미국의 가십 기사가 정치를 왜소화(trivialization).

정치사건 보도를 함의한다entails. 역사적으로 보면 뉴스 미디어가 당파적 논쟁partisan polemics, 사건에 대한 공식적 입장의 무비판적 수용 그리고 선정적 추문을 다루는 신문과 관계하여 발전했다는 것은 사실일 수 있다. 그러나 우리는 점차 뉴스가 우리에게 영향을 끼치는 세상사건에 관한 주요 정보원천이라고 여기게 되었다. 따라서 저널리스트와 뉴스 기관들이 우리에게 세상에 대해 알려주기 위한 기사 보도를 할 것이라고 기대하게 되었다. 적어도 처음에 많은 저널리스트, 신문 그리고 뉴스 기관들이 그런 일을 특별히 잘 수행했다고 주장하는 것은 아니다. 그러나 뉴스의 기능 그리고 뉴스 미디어와 대중 사이의 암묵적 계약을 인식하게 되면서, 지극히 당연하게 저널리스트와 미디어가 정직하고 정확하게 그리고 불편부당하게 세상을 더 잘 보도할거라 기대하게 되었다. 따라서 우리는 저널리스트에게 사진을 인용하거나 또는 조작하여 그릇된 인상을 주지 않을 것을 기대한다. 논쟁의 여지가 있지만, 만약 저널리즘이 이제까지의 어느 때보다 나은 상태에 있다면, 이것은 오직 뉴스 미디어가 사회문화적으로 발전된 제4부로서의 기능을 인식하고 수행하게 되었다는 것만을 제시한다.

그러나 반대하는 입장에서는 오직 제4부의 측면에서 뉴스 미디어를 생각하는 것은 매우 편협하고 왜곡되어 있다는 것을 보여준다. 그러나 미디어의 일차적인 기능 중 하나가 제4부로서의 역할을 하는 것이라는 주장과 뉴스 미디어는 인간 이해관심의 이야기를 보도하는 것이 더 좋다고 여기는 것은 둘 다 양립할 수 있다. 그와 같은 설명의 장점은 두 가지가 있는데, 첫째는 뉴스 미디어가 시민으로서 우리에게 영향을 미치는 세상의 사건에 관해 정보를 제공하라는 요구를 이해하고 있다는 것과 둘째는 다른 개별 인간의 스트레스, 전쟁, 굶주림, 명예, 죽음, 기아, 방종, 파괴, 고통의 시기에 관한 인간다운 깊은 이해관심을 인식하고 있다는 것이다. 다른 사람의 성공과 시련 및 고난은 우리의 마음을 사로잡는다. 왜냐하면 그것들은 우리 자신의 삶을 이해하는 데 도움이 주기 때문이다. 사람들이 어떻게 자신들의 곤경을 대처했는지, 의지, 결단력 또는 행운을 통해 어떻게 성공했는지에 관한 보도와 기사는 인간 특성과 공통된 운명에 관한 어떤 것을 보여줄 수 있기 때문이다.

예를 들어, 1995년 오클라호마 폭탄 테러*는 미국에 테러리즘의 연루 가능성 측면에서 중요했다. 그러나 초기 기사initial story에서는, 적어도 인간적 측면에서, 그것이 주요 초점이 아니었다. 주요 초점은 경고도 없이 무고한 일반 사람들에게 가한 공격의 무의미하고 무작위한 특성, 구제 활동, 사상자였다. 그 사건을 규정한 이미지 중 하나는 연기 속에서 두 손에 어린 아이를 들고 나타난 소방수였다. 그 이미지는 왜 강력했을까? 그 이미지는 그 개별성에도 불구하고, 사건의 끔찍한 본질의 상징이 되었기 때문이다. 그 본질이란, 목표도 설명도 없이 무고

---

* 오클라호마 폭탄 테러(Oklahoma City bombing)는 1995년 4월 19일 미국 오클라호마주 오클라호마 시티에 있는 앨프리드 P. 뮤러 연방정부청사(Alfred P. Murrah Federal Building)에서 일어난 폭탄 테러이다. 이 테러의 범인인 티머시 맥베이는 민병대 운동의 동조자였으며, 해당 건물 앞에 폭발물을 가득 실은 트럭을 폭발시켰다. 또한 맥베이의 공모자인 테리 니컬스는 폭탄을 준비하는 것을 도왔다. 이 사건은 2001년 9·11 테러가 있기 전까지 미국 영토에 대한 가장 심각한 테러 사건이었다. 이 폭탄 테러로 6세 이하의 아동 19명을 포함한 168명이 목숨을 잃었으며, 680명 이상의 사람들이 부상을 입었다. 또한 이 폭탄 테러로 반경 16블록 내에 있는 324채의 건물이 파괴되거나 손상을 입었으며, 86대의 차량이 파괴되거나 화재를 입었고, 근처 258개 건물의 유리창이 파손되었다. 이 폭발 때문에 6억 5,200만 달러의 경제적 손실이 발생했다.

한 인명을 무자비하게 말살시킨 것이다.

너무나 당연하게 그와 같은 인간 관심이 단순히 오클라호마 폭탄 테러, 엑손 발데즈exxon valdez*와 같은 인재 또는 가뭄이나 지진과 같은 천재와 같은 중요한 사건에 한정되지 않는다는 것을 인식하는 것은 중요하다. 심지어 가장 가치 있다는 신문을 한번 보기만 해도 우리가 실제로 종종 냉소적으로 조롱당하는 인간 삶의 사소한 것들, 가령 인질이 시련에 어떻게 대처했는지, 휴 그랜트 같은 스타가 왜 성매매를 하는지부터 미식축구 스타가 슈퍼볼에서 자신의 팀을 위해 고난을 극복할지 등에 마음을 빼앗긴다는 것을 볼 수 있다. 그런 이야기는 우리의 마음을 끌고, 때때로 그것이 부적절한 방식으로 보도되지만 관심을 끌기에 부족함이 없다. 가치 있는 신문조차도 필사적으로 인간 이해관심의 이야기를 부정직할지라도 보도할 것이다. 예를 들어, 휴 그랜트의 사례에서, 일반 신문broadsheet paper의 뉴스 관점은 대중지들이 어떻게 그 이야기를 보도하는지에 초점을 맞춘다. 그러나 어떤 대참사, 왕족이나 부자 또는 유명인의 사소한 문제에 대한 인간적 관심이나 인간의 조건을 다루는 어떤 것의 측면에서든 특정한 인간 이해관심을 지닌 사건에 대해 알고 싶어 하는 것은 본질적으로 잘못이 아니다. 만약 특정한 사건들이 우리에게 영향을 주지 않는데도 우리의 자연적 인간 이해관심을 말한다면 뉴스 가치가 있는 사건으로 여기는 좋은 근거가 된다.

---

* 1989년 3월 24일에 발생한 이 사고는 무려 1,080만 갤런의 기름이 유출된 대형 사고로 사고의 규모가 워낙 커서 백과사전에 실릴 정도였다. 사고 선박은 5,300만 갤런의 기름을 캘리포니아로 운송할 예정이었지만 산호초와 충돌하면서 20%의 기름을 바다로 유출하게 되었다. 앵커리지 법원은 287밀리언 달러 벌금과 약 5,000억의 배상금을 지급하도록 판결하였는데, 당시 5,000억 달러의 배상금은 엑손의 1년 순수익금이었다.

뉴스, 엔터테인먼트 그리고 정보에 근거한 이해 관심
News, Entertainment and Informed Interests

그러나 인간 이해관심의 고려사항은 보다 강력한 결론을 이끄는 것으로 생각될 수 있다. 강력한 결론은 뉴스 미디어와 대중 사이의 암묵적 계약이 뉴스 미디어가 주로 오락물의 시청자들이 주로 즐거움에 집중하는 것을 정당하게 허용한다는 것이다. 그러나 대중의 실제 선호가 전적으로 뉴스 의제에 영향을 줘야 한다고 상정하는 것을 조심스러워해야 한다. 사람들의 실제 선호가 흥밋거리what is entertaining로 향하는 명백한 경향이 있기 때문인데, 이는 정상적으로 뉴스 가치가 있다고 여길 수 있는 것과 별개인 방식으로 나타난다.[12]

만약 미디어가 제공하는 뉴스를 전부 실제 시청자의 선호가 좌우하도록 한다면 필연적으로 나쁜 저널리즘에 이르게 된다. 왜냐하면 즐거움을 위한 충동은 어떤 종류의 기사를 보도할지 뿐만 아니라 어떤 종류의 보도를 할 것인지에도 영향을 줄 수 있기 때문이다. 예를 들면 보도된 기사의 설명이 더 선정적이거나 관음증적으로 될 수 있다. 따라서 적절한 뉴스 기사도 기생충적 이해관심을 이용하는 관점이나 폭력, 섹스 그리고 심지어 가장 진부한 사례인 죽음에 대한 욕구로 접근할 수 있다.

만약 오프라 윈프리Oprah Winfery가 오클라호마Oklahoma로 달려가 사람들에게 감정이 어떤지 묻는다면 정치적 이슈가 성격상의 차이clash of personalities로 단순화되거나 극단적인 사건 속의 일반인들은 고정관념과 뉴스 범주에 맞추어 잘못 표현된다. 심지어 기자나 미디어 기관이 어떠한 악의나 의식적 의제도 갖지 않고 있지 않더라도, 어조를 바꾸거나 세부사항에 거짓말을 만들어내는 것은, 즐거움entertain을 위해 흥미롭거나 독특한 무언가를 발견하고자 하는 욕구에 의해 일어날 수 있다. 예를 들어, 어떤 경우 인종차별과 같은 이야기는 현실은 단순하고 하나의 명확한 그림과 같이 일치하지 않는다는 사실에도 불구하고, 단일하고, 강렬한 이미지로 압축되는 방식으로 우리의 걱정과 공포를 이용한 고정관념에 기반을 두어 받아들여진다.

여기에서 관련된 본질적으로 잘못된 것은 즐거움을 위한 동기가 어떻게 뉴스를 왜곡할 수 있는 지이다. 특정사건에 관한 진실의 일면은 핵심 사실에 대한 암시로 묘사될 수 있지만 관련 사실에 주어지는 강조가 (보도의 어조, 사용된 어휘, 묘사된 인상) 실질적으로 문제의 진실을 (종종 주어진 인상이 진실과는 정반대가 되는 정도까지) 잘못 전할 수 있다. 1992년 앨리슨 쇼너시 살인죄로 수감된 테일러 자매에 대한 영국 언론을 예로 들 수 있다. 미셸 테일러는 결혼 이전과 이후 앨리슨Alison의 남편과 오랫동안 사귀어왔다. 재판 당시 타블로이드 언론 tabloid press*은 결혼식에서 미셸이 과거 연인과 입맞춤하는 것을 보여주는 결혼식 비디오 스틸 사진을 사용하여 '남편 빼앗는 입맞춤Cheat's kiss'이라는 제목을 붙였다. 또한 일부 보도는 앨리슨에 대한 혐오와 싫어함으로 가득한 일지를 포함시켰다. 타블로이드 저널리즘에서 사용한 이 모든 모습은 질투에 사로잡힌 마녀 같고, 순수한 신부를 내쫓으려는 성질 나쁜 정부mistress의 모습을 떠오르게 했다. 오보된 정도가 지

---

* 흥미 위주의 짤막한 기사에 유명인사 사진을 크게 싣는 신문.

나쳐서 버터필드 판사는 "보도 중 일부는 공정하고 정확한 보도의 한계를 상당히substantial margin 넘었다."라고 말할 정도였다.[13] 비록 보도에 반박할 수 없는 사실이 아주 조금이라도 포함되었더라도 주어진 인상이 진실이었던 것과 정반대일 수 있다.

이런 기사를 실제로 보도하는 저널리스트들에게만 책임이 있다고 비판할 수 없음을 깨닫는 것이 중요하다. 편집 과정 그 자체의 중요성의 증가, 따라서 편집자의 자율성, 권력 그리고 영향력은 뉴스 가치가 즐거움이 지배적이도록 하는 곳에 문제를 악화시키는 경향이 있다. 비록 기사가 정확하고 공정하더라도 뉴스 관점이 충분히 흥미롭지 않다고 여겨지면 저널리스트들이 기사를 다시 쓰도록 돌려보낼 뿐만 아니라, 편집자들이 독자 호소reader appeal에 대한 그들의 해석에 따라 종종 합의 없이 기자의 기사를 다시 쓰는 경향이 증가하고 있기 때문이다. 모뎀에 내려 받은 기사, 초판을 위해 서두르는 야간 편집자들 등 모든 종류의 제약들이 상호작용하여 나쁜 관행을 악화시킨다. 따라서 현장에 가보지 않고, 자신 앞에 놓인 기사 외에는 실제 일어난 것에 대한 어떠한 정보도 없는 편집자가 더 흥미로운 억양을 표현하기 위해 기사를 수정할 수 있고, 그럼으로써 그에 대한 증거가 불충분하거나 전무한 상태로, 대중이 생각하기에 보도 대상이 느낄 법한 감정을 추정하여 표현하는 인용문을 날조할 수 있다. 증거가 거의 없어도 보도가 되는 대상에 대해 느끼는 것이 적절하다고 여긴다. 따라서 인용문이 어떤 사람의 말을 그대로 옮긴 보도라고 이해한 순진한 대중들이라면 기사는 사건을 완전히 왜곡하는 것으로 끝날 수 있다. 사실, 그러한 문제점은 공중이 순진하게 추정하는 것보다 뉴스 과정에서 훨씬 더 고질적이다. 특히 오랜 시간 동안 탐사보도가 계속되고 돈을 제공하였는지 아니면 돈을 요구했는지, 인용문이 글자 그대로인지 꾸며졌는지, 진술이 뜬소문인지 아니면 알려진 사실인지 등등 사람들이 사건의 핵심 사슬 경로를 이해하지 못하기 시작한 곳에서 그렇다.[14] 이처럼 즐거움을 위한 동기에 이끌어지는 뉴스 과정 자체의 특성은 기자의 최초 기사가 정확하고 공정할 수 있는 것까지도 왜곡할 수 있다. 즐거움에 대한 강박은 고려한 시청자들의 선호에 맞추기 위해 선정주의가 사실보다 우위를 차지하는 경향이 있다. 물론 압박으로 정정 보도를 강요할 수 있다. 영국보다 미국의 신문들이 이런 일을 더 많이 한다. 악이 이미 행해진 경우 그리고 평범한 사람들은 (배상금이 사건의 결과 및 잠재적 위력에 달려 있는 법적 체계 안에서도) 교정의 기회가 더 적다. 이런 이유로 선정주의는 보도되지 않았다면 알려지지 않았을 사람들의 보도에서 악화된다. 왜냐하면 이런 측면에 미디어가 더 많은 재량권이 있다고 추정하기 때문이다.

뉴스에서 즐거움을 위한 추동력이 어떤 스토리가 정확한지, 보도의 방식이 정당한지, 장기적으로 뉴스 미디어의 이익인지와 같은 고려사항들을 넘어 우선권을 취하기 시작한다면 결과가 그러한 추측의 대상을 무시한 비인간적 피해일 뿐 아니라, 고려된 청중은 일어난 일 그리고 어떤 사람이 한 일에 대해 전체적으로 잘못된 인상을 갖는다. 왜냐하면 이것은 세상의 물정에 관하여 교육받지 못한 편견에 기반을 두기 때문이다.

또한 즐거움을 위한 압력은 이야기 형성과 편집 과정을 왜곡시킬 뿐만 아니라 저널리스트들이 뉴스 기사를 '발견'하는 데 장려되는 행동

방식도 왜곡시킨다. 기자들은 부유하고 유명한 사람들의 사적 삶에 함부로 들어가고, 대중의 이해관심과 해악의 문제와는 전혀 관련이 없는 곳에서조차 독특하고 매력적인 특종을 모아야 하는 압박에 직면할 가능성이 더 크다. 실제로 최근 10년 넘게 이런 것(매력적인 특종을 모으는 것)을 강조하는 쪽으로 뉴스 미디어 보도의 특성 변화가 증가한 것처럼 보인다. 1995년 6월 의회에서 질문을 하는 대가로 현금을 받아 의회 법도를 심하게 위반한 의원들에 대한 《선데이 타임스》의 보도는 그들의 보도와 무관하게 이미 이뤄지고 있던 활동을 단순히 발견한 것이 아니었다. 그들은 M.P.s의 의원들에 대한 함정수사 작전을 기획했다. 그 함정수사 작전은 그 의원들에게 없었을지 모르는 기회를 제공했다. 그들은 이런 방식으로 두 보수파 M.P.s 의원들을 함정에 빠뜨린 후에, 그와 같은 정치 부패에 대한 분노의 관점에서 기사를 보도하였다. 그러나 적어도 처음에 함정수사가 작전 없이 그 어떤 의원들도 그와 같은 부정행위에 관여할 수 있었을 것이라는 보장은 없었다. 또한 처음 기사를 보도한 방식이 그 이야기가 어떻게 발생하게 되었는지에 대한 중요한 세부사항을 언급하는 데 실패했고, 그래서 《선데이 타임스》 기자들의 공작원agent provocateur* 활동이 생략됐다. 그 중요한 세부사항이 없었다면 기사는 있을 수 없었다. 뉴스 창출과 관련된 극단적인 사례, 즉 병들고 죽어가는 사람들을 따라다니는 것부터 절대 일어나지 않은 사건에 대한 단순한 소문에 기반을 둔 기사의 날조까지 즐거움entertain을 위한 동기가 미디어 관행practice을 부패시킨다.

---

* (노조·정당 등에 잠입하여 불법 행위를 선동하는) 공작원, (권력층의) 첩자.

분명 그런 행동과 미디어 선정주의는 미디어 자유를 위해 지불해야 할 대가라는 것을 근거로 옹호하는 사람들이 있을 수 있다. 종종 불평하는 자는 그렇게 하는 데 이해관심을 가진 기득권을 갖는 사람이라고 지적된다. 만약 정치가들의 삶이 철저한 공개조사를 받지 않는다면 결국 정치가들에게 더 좋을 것이다. 최소한 정치가는 그들 자신만의 이익을 위해 권력의 수단을 남용하거나 공공 이득을 위해 영향력을 행사하기보다는 권력 그 자체의 갈망을 나타내는 일종의 위선을 탐닉하기가 더 쉬운 위치에 있을 수 있다.

　그러나 이 주장이 '최소한'이라 말하는 것은 솔직하지 않다. 많은 비평들이 정치인들을 보호하는 기득권을 가진 사람들로부터 나오는 것이 아니라, 대서양의 양쪽에서 모두, 평범한 대중이나 저널리스트로부터 나온다는 명백한 사실을 인식하지 못했다. 뉴스 미디어를 오락 가치 측면에서 이해하는 뉴스 미디어의 대중에 의한 불신감의 증가는 여론조사와 뉴스 기사 보도 대상에 대한 뉴스 기관 편집자 저널리스트들의 행동, 기사가 보도되는 방법, 뉴스의 신뢰성, 기준과 관련된 많은 불평사항들에 점점 더 많이 나타나고 있다.[15] 실제로 많은 존경을 받는 뉴스계 사람들은 무엇인가 근본적으로 잘못됐다는 것을 깨닫고 있다.[16]《워싱턴 포스트》의 존경받는 언론 비평가 하워드 커츠Howard Kurtz는 "미디어 기업media corporation이 영향력을 남용하거나 시청자들을 모욕하는 것을 경계하면서 저널리스트들은 옛날 방식의 폭로 저널리즘muck-raking* 위험을 피하고, 자극하고 즐겁기를 추구하는 광대한 엔터

---

* 폭로 저널리즘. 1880~1890년대 미국에서 유행했다. 영어로는 '머크레이킹(muckraking)'이라고 한다. '머크(muck)'는 오물 또는 쓰레기, '레이킹(raking)'은 갈퀴로 긁는 것, 샅샅

테인먼트 문화의 일부가 되었다."라고 말했다.[17]

요점은 사생활에 침입하고 정치인·유명인, 모든 참여자all comers에 대해 자유롭게 이야기하는 미디어 자유는 수행해야 할 감시자 기능이 있다는 것을 근거로 사회에 의해 승인됐다는 것이다. 그 기능을 빼앗거나 전체 뉴스 미디어가 그런 기능을 수행하는 데 실패한다면, 뉴스 미디어가 그와 같은 방식으로 행동할 수 있는 그 어떤 권리가 있는지, 그 권리가 대가를 치룰 만한 가치가 있는지도 명확하지 않다price is one worth paying. 우리의 관리인들을 감시하고, 정치인들이 사적 이익이 아닌 공적 이익의 측면에서 통치 활동을 하도록 보장하기 위해서는 언론이 정치인들처럼, 우리의 대리자로서, 모든 대중들에게 필연적으로 존재하지 않는 어떤 특별한 권리를 가지고 있다고 생각할 수 있다. 그러나 단지 감흥을 위해 사생활을 침해하고, 공익을 개의치 않고, 정확함과 공정함의 기준을 그때마다 무시하고, 완벽히 날조된 이야기와 마찬가지인 것과 충격을 주기 위한 열망과 분노, 심지어 불쾌감은 언론이 제4부로서 그 어떤 도덕적 고결성을 가지려 한다면 뉴스 미디어가 반드시 지닐 높은 도덕적 근거의 항목이 될 것이다. BBC의 현 회장인 존 버트John Birt는 다음과 같이 말했다. "160년 전 맥컬리Macaulay가 '기자들이 앉아 있는 사진촬영대gallery가 제4부가 되었다'고 선언했을 때 신문은 두 세기의 억압적 법률, 금융 부패 및 정치적 뇌물로부터 출현했다. 오늘날 제4부의 영역에서, 현실은 종종 그 용어의 위엄을 조롱한다."[18]

이 찾는다는 말이다.

만약 값을 지불한 제품이 결함이 있다고 판명되면, 우리는 일반적으로 환불을 요구한다. 약정이 이행되지 않았기 때문이다. 만약 뉴스 미디어와의 암묵적 계약의 비용이 공공 이익이라는 이름으로 사적 행위에 대한 침해를 보장하는 보증서라면, 적절하게 수행하는 것에 실패한 미디어에 승인된 그 특권을 우리가 철회할 수 있는 권리를 가진다. 우리가 미디어에게 부여한 특별 허가는 암묵적 계약을 통해서만 정당화될 수 있다. 하나님이 부여한 권리가 아니기 때문이다.

오락이라는 최종 목표에 의해 움직이는 뉴스 미디어는 특성상 불가피하게, 가치판단의 대상이 되지 않는다. 자연스럽게 이와 같은 종류의 정적주의quietism*가 사회에서 강하고 권력 있는 사람들의 이익에 사악하게도 호의를 보인다. 그와 같은 개념의 요지는 바로, 특정 종류의 정보에 대한 시청자들의 선호를 의심의 여지가 없는 기정사실로 다룬다는 것이다. 뉴스 미디어의 요지는 이런 선호들에 의해 미리 결정된 것으로 인식된다. 따라서 만약 뉴스 미디어가 선호된 정보와 기사를 보도한다면 뉴스 미디어가 중대한 사건을 보도하는 데 실패할 그 가능성은 간과된다. 그러나 물론 사람들은 알고 싶어 하는 것의 판단의 근거에 대해 충분하고 적절한 정보를 갖고 있지 않을 수 있다. 사실, 기자들과 저널리스트들이 정보에 그들의 눈과 귀를 집중하지 않는다면 어떻게 정보가 중요해질 수 있을까? 역으로, 대중들이 많은 것들을 알고 싶어 할 수 있지만, 이런 것들이 부당한 침해를 포함시킬 수도 있거나 뉴스 기사로 부적절하고 공정하지 않을 수도 있다.

---

* 정적주의(상황을 바꾸려 하지 않고 묵묵히 그대로 받아들이는 삶의 자세).

HUD 스캔들 부분의 문제는 단순히 저널리스트들이 그와 같은 정부
기관들에 대한 보도를 장황한 저널리즘tedious journalism으로 간주한 것뿐
만 아니라 대중들이 그와 같은 문제에 완전히 무관심한 것으로 인식한
것이었다. 그러나 비록 대부분의 사람들이 소위 소수자 문제minority
issues에 관심 갖지 않더라도, 사건들이 사회 정의의 구성과 적용에 관
계되는 것이라면 반드시 그 문제는 보도되어야 한다. 1950년대에는 대
중의 관심이 부족했음에도 불구하고, 미국의 미디어는 공정하고, 때로
는 용감하게 시민권 운동의 출현에 대하여 보도했다. 대중의 관심 부
족은 정보가 부족해서이기도 하지만 왜 그런 정보가 중요한지를 이해
하는 데 실패해서 발생하기도 한다. 그러나 좋은 저널리즘은 독자나
청자의 관심을 단순히 따라가지 않아야 하며, 비록 대중들이 현재 그
런 일에 실제 관심이 없더라도, 그들에게 자기 이익의 측면에서든 인
간 공감의 측면에서든, 그와 같은 문제에 왜 관심을 기울여야 하는지
를 보여주기 위해 노력해야 한다.

그래서 사람들이 이상적으로 무엇을 알아야 하는지 인식하기 위해
서는 저널리스트의 판단이 필요하다. 단지 사람들이 알아야 할 것, 즉
적절한 정보하에서 합리적인 교육, 합리적인 도덕적 공감이 주어진 상
태에서 청자가 관심을 기울일 것이 무엇인지 인식하는 일이 필요하다.
따라서 실제 독자나 청자가 HUD나 보스니아 전쟁에 대해 관심이 없
다 하더라도, 그와 같은 문제를 보도하는 이유는 그것에 관심을 기울
여야 하기 때문이다. 이처럼 뉴스 보도는 타산prudence에 근거하든 인간
애humanity에 근거하든 그래서 우리가 관심을 기울어야 한다고 강조해
야 하고, 이에 부응해서 뉴스 보도에 대한 평가가 이루어져야 한다.

좋은 뉴스 그리고 정보에 기반한 이해
Good News and Informed Understanding

우리는 뉴스가 본질적으로 평가적인 용어라는 것을 살펴보았다. 왜냐하면 어떤 것이 뉴스로서 인정되면 이 이야기가 우리에게 가치가 있거나 이해관심이 있는 무엇인가를 지니고 있다고 우리는 실질적으로 주장하기 때문이다. 어떤 의미에서 이것은 저널리즘의 전통적인 딱딱한 뉴스hard news 개념을 넘어선다. 보도는 우리 세상의 시사문제에 대한 지식과 정보를 획득하는 것을 목적으로 하는 가치 함축적 탐구방법이다. 이것은 뉴스를 선동의 형식에 동화시키는 것이 아니다. 왜냐하면 선동과는 달리, 뉴스는 사건의 공평한 묘사를 통해 진실을 목표로 하기 때문이다. 그러나 보도가 중요한 사건에 대한 적절한 묘사를 추구하기 때문에 공평성이 가치중립을 함축하지 않는다는 것을 인식해야 한다. 이에 따라 어떤 것이 뉴스 의제로 나타내져야 하는지에 관한 판단은 은연중에 가치판단적이다. 이 목적과 관련하여 우리는 뉴스 보도를 좋은 뉴스 또는 나쁜 뉴스라고 평가한다. 좋은 보도는 진실을 촉진하는 방법을 통하여 진실을 추구한다. 반대로 나쁜 보도는 진실에 무관심하다.[19]

《워싱턴 포스트》의 기자 자넷 쿡Janet Cooke의 악명 높은 사건을 생각해보자. 1980년 26세였던 쿡은 거리에서 생활하는 8세 아이에 관한 기사 하나를 작성하였는데, 이 기사로 퓰리처상을 수상하였다.[20] 그러나 수상은 바로 취소되었고 쿡은 해고당했다. 기사에 대서특필된 아이는 존재하지 않는다는 사실을 《워싱턴 포스트》가 발견했고, 믿을 만한 소식통이 폭로했다. 자넷 쿡은 선정적인 기사를 위하여 등장인물을 고의로 만들어냈으며, 이름도 지어낸 것으로 보였다. 그녀가 편집자와 대중을 기만한 것 이외에도, 쿡이 의도적으로 지어낸 가상 기사가 나쁜 뉴스인 정확한 이유는 진실을 촉진하는 방법을 포기하고 진실을 찾지 않았기 때문이다. 또한 나쁜 저널리즘이 반드시 그와 같은 의도에서 발생하는 것만은 아니라는 점을 깨닫는 것이 중요하다. 나쁜 저널리즘은 엉성한 방법론, 출처와 인용에 대한 확인 실패 또는 비판적 판단 부족(자넷 쿡의 편집자들은 진실성을 의심했음에도 불구하고 그녀의 기사를 인정했던 잘못)에서 발생할 수 있다. 요지는 좋은 저널리스트가 되기 위해서는 무엇보다도 정직과 규율이 모두 필요하다는 것이다. 저널리즘에서 진실의 가치는 존중되어야 하며, 이것은 충실하게 진실에 도달하기 위해 요구되는 특정한 가치와 원칙의 준수를 함축한다.

이런 이유로 미국 대부분의 잡지에 의해 이루어지는 사실-출처 확인fact and source checking은 영국 미디어가 따르면 좋을 훌륭한 관행이다. 또한 적절한 곳에 사과문과 함께 오류 정정이 뒤따라야 하는 것은 중요하다. 미국과 영국의 관행 차이에 주목하는 것은 흥미롭다. 미국의 뉴스 미디어는 아무리 사소한 사건이어도 재빨리 그리고 적절하게 오류를 시정하려는 경향이 있다. 위반에 비례하여 오류 신문에 많은 정정 공간이 주어지고, 중요성이 부각된다. 만약 단순히 이름 정정이라면, 정정은 단지 조그만 칼럼을 차지하지만, 중요한 오류라면 앞 페이지에 놓인다. 이와 대조적으로, 영국 언론은 오류에 대해 사과하는 경우 얼마 안 되는 지면의 조그만 박스에 사과문을 게재하는 경향이 있다. 유사하게, 미국 언론은 영국 언론보다 훨씬 먼저 옴부즈맨이나 독자 대표reader's representatives라는 발상을 받아들였다. 그와 같은 모습은 정확성의 문제에서 대중과 시청자들의 이해관심을 표현하는 것을 제공할 뿐만 아니라 뉴스 보도에서 일종의 위법행위, 품위 문제에 반자치적인 심판관 역할은 물론이고 편향되게 이야기를 제시하라는 편집자의 압력을 받고 있는 저널리스트들에게 탈출구를 제공한다. 그와 같은 관행은 장기적으로 미디어의 이익에 기여한다. 만약 뉴스 미디어가 사실을 점검하고 오류에 대해 사과한다고 알려지면, 그 미디어를 더 신뢰할 가능성이 많기 때문이다. 적어도 이런 면에서 미국 언론은 암묵적 계약의 의무를 수행하기 위해 언론의 공적 실천에 더 많은 헌신을 보인다.

또한 이제까지 살펴보았듯이, 개별적인 뉴스 기사의 가치는 협소하게 인식된 진실로 축소될 수 없다. 많은 기사들이 참일 수 있지만 독자의 관심이나 가치와 관련해서는 관련이 없거나 사소한 것일 수 있다. 결국 이런 의미에서 어떤 지역의 뉴스가 다른 지역에서는 뉴스가 아닐 수도 있다. 따라서 월 스트리트의 브로커에게 크게 비중이 있는 뉴스가 뉴욕의 웨이트리스, 디트로이트의 블루칼라 노동자, 아이다호 감자를 키우는 농부에게는 완전히 무관한 뉴스일 수 있다. 따라서 특정 이야기가 실제 독자의 이해 관심과 필요에 어떻게 관련되어 있는지 명심하는 것이 중요하다. 예를 들어, 클린턴 대통령의 새로운 적극적 고용 개선 정책은 미국 시민에게 영향을 미칠 수 있는 공정성의 문제에 대한 실질적인 정책 해석과 관련되어 있고 특정 정의관에 대한 입장을 드러내기 때문에 분명히 전 국민의 뉴스가 될 것이다. 많은 다른 뉴스 기사는 불가피하게 지역적인 기사가 될 것이다. 따라서 특정한 뉴스 보도가 중요하다고 여기는 이유는 많은 사람들이 종교나 특정 문화에서 공유하는 다양한 관심, 문화적 전제, 신념 또는 가치 때문이다.

예를 들어, 프랑스에서 미테랑 대통령에게 오랜 외도로 딸이 하나 있다는 것은 오랫동안 저널리스트와 정치인들 사이에서는 주지의 사실이었다. 분명 미국이나 영국이고 최소한 요즘에는 그와 같이 사실이 알려지면 그것은 미테랑과 함께 즉시 언론에 의해 보호되기보다는 폭로되었을 것이다.[21] 부분적으로 이것은 사적인 사랑 행위와 정치적이고 공적인 일에 대한 그들 상호관계의 상이한 문화적 태도를 반영한다. 영국과 미국에서 암묵적인 추정은 사적 생활에서 나타나는 비윤리적인 행동이 공적인 의무 수행까지 이어지는 인격적 결함을 나타낼 수 있다는 것이다. 이런 면에서 프랑스인들의 추정은 사생활과 공적 생활이 더 근본적으로 분리될 수 있는 것으로 보인다. 따라서 클린턴이나 개리 하트의 경우에서처럼, 그와 같은 기사가 미국에서는 중요한 미디어 보도 가치가 있을 수 있으나 프랑스에서는 다년간 보도되지 않은 채 남겨져 있었다. 그러나 특정 지역에서 뉴스로서 자격이 있는 것이 다른 곳에서는 뉴스로서의 가치가 없을 수 있다고 생각하는 것은 일관성 있다. 따라서 구분은 보다 일반적인 사회문화적 필요와 관심을 다루는 기사와 보다 구체적인 기사 사이에 차이를 만든다.

그런데도 평가적 뉴스 개념은 보도가 우리의 정부 또는 인간의 관심과 관련되고, 공정하고, 사실에 비춰factually 지향되는 것이 더 낫다는 것을 암시한다. 그래서 만약 정치적 대표들이 의회에서 특정 질문을 하는 대가로 돈을 받거나 거짓 여행과 활동비용을 요구한다면, 이것은 뉴스 머리기사가 되어야 하고 왜 그렇게 될지에 대한 합리적인 근거는 앞에서 약술한 바 있다. 비용을 대신 지불해준 경우에서, 정치인들이 섬기기 위해 선발된 국민들의 이익 대신 자신의 이익을 위해 행동하는 것을 볼 수 있다. 이들은 선거구민들의 이익을 대변하고 사회 이익을 위해 법률을 제정하라고 선출되었다. 여행비용 지불의 경우 선거구민의 이익에 직접적으로 명백히 해는 없지만, 정치 대표가 그들의 개인적 이득을 위해 거짓말을 할 준비가 되어 있다는 사실은 공직에서 그의 역할에서 같은 일을 할 준비가 되어 있다는 것을 나타낼지 모른다. 이런 이유로 관련인 인물들이 공무에 남아 있어야 할지를 판단하기 위해 사람들이 이러한 사실을 아는 것은 중요하다. 요지는 그와 같은 부패와 부정행위의 사건이 낙태, 복지, 업무 규정, 법률상의 보상책, 형사사법제도에서 공공 정책 및 입법의 문제와 함께 우리 이름으로 누가 통치하고 우리를 대표해서 제정되는 것에 상당한 영향을 준다는 것이다. 따라서 공공 정책과 인물의 계략, 변화, 왜곡 및 부패는 뉴스가 되어야 한다.

이 모델에서는 명백하게도 보도가 사실관계에 정확해야 하는데, 그 이유는 일어나고 있는 일에 대한 사람들의 판단이 정확한 정보에 의존하고 있고, 무엇을 해야 하는지에 대한 판단의 근거가 되기 때문이다. 마찬가지로, 개인적 편견, 편향 또는 기득권이 특정 이야기가 보도되는 방법에 영향을 주지 않는 것이 좋다는 의미에서 뉴스 보도는 공정한 것이 더 좋다. 그렇지 않으면 결국 세상일이 돌아가는 방법the way things really are이 왜곡되고 그래서 사람들을 호도하는 인상을 가질 가능성이 더 크다. 만약 주어진 판단 근거가 잘못된 경우 마땅히 해야 한다고 생각하는 것에 관하여 잘못된 판단을 할 가능성이 더 크다. 이런 이유로 사실로서 보이는 추측은 실제 무엇이 실제 그러한지 잘못전하고 그래서 뉴스 미디어와 대중 사이의 암묵적인 계약을 깨기 때문에 도덕성이 결핍됐다.

실제로 비공식적 정부의 제4부로서 저널리스트, 언론 및 뉴스 미디어는 중요한 의미로 정치 과정의 외부자가 되는 것이 좋다. 왜냐하면 언론인들은 정치 과정을 왜곡시키기 위해 음모를 꾸미거나 불투명한 정부 활동을 못하게 하는 데 기득권이 없어야 하기 때문이다. 따라서 원칙적으로 저널리스트들은 정부 내부의 사람들에게 그들의 지위 때문에 열려 있는 유혹과 영향력으로부터 자유로워야 한다. 물론 언론이 정부에 관해 국민의 감시자 위치에 있다는 점을 감안할 때, 저널리스트와 미디어는 업무를 적절히 수행하는 한도 내에서 권력의 위치에 있다. 왜냐하면 정부 정책, 책략 그리고 부패에 관한 언론 보도가 신뢰할 수 있는 것으로 받아들여진다면 분명 사람들이 정치인과 그들의 정책을 이해하는 방법 결정에 큰 영향을 주기 때문이다. 그러나 바로 미디어의 그와 같은 영향력 때문에 미디어 자체가 정치인과 기득권 집단의 로비를 받거나 다양한 이야기, 사건, 조사의 주인공으로부터 간청과 뇌물을 받기 쉬울 수 있다. 어느 누구도 저널리스트가 절대적으로 신뢰할 수 있는 도덕적 성인군자이기를 기대하지 않는다. 그러나 직접 권력의 수단levers of power을 쥐고 있지 않은 정치 과정의 외부자로서 정치가들이 종종 국민의 이름으로 정의를 왜곡하는 일종의 부패에 언론이 쉽게 영향 받지 않기를 기대해야 한다.[22]

우리는 적절한 저널리즘 기능에 대한 순진한 관점의 광범위한 관념conception을 옹호했다. 뉴스의 핵심 기능은 인간 이해관심human interest 이야기와 의의 있는 사건에 관하여 정보가 되는 것이다. 물론 의의 있게 중요한 것은 어떤 의미에서는 공동으로 관련이 있고, 우리는 임시속보에서 심층적 탐사 저널리즘과 다큐멘터리, 편파적이고, 사변적이며 평가적인 기획 기사feature articles에 이르는 다른 뉴스 장르들에 대한 적절한 보도 종류를 주의 깊게 구분해야 한다. 이런 이유로 주장의 맥락은 기사의 타당성에 차이를 만든다. 우리가 모두 이해하듯이 추측은 마땅히 기획 기사에나 어울리는 것이고, 하드 뉴스* 방송의 구성요소가 되어서는 안 된다.[23] 그러나 의의 있는 사건 및 인간의 문제에 대한 보다 건전한 이해 증진의 목표는 우리의 개별적인 관심과 구분되는 뉴스 장르의 다양한 제약을 넘어서는 것이다.

뉴스에 대한 설명을 고려한다면 훌륭한 저널리스트들이 준수해야 하는 특정한 최소한의 윤리적 제약을 알아낼 수 있다. 예를 들어, 우리는 사회의 시민으로서 기능하기 위해 알아야 할 공공 이해관심 사건을 보도할 저널리스트의 의무를 이해할 수 있다. 물론 과거보다 더 다재다능한 컴퓨터 기술의 출현이 편집의 압력 및 소유주의 통제를 쉽게 할 거라고 생각할 수 있다. 실제로 주요 방송국이 보도하지 않은 채 남아 있는 뉴스 사건들을 포착할 수 있는 일반 사람들의 능력이 분명 뉴스 의제가 넓어지는 가능성을 향상시킬 것이다. 그러나 이 같은 유토피아적 열망은 그와 같은 기술이 우리에게 제공하는 기회들조차도 상당부분 주요 뉴스기관이 소유주통제와 거리를 둘 수 있는 능력에 좌우된다는 인식으로써 조절되어야 한다.[24] 또한 그러한 질문과는 독립

---

* 정치·경제 등의 분야를 대상으로 하는 뉴스 내용을 지칭하며, 어느 정도 시간이 경과한 뒤에 영향이 나타난다.

적으로, 무엇이 뉴스 가치가 있는지, 보도가 진실하고 공정한지의 여부와 관련하여 판단력을 발휘할 필요성은 결코 사라지지 않을 것이다. 비록 기술이 우리에게 많은 새로운 기회를 제공하지만, 이런 의미에서 기술은 중립적이다.

그러나 최소한의 윤리적 제약은 단순히 사실의 정확성, 공정성, 출처-체크, 기록 보존 그리고 옴부즈맨에 국한되는 것이 아니라 뉴스 이야기를 발생맥락 속에 위치시킬 책임도 그와 동일하게 중요하게 다룬다. 왜 어떤 사건이 발생하고 있는지, 그것에 관해 무엇이 중요한지에 대한 감각을 대중이 쌓을 필요가 있기 때문이다. 따라서 우리가 왜 또는 어떻게 사건이 발생하였는지에 관한 설명을 대가로 이목을 끄는 이미지와 효과음을 심하게 강조하는 뉴스 프로그램을 비판하는 것은 옳은 일이다. 전적으로 뉴스 단신*과 이목을 끄는 이미지image만 있고, 완전히 사건에만 집착하는 뉴스는 이해를 거스르는 본질적 편향inherent bias을 분명히 나타내기 때문에 좋은 뉴스 실천을 왜곡한다.

뉴스 미디어의 일은 이상적 정보, 합리적 교육과 연민의 조건하에서, 우리가 알고자 하는 이야기를 보도하는 것이다. 제4부로서 언론을 생각하기 위한 정당화의 근거가 바로 이것이다. 더욱이 그들이 보도한 이야기가 그들이 묘사한 것으로 실제 일어난 것임을 확실히 할 엄중한 의무가 있다. 최소한 이것들은 암묵적인 계약의 일부를 수행하기 위해 기자들이 실행해야 할 뉴스 미디어의 윤리적 의무이다. 좋은 저널리즘 또는 이상적 저널리즘이 더 많은 일을 할 것이다. 윤리적으로 의무인

---

* 간략한 최신 뉴스.

것과 훌륭한, 존경할 만한 또는 이상적인 것 사이의 구분은 기본이다. 예를 들어, 우리는 윤리적으로 다른 사람들에게 해를 끼치지 않을 의무가 있다는 점을 보통은 인식하고 있다. 그러나 이것이 훌륭하다 할지라도 어려움에 처한 사람을 돕기 위해 우리의 모든 소유물을 윤리적으로 어쩔 수 없이 다 줘야 한다고 여기지 않는다. 마찬가지로 저널리즘에게도 이 구분이 적용된다. 저널리스트들이 충분히 윤리적으로 되기 위해서는 암묵적 계약에 부응하고 우리의 삶에 중요성 있는 사건들을 공정하고 참되게 보도해야 한다. 그러나 좋은 저널리즘은 단순히 우발적인 사건에 반응하고 보도하기보다는 그 사건에 근원이 되는 기본적이거나 사회적인 변동을 설명하고 탐사하고, 폭로하고, 찾아내야 한다. 따라서 좋은 저널리즘은 부정의를 바로잡기 위해 보도할 뿐 아니라 조사하고 캠페인도 벌여야 한다. 1950년대 미국 시민권 운동에 대한 보도를 예로 들어보자.[25] 특정 사건을 발생한 그대로 보도하는 저널리즘은 대중과 뉴스 미디어 사이의 무언의 계약을 파기하는 데 비윤리적이지 않다. 그러나 근원이 되는 구조적 부정의와 시민권운동 과정에 대한 보도 및 캠페인은 분명 도덕적으로 바람직한 저널리즘이며 이상적인 실천일 것이다.

따라서 제4부로서 언론의 전통주의자들의 관념은 뉴스 미디어 의무와 이상의 실질적이고, 분석적이며, 규범적인 개념을 우리에게 제공한다. 그러한 개념은 현시대 뉴스 미디어의 상태를 제시하는 윤리적 비평인데, 이것은 활동하고 있는 많은 저널리스트와 대중 직관과 대체로 일치한다. 중요성보다는 즐거움을 우위에 두면서 사변을 사실로서 설명하는 것을 포함하고, 선정주의와 관음증, 유명인사의 소문을 확산시키는 저널리즘은 뉴스 미디어의 목적을 폐기하는 것이다. 그러나 우리는 제4부로서 그들의 책임을 수행하기 위해 미디어가 요구하는 올바른 뉴스 보도와 저널리스트들의 가치를 구성하는 것이 무엇인지를 인식 할 때만이 자유 민주주의적 정부의 핵심적 요소로 이 판단을 정당화할 수 있다.

1   Lewis Carroll, *Sylvie and Bruno Concluded*(London: Macmillan, 1893).

2   Gaye Tuchman, *Making News*(New York: Free Press, 1988), John Fiske, *Television Culture*(New York: Routlege, 1987), pp.281-308, and Tom Koch, *The News as Myth*(New York: Greenwood, 1990), 이야기 서술 양식과 제도적인 관계가 뉴스와 같은 어떤 것을 만든다고 상정하는 작업의 좋은 예이다.

3   Howard Kurtz, *Media Circus*(New York: Random House, 1994), pp.37-52, 스캔들 그 자체와 뉴스 미디어의 실패 두 가지에 대한 상세한 통찰.

4   《선데이 타임스》는 19 February 1995, broke the "story" as a full exclusive alleging Foot had been a KGB "agent of influence" at the peak of the Cold War. On 7 July 1995, 냉전의 정점에서 독점기사로 마이클 푸트(Michael Foot)가 KGB의 영향력 있는 첩보원이었다는 이야기를 터뜨렸다. 《선데이 타임스》는 두 페이지의 사과 기사를 냈고 알려지지 않은 상당한 금액의 손해배상금을 마이클 푸트에게 지급했다.

5   See Lucas A. Powe, Jr., *The Fourth Estate and the Constitution*(Berkeley and Los Angeles, CA: University of California Press, 1991).

6   어느 누구도 민주주의가 완벽하거나 모든 면에서 현명하다고 주장할 수 없다. 실제로 민주주의는 지금까지 시도된 모든 다른 형태의 정부를 제외하면 가장 최악의 정부 형태이다. Winston Churchill speech, *Hansard*, 11 November 1947, col. 206.

7   로크는 정부론에서 시민은 정치적 권력이 공익에 따라 행사되는 조건에서만 정치적 권력을 양도한다고 주장했다. 그러나 권력을 행사하는 사람은 그들의 지위를 남용할 유혹에 처하게 된다. 그래서 특히 *A Letter Concerning Toleration*(New York: The Library of Liberal Arts, 1955)에서 그는 시민들은 그들 정부의 작동원리와 그 근본을 알아야 한다. 그래야 위임받은 힘을 행사하는 사람들의 행동을 지속적으로 판단하고, 그래서 사람들은 신용이 남용될 때 그들만의 정치적 권력을 행사할 수 있기 때문이다.

8   Anthony Smith, *The Newspaper: An international History*(London: Thames and Hudson, 1979) 참조.

9   Marianne Fulton, "Changing Focus," in *Eyes of Time: Photojournalism in America*, ed. Marianne Fulton(New York: New York Graphic Society, 1988), pp.208-220, and Kevin Williams, "Something More Important than Truth: Ethical Issues in War Reporting," *Ethical issues in Journalism and the Media*, ed. Andrew Belsey and Ruth Chadwick(New York: Routledge, 1992), pp.154-170 참조.

10 J. G. Ballard, "The Secret History of World War 3," in *Best Short Stories 1989*, eds. Giles Gordon and David Hughes(London: Heinemann, 1989), pp.1-12.

11 찰스 뱁콕(Charles Babcock)의 워싱턴 포스트 기사를 통해 1989년 7월 간접적으로 드러나기 시작한 1980년대 저축과 대출 스캔들에 대해 유사한 이야기가 이야기될 수 있을 것이다. Kurtz, *Media Circus*, pp.53-75 참조.

12 예를 들어, P. Clarke and E. Fredin, "Newspapers, Television and Political Reasoning," *Public Opinion Quarterly, 42*(1978): 143-160; and J. B. Lemert, *Criticizing the Media*(Newbury Park, CA: Sage, 1989) 참고.

13 *The Guardian*, Tuesday, 1 August, 1995, p.3.

14 Tom Goldstein, *The News at Any Cost*(New York: Simon and Schuster, 1985), pp.200-227 참조.

15 1991년에 6개 유럽공동체에서 실시된 갤럽 여론조사에서 언론에 대한 대중의 신뢰가 법체계, 경찰을 포함한 다른 사회 조직보다 낮은 것으로 나타났다. 실제로 단지 조사대

상자의 14%만 영국 언론에 신뢰를 나타냈다. Raymond Snoddy, *The Good, The Bad and The Unacceptable*(London: Faber,1993), p.11 참조.

16 예를 들어, Joan Deppa, *The Media and Disasters*(London: David Fulton, 1993), Mark Pedelty, *War Stories*(New York: Routledge, 1995), and Mort Rosenblum, *Who Stole The News?*(New York: John Wiley, 1993) 참조.

17 Kurtz, *Media Circus*, p.5.

18 John Birt, The Fleming Memorial Lecture at the Royal Institution, April 1988, as quoted by Snoddy, *The Good, The Bad and the Unacceptable*, p.12.

19 The story ran in the washington post. 28. september 1980, and was award the Pulitzer on 13 April 1981. 그 기사는 1980년 9월 28일 《워싱턴 포스트》에 실렸고 1981년 4월 13일에 상을 받았다.

20 Bill Green, "Janet's World," *The Washington Post*, 19 April 1981, pp.Al, A12-A15.

21 나는 오늘날이라고 말한다. 왜냐하면 옛날에는 미국이나 영국에서도 그러한 사실을 보도하지 않았다. 예를 들어, 영국의 수상 로이드 조지(Lloyd George)는 바람둥이로 유명했다. 그러나 20세기 초 영국 언론은 그러한 것을 전혀 보도하지 않았다. 그리고 케네디(John F. Kennedy)의 성적 문란함은 전설적이었지만 미국 언론은 그때 당시 이에 대해 서둘러 논평하지 않았다.

22 우리는 *Conversations with Kennedy*(New York: Norton, 1975 en Bradlee F. Kennedy)에서 벤 브래들리(Ben Bradlee)와 케네디(Kennedy) 사이에 존재한 것으로 그가 묘사한 일종의 관계에 관해 강한 의구심을 가져야 한다. 물론 우정과 다른 방법으로는 저널리스트가 접근 불가능한 정보의 취득은 훌륭해 보이지만, 케네디에 의해 놓인 관계의 조건이라는 측면에서는 상당히 부패한 무엇인가가 있다. 예를 들면, 개인적인 재가를 위해 기사를 대통령에게 처음 제출하라는 요구 같은 것이 있었다.

23 따라서 우리가 1960년대 새로운 저널리즘 또는 조지 오웰(George Orwell)의 문학적인 저널리즘은 딱딱한 뉴스로 제시되었을 경우 상당한 결함이 있을 것을 인식한다면, 이것들은 사람들과 그들과 관련된 사건에 대한 이해를 증진시키는 데 가치가 있다. 왜냐하면 사실과 허구의 요소로 결합된 방식은 형식의 사실성 측면에서 분명히 진실을 향한 것이 아니기 때문이다.

24 이 설명을 쓸 당시 미디어 합병에 대해 증가하는 추진력은, 타임 워너(Time Warner)는 터너(Turner)를, 디즈니(Disney)는 ABC를 웨스팅하우스(Westinghous)는 CBS를 따랐다. 루퍼트 머독(Rupert Murdoch)의 거대 미디어 왕국의 전 지구적인 확장을 언급하지 않더라도, 기술이 미디어를 분권화하기보다는 미디어 복합기업 통제를 증가시키는 데 유리하도록 이용될 것이라고 암시했다.

25 Juan Williams, *Eyes on the Prize*(New York: Viking Press, 1987) 참조.

3

규제적 이상으로서 공평성
Impartiality as a Regulative Ideal

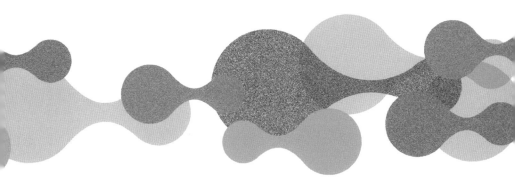

3

규제적 이상으로서 공평성
Impartiality as a Regulative Ideal

완전한adequate 뉴스 저널리즘은 진실이라는 목표를 열망해야 하고, 더욱이 보도되는 것을 맥락 속에 두는 방식으로, 보도되는 것이 왜 중요한지에 대한 시청자의 이해를 촉진시켜야 한다는 것을 살펴보았다. 정확히 말하면 이 생각conception은 언론은 제4부라는 생각에는 동의하지만 보다 폭넓게 인간 이해관심human interest 및 인간 관심human concern 의 기사를 포함한다. 대중과 뉴스 미디어 사이의 암묵적 계약의 요지는 우리 주위의 세상에서 발생하는 현재의 사건과 새로운 사태들에 대한 지식과 이해를 얻는 것이다. 따라서 뉴스 미디어의 의무는 사회에서 우리의 기능뿐만 아니라 사회적·문화적 또는 인간적 이해관심에 직접적인 영향을 주는 사람들과 기관에서 일어나는 것에 관해 신속하고 정보에 근거한 이해를 하도록 진실 보도를 하는 것이다. 좋은 저널리스트의 실천을 위해 그러한 개념conception이 수반할지도 모르는 제약과 수단을 간략히 되짚어 보았다. 그러나 뉴스 미디어와 일반 대중 사이의 암묵적 계약이라는 개념notion이 유익하다면 좋은 저널리스트의 journalistic 실천이 준수해야 할 기본적인 규제적 이상regulative ideal을 우리에게 제공해야 한다.

규제적 이상Regulative Ideals

암묵적 계약의 요지를 고려하면 저널리스트들은 목표로 하는 청중 intended audience의 이해 수준에 따라 그들의 보도를 형성하고 표현해야 한다. 일반적으로 목표로 하는 청중은 비전문가를 의미하는데, 이를 명심하는 것이 중요하다. 뉴스 보도의 요지는 이해하기 쉬운 방법으로 일어난 일의 핵심을 전달하고, 그로써 발생한 일을 평가할 수 있는 토대를 구성하는 것이다. 따라서 한 이야기에 상정되는 이해의 수준이 매우 중요하다. 예를 들어, 과학 또는 관료 전문 용어로 가득한 이야기는 일반 독자가 이야기에 대한 관심을 갖거나 그 의의를 파악하기 어렵게 할 것이다. 이런 이유로 시청자들이 적절한 판단에 이를 수 있기는커녕, 어떠한 근거에 의해서도 일어나고 있는 일을 판단할 수 없다. 중요한 것은 뉴스 미디어가 비전문가라도 교양 있는 사람이 이해하는 것이 무리 없을 정도로 뉴스 단신 및 라디오·TV 프로그램을 제공해야 한다는 것이다. 물론 기본적인 범위 내에서는 이 주장이 참이다. 그렇기에 각기 다른 신문들은 특정 종류의 이야기에 대해 전형적으로 더 높거나 더 낮은 수준의 이해 및 관심을 추정하여 겨냥할 것이다. 따라서 《뉴욕 타임스》의 어떤 독자에 관하여 어휘력에 기반을 둔 이해력에 대한 합리적 추정은 《U.S.A. 투데이》에 대해서는 합리적이지 않을 수 있다. 더욱이 오늘날 맥락에 대한 심층 설명과 비판적 분석에 관심이 있으며 뉴스 의제를 지원하고 뉴스 의제에 기여하는 데 필수적 역할을 하는 다양한 기획 저널리즘feature journalism, 잡지 그리고 시사 프로그램 등이 있을 수 있다. 그러나 뉴스의 본질bare essence은 최소한, 특별히 관심이 없을지 모르는 시청자에게 말을 걸어야 한다. 따라서 이야기의 중요성은 분명해야 하고 전문가 지식을 거의 필요로 하지 않아야 한다. 보도를 위한 적절한 어조와 강조를 유지하면서도 추정, 전문용어 그리고 동기를 가능한 한 꾸밈없는plain 언어로 말해야stated 한다.

뉴스 미디어가 가장 낮은 이해수준에 저널리즘을 겨냥해야 한다는 뜻이 아님을 명심하라. 일정 정도의 정보를 가지고 있는 모든 사람에게는 필요한 정보에 대한 각각의 임계점이 있다.[1] 분명히, 기자가 무엇에 대해서든 의사소통을 할 수 있으려면, 어떤 기본적인 정보와 이해를 가정해야 한다. 그러나 각기 다른 시청자는 이해의 다른 수준들을 수반하기에 그에 맞추어 기사가 겨냥되어야 한다. 더욱이 공간, 시간, 편집과정, 사진에 대한 필요 등등 제도상의 제약이 있다. 그럼에도 불구하고, 그와 같은 제약 안에서 저널리스트는 효과적으로 의사소통하기 위해 이야기를 목표로 하는 청중intended audience에 맞춰야 한다.

규제적 이상으로서 목표로 하는 청중의 이해에 초점을 맞추는 것은 저널리즘의 요지, 즉 주어진 시간 제약 내에서 복잡한 사건을 이해 가능하게 만드는 것으로 요약된다. 저널리스트에게 요구되는 것은 실제

시청자와 보도하는 기사 특성에 따라 분명히 달라질 것이다. 예를 들어, 보스니아와 같은 전쟁 기사를 보도하는 것은 보다 폭넓은 맥락에 대한 언급이 필요할 것이다. 보스니아 전쟁의 경우 단지 매우 제한된 이해를 추정할 수 있을 뿐이다. 예를 들어, 많은 미국인들과 놀라울 정도로 많은 유럽인들은 전쟁이 시작되기 전 지도에 보스니아를 어디에 두어야 할지 심한 압박을 받았다. 더욱이 40년 넘게 보스니아, 세르비아 그리고 크로아티아는 평화스럽게 티토의 유고슬라비아 치하에 포함되어 있었기 때문에, 심지어 최소한의 역사의식 및 민족 적대감의 본질을 추정할 수도 없었다. 따라서 세르비아가 확장하려 했던 이유와 적대감이 그토록 복잡한 이유에 관한 설명이 보충되지 않았기 때문에, 단순히 UN군의 이동, 포격, 교전에만 초점을 맞추는 보스니아 전쟁에 대한 단편적 보도episodic coverage는 명백히 불충분했다. 더욱이 규칙적인 단계로 이루어진 뉴스 제공의 시간 제약과 마감기한의 지속적인 압박이 정확히 무엇이 진행되고 있는지를 실제로 발견하고 전달하는 일 없이 단순히 보도만 하는 경향을 악화시킬 수 있다. CNN은 그들이 가용할 수 있었던 인력과 기술능력 때문에 보스니아 보도를 자랑스러워했을지 모른다. 그러나 피터 아넷Peter Arnett이 전선에서 무슨 일이 벌어지고 있는지 시청자에게 전달하기 위해 통신사* 보도만을 사용하여 하루에 14편의 라이브 샷live shot을 강요받았을 때는 그와 같은 기술과 인력이 무슨 소용인가? 보스니아에 있었던 많은 기자들이 했던 목격보도라고는 그들 숙소의 옥상 좌석에서였다. 저널리스트들이 실제 상황

---

* 독자적인 취재조직을 가지고 신문사·방송국 및 기타 보도 기관을 대신해서 뉴스와 기사자료를 수집·배포하는 기구.

을 진술하기 위해 허용된 최대 시간이 40분이었음을 감안하면 그 결과가 전쟁에 대한 깊은 이해를 전달하는 데 실패하고 뉴스의 외양을 보도하는 통신사가 속사포처럼 내뱉는 말patter이었다는 것은 놀랍지 않다.[2] 만약 발생한 사건에 대한 배경을 간략하게 설명하지 않고, 기자들이 스스로 뭔가를 찾는 것을 못하게 된다면 일반 독자나 청자가 일이 어떻게 돌아가는지 이해할 수 없고 따라서 대중과 뉴스 미디어 사이의 계약은 실현되지 않은 채 남아 있다.

물론 뉴스 이야기 그 자체까지 이르기까지는 일련의 대단히 복잡한 사건이 있을 수 있다. 그러나 저널리스트들이 배경 사건에 많은 시간과 공간을 할애해야 한다는 것이 아니다. 오히려 저널리스트들은 지나치게 단순화시키지 않는 방법으로 실제적인practical 미디어, 정치, 정책 및 인간 관심 측면을 밝히는 일을 모색해야 한다. 이런 이유로 우리는 관련된 복잡한 문제의 적절한 이해를 증진하는 것을 희생시켜가면서까지 인간 드라마에 전념하지 않아야 한다는 요구를 이해할 수 있다. 더욱이 그 이야기가 오랫동안 계속된 것이라면, 시간이 지나면서 이야기 양상의 특정한 기본적인 이해가 짜 맞춰질 수 있고, 추정될 수 있다. O. J. 심슨 재판 보도가 그 명백한 사례이다. 재판 준비 기간부터 재판 그리고 배심원의 평결까지 뉴스 보도가 극심했다. 최소 5개 국영 TV 네트워크가 재판 시작을 생중계하였으며, 여론조사에 따르면 미국인 82%가 그 재판을 상당히 면밀하게 지켜보았다고 한다.[3] 이와 같이 사건의 기본 사항에 대해 누적된 이해가 만들어지고 세밀한 사항이 조사될 수 있다. 더욱이 재판이 진행되는 동안 사건 자체의 다양한 측면을 꼼꼼히 검토하고 문제를 제기하고, 인종, 가정 폭력, 돈 그리고 정의 문제서 재판 절차에서 미디어 역할 및 미디어 명성의 힘까지 촉발되었다. 무슨 일이 일어나고 있는지 이해하는 것은 단지 훨씬 더 많은 사실적인 정보를 제공하는 문제가 아니다. 오히려 우리는 사건에 대한 사실의 의의를 파악하기 위해 요구되는 적절한 배경 이해가 필요하다.

예를 들어, 알려진 대로 공공 병원에서 건강 보험이 없는 노인 환자가 무시당한다는 것을 보도한 기자를 상상해보자. 기자는 공공 병원에서 중증 환자 중 일부가 그들이 모르는 사이에 다음 [또 한 차례] 심장 발작 시에 심폐소생술을 하지 않아야 할 환자로 간주하였다는 사실을 포함시킬 수 있다. 다른 설명 없이 이렇게 서술하면, 그와 같은 사실은 사회에서 가장 가난하고 가장 취약한 사람들에 대한 냉담한 관습과 학대를 드러내는 것일 수 있다. 그러나 관련된 근거가 이것이 의료 행위에 일반적으로 포함된다는 설명을 제시한다는 서술이 곁들여질 때 이 사실은 훨씬 더 무해한 것으로 보일 수 있다. 왜냐하면 다수의 심근경색으로 고통을 받는 환자들과 합리적인 회복의 기회를 그들에게 줄 수 없는 조건, 즉 만약 그들이 더 많은 통증으로 고생하고 더 많은 자원을 소모하면서, 되돌릴 수 없게 몇 주 후에 심장마비로 결국 죽음에 이르는 것을 영원히 소생시킬 수 없다면, 이것이 일반적으로 더 좋은 것으로 여겨질 수 있다. 따라서 만약 환자가 그 또는 그녀의 바람을 표현할 수 없고, 대리인으로서 행위를 할 가족이 없는 곳에서 의사는 일반적으로 소생시키지 않는 지시에 동의한다.[4] 이런 관점에서 본다면 병원에서 이와 같은 공지사항notice의 이용은 그 자체로는 악의가 없다. 적절한 이해를 추정할 수 없는 곳에서 어떤 사실이 인용된다면 그 근거는 설명되어야 한다. 따라서 세부사항을 선택하고 그 중요성을 나타내는 것은 대상으로 설정된 시청자들의 이해도를 추정하여 그에 적합하도록 맞춰져야 한다.

암묵적 계약에 의해 생기는 두 번째 규제적 이상regulative ideal은 공평impartial한 기자 이상이다. 계약의 요지가 대중 스스로 상황을 판단하기 위해 일반적 대중이 공평impartial하고 정확한 사건 설명을 할 수 있도록 하는 것이었음을 기억해라. 따라서 저널리스트 또는 적절한 뉴스 이야기에 특징적이어야 하는 것은 일종의 거리두기일 것이다. 관련된 것이 무엇인지 완전히 이해할 수 있는 한 가지 방법은 시위의 참여자와 시위 현장의 기자를 어떻게 구별할 수 있는지 상상하는 것이다. 관련된 사람들의 행동과 관련된 시위의 타당성에 대한 기자의 신념이 무엇이든지 간에 그 기자는 관련 이슈를 정확하고 냉정하게 묘사하기 위해 그 이슈와 전문가적인 거리를 유지하는 것을 목표로 해야 한다. 이는 시위참여자가 보이는 편파적이고 평가적인 관심, 편견 또는 정서와 뚜렷이 구분된다. 결국 그 사람[시위참여자]이 그곳에 있는 이유는 그들이 시위를 하는 이유인 대의cause에 관해 열정적인 감정을 갖고 있기 때문이다. 그들은 자신의 관점이 옳다고 믿고 믿는 바대로 그 관점을 재현하는 것은 자연스러운 일이다. 기자의 의무는 시위 참여자의 관점을 전달하는 것이지만, 균형 잡힌 방식이어야 한다. 그래야 다르게 느끼는 다른 사람들의 생각이 정당하고 적절한 시각에서 제시될 수 있다.

저널리스트가 어떤 이야기를 보도하기 위해 동기부여되는 것이 그 또는 그녀가 한쪽이 옳다고 생각하거나 본래 편견을 가지고 있기 때문일 수 있다는 것을 부정하는 것은 아니다. 따라서 어떤 저널리스트의 본래 편견이 궁극적으로 잘못된 것일 수 있는데, 노력과 시간을 들여 쫓은 뉴스가 결국 진짜이야기가 아닌 것으로nonstory로 판명날 때 매우 화가 날 수 있다. 그러나 요지는 저널리스트 활동의 본래 목표는 진실을 보도하는 것이지, 참이길 바라는 것을 보도하는 것이 아니다. 그래서 단지 기자의 경솔한 의심을 확증하는 측면에서 사건을 보도하기 보다는 의심할 만한 충분한 근거가 있는지 탐색할 윤리적 책임이 있다. 물론 저널리스트들은 일반적으로, 사건을 설명할 수도 있는 그럴듯한 possible(=plausible) 가설과 암묵적 가정에서 시작한다.[5] 그러나 좋은 저널리스트는 참인 이야기는 예비조사에서 그들이 전하고자 했던 설명과 완전히 다른 설명을 포함할 수 있다는 가능성을 항상 열어둬야 한다.

공평한 저널리스트의 규제적 이상regulative ideal은 우리에게 어떤 저널리스트나 뉴스 기관이 참이라고 추정하는 가치, 편견 또는 신념을 위해 진실을 무시하는 비윤리적 저널리즘에 중요한 결함을 가려낼 수 있도록 한다. '독점 보도'를 위해 자넷 쿡이 '지미'라는 소년에 대해 지어낸 이야기는 비록 복합적인 가상의 인물로서 워싱턴 거리의 삶이 어떤지의 일부를 보도했다 하더라도 결함이 있는 기사였다.[6] 쿡의 이야기가 본질적인 측면에서 전달하는 느낌은 전적으로 정확할 수 있고, '보도된' 것의 의미는 실제로 참일 수 있다. 그러나 진실이냐 그렇지 않느냐는 경험적 입증verification의 문제이다. 쿡의 '보도'의 문제는 그것이 경험적 증거, 즉 워싱턴 거리의 실제 사람과 사건을 나타낸 이야기라고 제시되었다는 것이다. 그러나 실제로 이것은 추측과 상상에 의한 가설이다. 이 기사는 허구를 사실로 제시하고 있다. 쿡이 워싱턴 거리가 이와 같다는 생각에 전념했거나 혹은 명성을 얻기 위해 위력적인 이야기를 원했기 때문이다. 혹은 두 가지 다일 수도 있다. 쿡은 윤리적 저널리즘의 근본적인 이상을 파기해버렸다. 그녀는 자신의 목적을 위해 사실을 무시하고 날조했다. 만약 그의 이야기가 사실을 담은 것으로 나타나지 않고 오히려 워싱턴 거리에서 삶이 어떨 수 있는지 창의적으로 재창조re-creation하는 뉴 저널리즘new journalism의 방식으로 나타났다면, 그와 같은 격렬한 반응은 없었을 것이다. 그러나 요지는 그녀가 취하고 있는 특정 방식에 맞추기 위해 사실이 아닌 것을 사실로서 제시했다는 점이다. 정당으로부터 뇌물을 받은 기자와 원형 이데아 archetype에 맞춘 이야기가 신문 판매에 도움이 되기 때문에 이야기를 왜곡한 신문은 이와 유사한 측면에서 죄가 있다.

증거를 공명정대하게 가늠하고, 증거에 의해 확증이나 반증에 열려 있는 이야기를 쓰는 것, 단순한 직관·감정 또는 입장에 이끌리기보다는 합리적인 결론을 도출하는 것은 훌륭한 저널리즘의 본질이다. 공평성의 이상은 기자들과 저널리스트들이 너무 가까이에서 정보원들을 얻는 위험을 고려할 때 우리가 경계해야 할 것이 무엇인지를 선택하는데 도움이 된다. 위험은 도처에 존재한다. 특히 정치 저널리즘의 현장에서 특히 그렇다. 개별적인 관점을 강요하려는 사람들에 의해 제공된 기밀정보 접근의 유혹에 열려 있다. 같은 집단에 끌려 들어가는 위험, 기밀 사항에 접근할 수 있다는 느낌, 인물의 매력 그리고 심지어 우정은 저널리스트를 정서적으로 너무 가깝고, 너무나 안전하게 끌어들이기 때문에 직업적 실패를 이끌 수 있다. 그리고 관계를 유지하는 데 저널리스트가 너무 많은 기득권을 가지고 있어서 그가 좋아하는 정보원이 제공하는 설명이 보도하는 것과 마찰을 빚을 때 이것들을 객관적으로 보도할 수 없다.

여기에서 적절한 비유로 교사들이 학생들에 관하여 유지해야 하는 일종의 직업적 거리professional distance를 들 수 있을 것이다. 얼마나 좋은 의도를 가지고 있든, 과제물을 평가해야 하는 교사가 학생과 쌓은 친밀한 개인적 관계는 교사를 심리적으로 극히 어려운 상황에 처하게 할 수 있는데, 그 상황에 가득한 딜레마는 학생들의 수행이나 성과수준을 올바르고 공정하게 판단하는 교사들의 능력을 왜곡시킬 수 있다. 따라서 이런 방식의 감정적 유대감과 개인적·사회적 및 직업적 수준에서 입장은 적절한 탐사보도를 확실하게 방해한다. 왜냐하면 공평한 입장을 받아들이는 능력을 잃기 때문이다. 같은 방식으로, 정치적·사회적 또는 개인적 취향으로 인한 공식적 취재원에 대한 지나친 의존은 왜곡을 일으킬 수 있다. 예를 들어, 1950년대 미국 정부와 문화에 침투한 이른바 공산주의에 관련한 조셉 매카시Joseph McCarthy 기소에 대해 초기에 언론이 취한 무비판적인 태도는 분명 공평성의 실패였다. 그들이 보도한 사실은 정확했고 그 기소가 보도되지 말았어야 했다고 생각하는 사람은 아무도 없었다.[7] 매카시의 연설과 반역죄에 대한 기소 및 공산주의 묘사는 정확했다. 오히려 기사들은 제기되고 있는 기소 그 자체가 타당한지, 사실에 근거하고 있는지의 여부와 그러므로 그 기소가 공정한지 묻는 데 실패했다. 공평성이란 문제의 진실에 대한 질문이라는 점을 고려하면, 권위 있는 사람에 의한 주장에 성찰 없이 복종하는 것은 그래서 좋은 저널리즘의 폐기이다.

기자 자신의 개인적, 정치적 또는 사회적 의제조성을 증진하기 위해 사건보도를 오염시키거나 이용하는 저널리스트와 기관을 비판하고 이해할 수 있도록 하는 근거는 공평한 기자라는 이상이다. 앞의 사례의 특정 기자는 직업적 이득professional favor과 사회적 명성과 맞바꾸어 사건의 특정한 입장을 취하고, 그 입장에 맞지 않는 사실을 누락하도록 유혹받았다. 그러나 불편부당함의 실패는 고려된 저널리스트의 개인적 고결성integrity으로 환원될 필요는 없다. 전체 뉴스 구조가 공평성을 불가능하게 하기 위한 방식으로 맞추어져 있을 수 있다. 만약 레닌주의관과conception 20세기 초반 러시아의 뉴스 미디어의 사용을 살펴본다면 정보가 전적으로 선전이라는 용어로 표현된 미디어에 의해 전달되었음을 알 수 있다.[8] 실제로 최근까지, 소련의 뉴스는 의식적으로 노동쟁의, 범죄, AIDS, 빈곤, 심지어 체르노빌 사건까지도 최후의 순간까지 보도하지 않으려 했다. 심지어 그와 같은 이야기를 보도한 근본적인 이유는 체르노빌과 같은 이야기가 보도되지 않으면 뉴스 서비스가 정부 선전기관이라는 오명을 받을 것이고, 선전기관이라는 것이 명백하게 드러났을 것이기 때문이었다.[9] 선전propaganda의 목적은 사실과 관계없이 특정 세계관을 옹호하고, 진실, 거짓, 허구, 소문 그리고 선정주의와 같은 미세한 구분에 의한 제약 없이 적을 비웃는 것이다. 선전에서 이야기에 필요한 것은 인식 가능한 사실이 사람들에게 특정 관점을 설득하는 데 충분한 만큼 포함되는 것뿐이다. 뉴스의 목적은 특정 관점이 진실이기를 바라는 것이 무엇인지 무시하고, 진실을 보도하는 것이다. 《프라우다》와 같은 선전 수단은 그와 같은 목적이 없다. 따라서 조지 오웰의 《1984》에서 신문은 실제로 일어난 것과는 아무런 관계없이 계속해서 쓰이고 또 쓰인다.[10] 오히려 보도되는 것은 당이 발생하기를 바랐던 것들이고, 보도 방식은 당의 행동이 당의 이데올로기와 가장 일치하고 부합하도록 묘사한다. 진실부ministry of truth*는 진실을 본질적인 목표로 다루기보다는 수단적으로 가치 있는 것으로 다루고 '뉴스'라는 용어의 사용은 단지 존칭적이다.

규제적 이상으로서 공평성을 인식하는 것은 우리로 하여금 개인적 편향이나 정치적 선전을 비판하는 것만을 가능하게 하는 것은 아니다. 그 인식은 우리 세상의 의의 있는 사건에 관한 진실을 전달하는 저널리즘의 기능을 왜곡하거나 방해하는 모든 특집기사를 비판할 수 있도록 하는 근거를 제공한다. 예를 들어, 신문과 뉴스 프로그램의 본질적 목표가 단지 사업적인 측면에서 인식된다면, 진실은 단순히 광고 수익의 축적을 위한 도구적 목표로 인식될 수 있다.[11] 따라서 미국에서 뉴스 프로그램 편성의 근본적인 문제는 TV 프로그램 편성이 광고 시간 사이에 시청자의 흥미를 유지하도록 발달되었다는 사실이다. 따라서 뉴스의 중요하거나 의의 있는 측면을 강조하기보다는, 간혹 강조가 즐거움으로 잘못 기울 수 있다.

주관주의Subjectivism

그러나 어떤 규범적 힘을 갖지 못하도록 공평성의 이상을 방해하는 일반적인 형태의 회의론이 존재한다. 기본적인 생각은 무엇이 뉴스를 구성하는지, 따라서 무엇이 의미 있게 진실true한 것인지 그 자체가 근본적으로 미디어나 보는 사람viewer의 세계관과 사건 이해에 의존한다는 점이다. 기본적으로 이런 생각은 모든 뉴스가 본질적으로 주관적이

---

* 조지 오웰의 소설 《1984》에 등장하는 네 개의 정부기구 중 하나인 '진실부'.

라는 주장에 이르게 된다. 가장 극단적인 경우, 이와 같은 입장은 걸프전은 오직 TV에서만 일어났다는 장 보드리야르Baudrillardd's의 악명 높은 주장으로 이어진다.[12] 어떤 의미에서 이것은 분명 터무니없는 주장이다. 전쟁은 발생했고 사람들은 죽었다. 그러나 이 수사법에 놓여 있는 요지는 그렇지 않다. 한 사건에 대한 설명을 생각할 때, 보도는 명백히 해당 사건의 해석과 평가에 의해 조정된다. 보도는 본질적으로 가치 지향value driven 과정이다. 따라서 순수한 묘사, 해석 그리고 평가 사이를 명확히 분리하기란 쉬운 일이 아니다. 상이한 개인, 집단 그리고 사회가 자신의 세계를 다르게 해석하고 평가하기 때문에, 이는 어떤 것이 뉴스를 구성하는 지는 어느 주어진 맥락과 관련된 특정 공동체에 상대적일 수밖에 없다는 것을 제시한다. 더욱이 어떤 뉴스 사건이라도 취재하는potential 기자에 따라 다양한 해석과 평가가 있을 수 있다.

축구 게임과 같은 사소한 예를 들어 보자. 다른 도시에서 각각 다른 기자들이 동일한 게임을 다르게 기술할 수 있다. 홈 팀의 기자라면 그 팀의 주요 공격수가 경기를 잘 못한 것으로 수비수는 조직력이 부족한 것으로, 상대팀은 운이 매우 좋았다고 기술할 수 있다. 동일한 증거를 바탕으로 원정팀의 기자라면 뛰어난 공격수를 꼼짝 못 하게 한 수비수의 능력과 탄탄한 상대팀의 방어보다 한 수 위인 공격수의 열정을 강조하고 득점 찬스를 만드는 빈틈없는 경기를 칭찬할 수 있다. 게임의 특성은 어느 쪽에서 보도하느냐에 따라 매우 다르게 보인다. 더 근본적으로, 어떤 사건이 뉴스인지 아닌지의 여부는 그 자체가 관련 뉴스 미디어의 이해관심, 가치 및 관심사에 관련될 것이다. 어떤 사건이 우리의 특정한 이해관계와 관심을 건드리지 않는다면 (우리의 이해관계와 관심이 사건의 중요도와 나아가 본질도 결정하므로) 그 사건이 일어나지 않은 것이나 다름없다는 주장은 흥미롭다. 이 주장이 한 사건의 발생을 직접적으로 부정하는 것은 아니다. 오히려 사건이란 우리의 주관적 그리고 문화적으로 다양한 태도·이해 및 관심에 맞지 않는다면 아무런 의미가 없다고 말하는 것이다. 이처럼 그 사건이 뉴스인지 아닌지 여부, 어떤 종류의 뉴스인지 등 특정한given 사건의 의미는 이와 관련하여 해석하는 저널리스트, 뉴스 미디어 그리고 일반 문화에 의존하고 그 활동에 의해 구성된다.

그 주장은 우리가 특정 사건에 관한 진실을 알 수 없는 입장이었다는 인식보다 더 강력하다. 예를 들어, 걸프전 이전에 우리는 쿠르드 지역과 그 지역에 대한 정보에 접근할 수 없었기 때문에, 쿠르드족 대학살의 실제 규모를 알 수 없는 상태였다. 이는 우리에게 주의를 환기시키고, 오해를 바로잡을 만한 사실에 항상 접근할 수 없다는 평범한 인식일 뿐이다. 특정한 사건이 그 사건의 의의에 관한 상이한 해석 가능성에 열려 있을 수 있다는 의미의 미결정성에 관한 주장도 아니다. 예를 들어, 어떤 사람이 폭력 범죄의 급격한 증가를 마약 상용의 증가, 총기 확산, 빈곤 증가, 도시에서 중산층의 퇴거, 혹은 시민 사회의 소멸 등의 결과로서 꽤 합리적consistently으로 설명할 수 있다. 이러한 구분되는 각각의 관점으로부터 범죄 증가 발표에 접근하는 기사를 상상할 수 있다. 오히려 이와 같은 논지는 미디어의 구성이나 재현representation과 독립적으로, 바깥의 세상에서 뉴스를 구성하는 이야기와 사실들이 있다는 것을 보다 급진적으로 부정하고 있다. 사건 자체의 진실이 무엇인지, 그래서 그 사건이 뉴스인지는 우선 미디어가 부과하는 가치, 개념 및 범주에 의존하고 있다. 이 기본적인 주장은 한 사건의 의미가 맥락에 의존한다는 인식에서 비롯된다. 분명한 예는 다음과 같다.

북아일랜드 휴전 발표가 있던 1994년 8월 30일, 북아일랜드 평화 과정의 미래를 위해 상징적인 희망과 휴전을 보도하는 기사에 대한 요구가 빗발쳤다. 휴전으로 제기된 더 큰 문제 중 하나는 이전에 만연했던 폭력, 포격, 동요가 더 이상 없을 때 북아일랜드를 어떻게 보도할 것인지에 관한 것이었다.[13] 그러나 휴전 발표가 있던 그날, 중요한 목표는 그 지방의 평화 약속과 희망에 관한 것을 포착하는 것이었다. 《로이터》의 크리스핀 로드웰Crispin Rodwell은 벨파스트 주위를 걷다가 우연히 벽에 갓 페인트칠을 한 "평화를 위한 시간, 가야 할 시간"이라는 구호를 발견했다. 적당히 거리를 둔 장소에서 벽에 대고 공을 차고 있는 소년과 그 옆을 걷고 있는 할머니와 함께 그 구호를 찍었다.

로드웰은 구호의 절반인 '가야 할 시간'을 잘라내고 '평화를 위한 시간' 구호 앞에서 벽에다 공을 차는 아이의 사진을 포함한 사진 한 묶음을 로이터로 보냈다. 로이터의 편집장이 로드웰에게 전화를 걸어 누군가가 구호를 페인트칠하도록 자금을 제공하지는 않았는지 또는 공놀이를 하라고 소년에게 돈을 주지는 않았는지 확인했다. 일단 《로이터》가 재확인한 후 이 사진은 전 세계에 보급되었고, 대부분의 영국 신문 1면에 사용되었다. 여기에서 요지는 로드웰과 《로이터》의 편집자 모두 알고 있었듯이, '평화를 위한 시간, 가야 할 시간'이 실제로는 영국군이 북아일랜드에서 자발적으로 철수해야 한다는 견해를 표현하기 위해 몇 년 동안 사용되었던 익숙한 신페인당Sinn Fein* 구호였다. 그러나 보드리야르는 구호의 의미는 저널리스트의 영리함에 의해 잘리고, 신문 1면에 휴전에 대한 머리기사 옆 그리고 한 줄 장면one-line frame 위에 둠으로써 변형된 슬로건은 그 지역 사람들을 위한 새로운 희망을 분명히 했다고 주장했을 것이다. 게재된 사진은 평화와 상호 이해에 대한 새로운 희망을 표현하는 것으로 받아들여졌다. 같은 구호 아래 다른 맥락은 실제로 꽤 다른 정서와 희망을 상징하고 나타내는 것이 된다. 그 가정은 저널리스트와 미디어 사회가 일반적으로 관련 맥락을 정하고 그렇게 함으로써 사건이 갖는 뉴스로서의 의미와 중요성을 결정하는 것이다. 구호가 신선한 평화를 위한 공동체의 상징적인 희망을 표현하는 것을 가능하게 했던 것은 아주 조금 여기저기 잘린 프레임된 사진을 이용한 신문들이었다. 신문이 사진을 잘라낸 것은 별 의미를 두지 않고 그것을 프레임에 담았다는 것이다. 따라서 뉴스로서 한 사건의 특성은 미디어 사회가 결정하는 것이다.

그러나 이 주장을 적용하는 것이 명백하게 용이하지만, 결론에 관해서는 직관에 매우 반대되는 부분이 있다. 한 사건의 의미나 맥락이 미디어에 의해 적절히 조정될 수 있다는 게 왜 명백한가? 분명히 미디어가 그 구호를 넣은 것을 사용 한 것이 원래의 의미 이외에 슬로건을 비틀지 않았는가? 결국 적어도 전형적으로는, 미디어는 어떤 사건 현장에 와서 사건 이후 또는 사건 당시에 사진을 찍고, 그 사건 그 자체는 보도와 관계없이 그대로 남는다. 물론 미디어가 보다 많은 중재적 영향을 미칠 수 있고 또 종종 미치기도 한다. 그러나 만약 미디어의

---

* 북아일랜드와 아일랜드공화국의 통합을 원하는 아일랜드 정당.

존재가 불러일으키는 왜곡효과에 대한 특별한 경우(카메라에 잘나오기 위해 사건을 연출하는 것부터 미디어를 조작하려고 시도하는 이익집단까지)를 제외한다면, 기본적인 사례들은 회의주의자들의 보편적인 주장이 틀렸다는 것을 보여준다. 앞서 논의한 구체적인 사례에서, 대부분 지역 사람들은 그 구호를 휴전의 측면에서 새로운 희망을 표현하는 것으로 보지 않았다. 오히려 페인당 구호의 가진 의도된 의미를 감안하면, 그 슬로건이 북아일랜드 문제의 슬픈 역사에서 새로운 출발을 상징하는 것으로 제시되었다는 것이 심각한 아이러니이다. 따라서 우리는 사진이 단지 편파적으로 묘사되는 방식으로 잘려지고, 그래서 묘사된 것이 왜곡될 때 우리는 불편함을 느껴야 한다. 비록 로이터의 편집자가 그 사진이 꾸며진 것인지의 여부를 확인하려고 전화를 걸었더라도, 그는 그 사진이 실제로 익숙한 편파적 견해에 대한 주장을 마치 희망과 관용적인 감정을 나타낸 것처럼 잘못 표현한 것은 아닌지, 그래서 분쟁의 중심부에 있는 사람들이 정확하게 어떻게 느끼는지를 잘못 묘사하지 않았는지에 대해 관심을 가졌어야 했다. 확실히 장기적으로 그와 같은 보도는 태도변화에 대한 거짓된 그림을 그림으로써 옳지 않은 것일 수 있다. 이렇게 그리는 것은 선의만으로 충분하다고 암시하는데, 이는 명백한 사실과 동떨어진 것이다.

특정 사진이 휴전 선언에 대한 일반적인 감정을 표현하고 있다면, 이러한 오도가 과연 문제가 되는지 묻는 사람이 있을 수 있다. 그러나 적어도 여기에서의 요지는, 다른 무엇이 참이든지 간에 이 사진이 페인트로 칠해진 구호의 실제 본질과 의미에 대한 생략으로써의 위조에 준한다는 것이 분명하다는 점이다. 만약 더 정확하게 완전한 구호가 나타났다면 휴전 시기의 희망찬 행복감을 덜 표현하고 여전히 필요하고 해야만 하는 남겨진 힘든 일을 암시했을 것이다. 한 사건의 특성은 사건에 대한 미디어 보도보다 상당히 이전에 존재하고 미디어 보도로부터 상당히 독립적이라는 것으로서만 미디어가 사건을 잘못 전할 수 있고 또 실제로 종종 잘못 전하기도 하는 방식을 이해할 수 있다. 극적인 순간과 사변적 재구성을 사실로 제시하는 것에서부터, 사실에 대한 노골적인 위조에 이르기까지 미디어는 사건을 잘못 전달할 수 있다.

북아일랜드 사진이 구호의 본질을 왜곡하고 있다는 사실은 주관주의자들의 논지의 가장 근본적인 결과를 끌어낸다. 주관주의가 옳다면, 한 기자가 특정 사건을 잘못 해석하고 있다고 주장할 근거가 없어진다. 독일, 미국, 소련, 영국의 뉴스 미디어는 모두 제2차 세계대전의 초래, 전쟁 자체의 특성 그리고 그 과정을 서로 다르게 프레임frame했다. 그러나 그것들이 반드시 동일하게 참이지 않다. 물론 많은 보도가 편파적이고 선입견이 있다. 하지만 이것은 비판적 견해이다. 프레임 되는 방식이 부적절할 수 있다. 특히 그것이 거짓일 경우에는 더욱 그렇다. 한 사건의 존재 방식과 그 사건이 표현되어야 하는 방식 사이의 차이에서 발생한다. 따라서 개념상, 우리는 미디어가 사건의 본질을 잘못 해석할 수 있는 가능성이 완벽하게 있다고 생각한다. 얼마나 많은 사람들이 뉴스 미디어 내에서 걸프전의 보도에 반응하였는지 생각해보자. 과거로 돌아가 보면, 미디어에 많은 사람들은 연합군의 군사 기술에 일차적인 초점을 둔 것이 극도로 잘못되었다고 여긴다.[14] 이것은 부분적으로 저널리스트들이 관련 사건의 공식적 프레이밍framing에 의해서 오도되는 것을 내버려두었기 때문이다. 그러나 요지는 이 두 경우 미디어가 잘못 해석하고 따라서 실제 사실이 어떤지 부적절하게 프레이밍을 할 가능성이 있다는 것이다.

미디어가 사건의 본질을 결정한다는 결론은 맥락이 의미의 유일한 결정인자가 될 수 없다는 일반적인 인식과는 모순된다. 우리가 접할 수 있는 사건 그 자체와 언어, 개념 그리고 우리의 이해 가능성 역시 중요한 제약이다. 그러나 우리가 어떤 사건에 부과하는 가치나 범주는 그 자체로 완전히 상대적인 것은 아니다. 결국 해석 범주와 가치의 전체적인 묶음이 잘못될 가능성이 있다. 일반적으로 프로이드 학파가 성적인 측면에서 인간 행위의 근본적인 동기를 해석하는 데 거의 전적으로 잘못될 가능성이 꽤 많다. 인간 행위를 해석하고 평가하는 측면에 그들은 하나의 개념 도식scheme을 갖고 있다. 그러나 그들이 인간 행위의 의미와 중요성을 설명하기 위해 사용한 근본적인 신념과 가치가 잘못된 것일 수 있다. 일반적인 개념상의 요지는 뉴스 미디어가 사건의 본질을 잘못 해석할 수 있는 가능성이 꽤 많다는 사실을 이끌어낸다. 따라서 기자들은 잘못된 단어를 사용하거나 한 이야기의 잘못된 측면에 초점을 맞출 수 있다. 만약 급진적인 이론이 어떤 보도의 의미에 관한 논지에 불과하다면, 그 논지는 평범하고, 논지는 단지 미디어 맥락에 배후를 설명하기보다는 한 사건의 중요성과 세계와 어떻게 관련되어 있는지에 대한 이론으로 보충되어야 한다. 특정보도를 잘못된 것으로 인식하는 것은 사실은 보도된 것과 달랐고, 따라서 다르게 표현되어야 했다는 주장을 분명하게 말하는 것이다. 따라서 우리는 뉴스 보도에 관해 주관주의자가 될 수 없다.

객관성 그리고 이상적인 기자Objectivity and the Ideal Reporter

이야기, 사건, 사람들은 기자나 뉴스 기관이 이야기에 부여하고자 하는 편향된 관점slant에 따라 잘 변하지 않는다는 것을 깨닫는 것이 중요하다. 실제로 세상이 돌아가는 방식 또는 세상이 이럴 것이라는 보도에 대한 책임이 결여될 때 최악의 과도한 비윤리적인 저널리즘으로 이어질 수 있다. 앞서 논한 급진적 의미에서 뉴스가 주관적이라는 잘못된 생각은 그와 같은 도덕적 타락에 대한 잘못된 믿음으로 이어지는 결과serve를 가져온다.

어떻게 사실이 인간 경험에 의존하고 있다는 점에서 주관적이지만 세상이 어떠한지 잘못 판단할 수 있다는 점에서는 객관적일 수 있는지 설명할 수 있는 최상의 방법은 색깔과 같은 이차적 성질을 생각하는 것이다.[15] 색깔은 반드시 우리 경험과 연관되어 있다는 점에서 분명히 주관적이다. 그럼에도 불구하고, 우리는 분명히 파란색을 보았던 모든 경험이 어떤 사물이 파란색이라는 정확한 경험이라고 간주하지 않는다. 예를 들어, 표준 상태에서 한 가지 색을 다른 사람들이 보는 것과는 다른 반대색으로 볼 때, 한 색깔에 대해 다른 감각을 가지고 있기 때문에 그 사람들을 색맹이라고 여긴다. 이것은 비표준적 조명 상황, 선천성 색맹을 설명하는 유전적 결함 또는 질병으로 인해 그럴 수 있다. 고열로 고통을 받고 있을 때 우리의 미뢰는 종종 왜곡되어, 음식의 맛이 느껴지지 않을 수 있고, 전혀 다른 맛을 느낄 수도 있다. 따라서 우리가 가지고 있는 감각이 주관적으로 틀림없다 하더라도 우리는 맛과 색깔에 대해 틀릴 수 있다. 신체의 오작동이나 비표준적 인식 상황 때문에 우리는 파란색인지 쓴맛인지를 틀릴 수 있다. 우리는 표준 관망자standard observer 모델이나 규범적 개념에 의존한다. 생리적 왜곡에 의해 방해 받지 않는 표준 관측자만이 보통의 조건하에서 사물을 보거나 맛을 볼 것이다.

훌륭한 기자의 사례에서 2차적 성질 비유secondary-properties analogy는 한 걸음 더 나아간다. 단지 표준 관측자가 인식할지도 모르는 것에 의존하지 않고, 우리는 좋은 기자의 민감성이 표준 관측자의 민감성보다 더 안목이 있다고 믿는다. 이 비유는 단지 우리의 판단이 유전적 또는 신체적 왜곡에 의해 방해를 받지 않는다는 것이 아니다. 왜냐하면 그와 같은 왜곡이 없는 경우에도 표준 관측자가 전적으로 틀릴 수 있거나 아니면 관련 사건의 상태를 부분적으로만 포착할 수 있기 때문이다. 저널리스트의 판단이 단순히 관련된 사건을 적절하게 인식할 만큼 민감하지 않기 때문에 오류가 있을 수 있다. 마치 쌍안경이 우리가 더 지각력 있게 볼 수 있게 하는 것처럼 저널리스트의 훈련과 경험은 정치적 책략, 동기 그리고 사건의 본질을 알아볼 수 있는 능력을 연마시킨다. 따라서 공정한 기자의 이상은 이상적 관망자ideal observer의 개념*에 의존한다. 물론 어떤 기자가 이상적인 관망자의 자격이 있는지 그렇지 않은지를 확인하는 데 문제가 있다. 우리는 적어도 다양한 기준을 설명할 수 있지만 이들 기준들 중 어떤 것도 하나만으로 충분하지 않다. 그러나 그 기준들의 집합을 가지고 있는 것은 분명 좋은 저널리

---

* 다른 사람의 욕구를 자신의 욕구인 것처럼 경험하고 동일화할 수 있는 완전히 합리적인 개인 사회 속의 다양한 요구의 강도를 확인하고 하나의 욕구체계 속에서 각각의 개인이 가져야 할 응분의 기준을 할당한다.

스트의 판단 및 구별을 가르쳐 줄 것이다.

첫째, 좋은 저널리스트는 다양한 인간의 비극, 사회적 이슈 또는 정치적 사건을 보도한 경험이 있어야 한다. 이전 경험이 빈약하거나 없는 경우, 저널리스트는 필요할 때 비교할 수 있는 근거가 없다. 특히 정치 이야기 보도의 경우, 사건 및 인물의 해석과 평가에서 비교 요소가 반드시 있기 때문이다. 또한 저널리스트가 적어도 일정 정도의 공식 훈련을 받았을 것으로 기대할 것이다. 정보 획득 방법에서부터 작성, 촬영 및 편집에 이르기까지 기술적 능력에 대한 훈련은 기자가 그의 일을 수행하는 데 요구되는 수단에 능숙할 수 있도록 한다. 또한 요구되는 기술을 이해하고 개발하는 훈련은 (정부 정보의 취득에서부터 이야기의 효과를 강화하는 두운법과 사진 프레이밍의 사용 방법까지) 성취될 수 있는 것들에 대하여 보다 세밀하고 분석적인 이해를 개발시킬 수 있다.

사건의 이상적인 관망자는 일정 의제를 밀어 붙이는 깊은 편견이나 입장이 없어야 한다. 그렇다고 이 말은 기자가 특정 이야기에 관해 어떤 편견, 감정 또는 관점을 지녀서는 안 된다는 말과 상응하는 것은 아니다. 중요한 점은 기자가 자신이 지닌 편견이 틀릴 수 있다는 가능성을 열어둬야 한다는 것이다. 따라서 기자는 편견의 예시화(instantiation*)로서 이야기를 보기보다는 그 이야기가 자신의 편견을 확증하는지 반증하는지를 살펴야 한다. 각기 다른 이상적 관망자는 편견과 추정에서 차이가 있을 수 있지만, 모두다 뉴스 보도를 통해 편견을 확인하는

---

* 어떤 일반적인 용어를 좀 더 구체적으로 만들기 위해 배경 지식을 사용하는 추론 과정. 예컨대, '헤엄치는 사람을 공격하는 물고기'에 대한 예시화는 상어이다.

것에 직접적으로 향하기보다는 사실이 무엇인지 찾는 것에 전념할 것이다. 그 두 가지의 대비를 드러내는 한 가지 방법은 정치적 입장이 없기 때문에 모든 정당의 책략이나 조작에서의 문제를 더 자유롭게 잘 알아차릴 수 있는 기자를 생각해보는 것이다. 그에 반해서 이념적으로 민주당 입장인 기자는 공화당 정치인에게 가하는 같은 종류의 비판적 정밀 조사를 민주당 정치인에게 하는 것이 더 힘들다고 생각할지 모른다. 자연적인 심리적 이유로 인해 우리의 비판적 주시는 일반적으로 선호하는 대의를cause 향할 때 실패하는 경향이 있고, 그러한 실패는 저널리즘에서 일종의 비판적 근시안critical myopia으로 이어진다.[16] 물론 그와 같은 저널리스트 근시안이 반드시 지적 또는 이데올로기적 입장의 결과인 것은 아니다. 그것은 단지 최신 유행이나 방식에 대한 민감한 반응으로 인하여 발생할 수 있다. 따라서 진실truth을 폭로하기 위해 이상적 저널리스트는 일반적인 통념과 현대의 통설로부터 거리를 두는 것이 중요하다. 이런 측면에 얽매이지 않는 기자는 편애하는 대상들과 독립적으로, 모든 것을 비판적으로 응시하고, 그가 세상이 어떻다고 생각하는지에 관해 밝히는 데 더 자유롭다. 또한 기자는 침착하고, 자제력이 있어야 하며, 흥분, 패닉 또는 위험에 직면하여 냉철함을 유지하여, 다른 기자들이 놓칠 수 있는 사건의 세부사항과 측면들을 관찰할 수 있어야 한다. 예를 들어,《라이프》등의 잡지에서 일한 필립 존스 그리피스Philip Jones Griffiths는 베트남에 있을 때 진실을 소중히 보호하겠다는 자신의 근본적인 목적을 달성하는 방법을 다음과 같이 설명하였다. "나의 뇌와 몸이 작동하는 방법은 사물을 오랫동안 차분히 보고 답하고 평가하려고 노력하는 것이다. … 이것들을 연결함으로써 당신은 실제로 그곳에서 일어났던 것을 가능한 한 가장 의미 있고, 명확하며, 진실 되게 말해줄 수 있는 문서를 팔 아래 끼고 다닐 수 있다."[17]

좋은 저널리스트의 중요한 특성은 주의 분산distraction을 무시할 수 있는 능력이다. 걸프전에 관한 뉴스 미디어 보도의 실패는 부분적으로 군이 고의로 일으킨 주의분산에서 비롯되었다. 어떤 면에서 주의부산이 보도의 주요 관심을 전쟁 그 자체에서 군사 기술의 화려함pyrotechnics으로 바꾸도록 했다. 마찬가지로, 저널리스트가 사회적 호의, 정치적 권력 그리고 적절한 저널리스트의 고결성integrity을 갖추고 행동하거나 이야기의 참 본질에서 떨어져서 사회적 호의, 정치적 권력 그리고 재정적 보상에 유혹당하는 것은 익숙하다. 권력과 영향력의 매력이 저널리스트서 그들의 직무가 무엇인지 그리고 그들이 왜 그 일을 하고 있는지에 대한 사람들의 감각을 악랄하게 무뎌지게 한다. 《워싱턴 포스트》의 존 양John Yang이 워싱턴을 보도하는 저널리스트에 관해 말했다 "그곳의 많은 기자들은 매우 거만하다. … 그들의 전체 존재는 그들이 백악관 출입 기자라는 사실에 기반을 둔다. 그들은 '백악관'이라고 쓰여 있고 대통령 기념인presidential sea이 찍힌 수하물 꼬리표, 티셔츠를 받는다. 이것은 팀원인 것처럼 보이게 한다. 많은 사람들이 그렇게 느낀다."[18]

하나의 다른 예가 재정적 보상과 유혹이 가져올 수 있는 왜곡을 드러내는 데 도움을 줄 수 있다. 1984년 3월 증권관리위원회Securities and Exchange Commission, SEC는 《월 스트리트 저널》의 기자 중 한 사람과 편집자를 비공식으로 조사를 시작하다 공식적인 조사를 했다. 《월 스트리트 저널》에는 오랫동안 '거리의 풍문heard on the street'이라는 칼럼이 있었는데, 가십, 소문 및 증권시장 분석 등을 혼합한 것이었다. 칼럼에 긍정적인 평이 실리면 한 회사의 주식이 껑충 뛰었다. 그래서 칼럼의 사전지식이 있는 사람이라면 큰돈을 벌 수 있었고, 증권관리위원회는 어떤 사람이 그런 일을 하고 있다고 믿을 만한 충분한 이유가 있었다. 이 사례의 핵심은 칼럼을 쓴 위넌스Winan와 그의 룸메이트 카펜터 Carpenter가 《저널》 기사를 미리 알고 이익을 위해 음모를 꾸민 것으로 기소되었다. 저널리스트 무결성 부족은 정확히 어떤 소문들이 왜 보도되는지를 왜곡하기 시작할 수 있다. 어느 누군가는 위넌스를 그런 칼럼에 단독 책임자에 둔 것과, 위넌스가 분명히 불평했듯이, 그토록 적은 임금을 주는 것이 명백히 유혹을 악화시켰다고 의문을 제기할 수 있다.[19]

주의 분산을 피하고 유혹에 저항하는 것의 중요성은 저널리스트로서 우리가 주어진 이야기의 적절한 목적에 초점을 맞출 수 있다는 점을 분명히 하기 위한 요구사항의 결과이다. 한 이야기를 조사하고, 처리하고 보도하는 데 저널리스트는 관련 보도의 요지와 목적에 날카롭게 초점을 둬야 한다. 너무 자주 저널리스트들은 일정 정치적 정책과 그 발생 방법을 설명하고, 정치 맥락, 인물 그리고 비평가에 관해 해설하고자 하는 유혹에 빠진다. 왜 이것이 관련 정책 발표와 직접 관련이 있는지는 설명하지 않고서 말이다. 실제로 기자들은 일반적인 시청자들을 대상으로 하기보다는 동료 기자를 염두에 두는 것처럼 때로는 장황한 설명과 전문용어에 사로잡힌다.

또한 저널리스트가 지속적으로 옳은지 그리고 사람들이 시간이 지나면서 특정 상황에 대한 그의 분석에 동의하는 경향이 있는지 없는지와 같은 저널리스트의 실적에 주목하는 것도 중요하다. 저널리스트 간 합의가 특정 보도가 공정한지에 대한 좋은 지표인 경우가 많다. 물론 전체 기자단이 특정 사례에서 속임을 당할 수 있기 때문에 이것만으로는 충분하지 않다. 그러나 시간이 지나면서 한 저널리스트의 실적이 자명해질 것이고, 실적은 유용한 지표이다. 그러나 좋은 저널리스트의 실제 표시는 우리가 그러한 합의를 기대할 이유와 관련되어 있다. 한 저널리스트의 판단, 설명 그리고 분석은 추론된 것이고 세밀하게 조율된 것이기 때문이다.

좋은 저널리스트의 마지막 특질 그리고 일반적으로 가장 저평가되고 있는 특질은 특정한 감정이입이나 상상의 동정심이다. 좋은 저널리스트라면 왜 사람들이 특정 방식으로 행동할 수밖에 없었는지 그 이유(사람들의 가능 감정, 동기 그리고 의도)에 대한 감각을 항상 지니고 있을 것이다. 공감적sympathetic 상상력을 발휘함으로써 좋은 저널리스트는 내부로부터 특성들을 이해할 수 있을 것이다. 따라서 좋은 기자는 우리가 놓칠 수 있는 인간의 미묘한 차이, 시각, 소리에 대한 묘사를 통해 사건의 중심에 독자들을 데려갈 수 있어야 할 것이다. 그러나 이해를 찬성과 혼동하지 않는 것이 중요하다. 관련 동기와 압력을 이해하는 것을 통해 저널리스트는 왜 한 사람이 그와 같은 방식으로 행동하는지를 이해하고 그 결과로서 나타나는 행동을 적절히 비난하고, 일어난 부패에 대해 말할 것이다. 물론 한 가지 문제는 우리는 종종 독자적인 검증 수단도 없으면서 저널리스트를 신뢰한다는 것이다. 그럼에도 불구하고, 우리가 좋은 저널리즘에서 가치를 두는 자질을 그들이 예시하는 것을 우리가 말할 때 명확한 사례나 모범적인 보도가 존재한다. 따라서 우리는 어렵거나 복잡한 문제가 포함될 때, 상황이 교묘하고 기만적인 곳에서 이러한 저널리스트들이 말해야 하는 것은 무엇인가를 고려하는 경향이 있다.

중요한 것은 가설 확인에 대한 강조에도 불구하고, 좋은 저널리즘은 과학보다는 예술 이라는 점이다. 왜냐하면 사건에 대한 관찰, 후속 보도 그리고 사건에 대한 논평은 어떻게 관련 사건을 생각하고 이해해야 하는지 안내하기 때문이다. 이것은 저널리스트적 식별력에 대한 필요성을 설명한다. 저널리스트적 식별력은 비록 자서전처럼 주관적이지만, 이것은 진실에 의해 제약을 받는 예술이기 때문이다. 우리는 이상적 관측자가 분명하게 표준을 제시해 우리로 하여금 어떤 보도가 적절하게 여겨지고 보도되었는지 그리고 그것이 진실일 가능성이 있는지를 결정할 수 있도록 한다는 의미에서 저널리즘을 객관적으로 평가할 수 있다.[20]

진실의 문화 그리고 공평성A Culture of Truth and Impartiality

그래도 계속되는 의심이 있다. 저널리즘에서 특별히 객관적인disinterested 것은 무엇인가? 대부분의 신문들을 살펴보면, 특집 칼럼을 제외하더라도, 보도는 항상 경멸적이고 평가적인 언어와 견해를 사용한다. 뉴스 보도의 관례와 뉴스 장르 모두가 특정한 방식으로 보도된 사건들을 형성하며 만들고, 상정된 가치와 이해관심 사건이 뉴스 가치가 있는지를 결정하는 것이다.[21] 더욱이 상이한 신문들이 동일한 이야기를 보도할 때에도 신문들은 종종 완전히 다른 관점으로 보도한다. 확실히 어떤 뉴스 미디어라도 뉴스 가치가 있는 사건을 선택하고 해석해야 하기 때문에 필연적으로 편향되는 것이 아닐까? 따라서 보도되는 것은 관련 사건의 내재적 특질보다는 미디어의 현저성 원칙의 작용에 의하여 결정된다. 뉴스 장르, 세상 속 인물들과 사건들의 이야기는 필연적으로 위기에 의해 주도되는 것처럼 보인다. 따라서 나쁜 뉴스가 좋은 뉴스이다. 실제로 우리는 폴 위버의 주장대로, 편향이 불가피할 뿐 아니라 미디어는 부정직하게 스스로를 중립적이라고 표현하고 있다고 말할 수 있을지 모른다. 왜냐하면 미디어의 뉴스 의제와 사건 보도는 자신의 이익을 위해 편향되어 있기 때문이다. 이것은 심각한 문제인데, 현실 세계에 대한 의도적인 조작으로 이어지기 때문이다. 우리는 매일 세상에 방대한 규모의 비극이 있는 것처럼, 되풀이되는 위기 상태에 있는 세상의 재현을 보게 된다.

임원들과 저널리스트들이 일상적 사건을 위기로 보는 뉴스 이야기의 선입견과, 일상적인 날을 엄청난 흥분과 역사적 결과가 있는 시기로 보는 신문일면의 선입견에 순응하기 때문에 그들이 맡은 행동들과 그들이 말한 이야기는 의도적으로 조작된다. 현실 세상에서 일어나고 있는 것은 일반적인 기관들의 업무들이다. 따라서 공무원들과 기자들이 보고하는 것은 가짜이지 실제 사건이 아니다. 뉴스는 실제 세상을 묘사하기를 멈추고, 실제 세상을 위조하기 위해 존재한다. 뉴스 제작자와 저널리스트 사이의 물물교환은 사기, 조작 그리고 착취 활동으로 악화된다.[22]

따라서 우리는 어떻게든 자신들의 이익과 의제에 대해 호의적인 뉴스 보도를 얻어내기 위해 정치·사업 및 미디어 유명인이 하는 끊임없는 '퍼포먼스', 기자 회견, 보도 자료를 마주하게 된다. 따라서 이런 종류의 분석을 받아들인다면, 공평성의 이상이 중립적 사실과 편파적 가치 사이의 조잡하고 결함 있는 구분에 기초한다는 것에 반대할 수 있을 것이다. 동일한 사실에 다른 중요성을 두고 선택하는 그 과정은 기자, 신문 및 뉴스 미디어가 이해관심이 없기는커녕, 일반적으로 자신의 가치와 관심에 기초하여 기사를 보도한다는 것을 증명한다. 가치중립적 보도란 일종의 신화이다. 따라서 공평성이란 규제적 이상도 실현 불가능하다. 그러므로 공평성과 기저에 존재하는 이상적 관망자라는 개념이 윤리적 저널리즘의 필요조건이 될 수 없다.

또한 우리는 한걸음 더 나아가 가치중립적 보도의 불가능성이 미덕이라는 점을 제안한다. 결국 전형적으로 우리는 특정 신문을 구독하거나 특정 뉴스 채널을 시청하는 이유는 그것들이 세상을 우리에게 묘사하는 방식 때문이다. 특정한 입장을 지지하는 형태로서 저널리즘은 저널리즘에서 최근 변화는 아니다. 과거를 되돌아보면, 저널리즘은 오늘날보다 훨씬 더 편파적이었고 대립적이었다. 윈스턴 처칠의 발칸 전쟁 보도는 영국의 외교 및 군사 정책의 부적절함에 대한 동정적인 경멸이 동기였으며, 신문사 소유주들은 선호하는 정치적 또는 사업적 이해관심을 널리 알리기 위해 자신의 신문을 사용하는 것이 일반적이었다.[23] 상이한 보도가 사건들을 다르게 묘사하고, 우리는 우리가 가장 적절하다고 판단하는 것을 추구하고, 이는 그 자체로서 이해관계가 있고 평가적인 판단이다. 판단 그 자체는 관심이 있는 평가적인 판단이다. 따라서 기자들은 자신이 목표한 청중intended audience에게 어떻게 보도할 것인지 판단할 때 적절한 관점에서 보도해야만 한다. 그래서 동일한 저널리스트가 두 개의 상이한 신문에 동일한 사건을 보고하는 것은 그의 기사를 서로 다르게 왜곡하는 것이 될 것이다.

이 관점에서 보면, 일반 독자의 규제적 이상은 실제로 공평성의 이상과 충돌한다. 합리적인 독자라면 사회의 측면에서 사건의 중요성을 설명하기 위해 그 사건을 이해하고 구조화시킬 수 있는 뉴스 보도를 원한다. 상이한 독자들이 상이한 신문을 구독하는 이유는 어떻게 또는 무엇이 우리로 하여금 사회를 이해할 수 있도록 하는지에 따라 신문이 다르기 때문이다. 따라서 자유주의자라면 《뉴욕 타임스》를 구독하는 것이 보다 자연스럽다. 이 신문이 특정한 방법으로 이혼·범죄 및 빈곤 증가와 같은 사건들을 이해하고 제시한다고 기대하기 때문이다. 반면, 《워싱턴 포스트》는 사업 이슈와 관점에 초점을 맞출 가능성이 더 많다. 실제로 미국에서 차이는 단지 정도와 뉘앙스의 차이일 뿐이고, 영국의 신문에서는 걸프처럼 폭넓은 세계관들로 보수적인 《데일리 텔레그래프》에서부터 진보적으로 자유주의적인 《가디언》까지 나뉜다. 그래서 일반 독자의 요구 사항을 충족시키는 것은 겨냥하는 대상에 의해 선호하는 세계관에 대한 저널리스트의 편파성을 수반한다고 주장하는 사람이 있을 수 있다. 따라서 비록 공정성이 실현 가능하다 할지라도, 저널리스트들은 그것을 달성하려고 추구해서는 안 된다. 따라서 공평한 기자라는 이상은 불가능한 신화로, 단지 미디어 역사의 순진한 이해를 하는 한에서 유지 가능하다. 기껏해야 공평성의 이상은 진실이라는 추정된 목표를 분명히 하는 데 유용할 수 있지만 모든 좋은 저널리즘에 적용되는 규범적 이상은 분명 아니다.

지금 우리는 공평성의 이상이 어떤 저널리스트가 이야기의 한 측면을 고르는 것이 아니라 그가 이야기에 접근하는 방식이라고 대답하고 싶을 수 있다. 따라서 어떤 저널리스트가 공정한지 그렇지 않은지는 그가 기사를 조사하고 작성하는 목적에 의존한다. 만약 내가 특정given 이야기에 관한 진실을 밝히기 위해 어떤 사람을 인터뷰한다면 그것은 공정한 저널리즘이 된다. 반대로, 그들을 인터뷰한 나의 동기가 나의 재정적, 성적sexual 또는 사회적 지위를 확장시키는 것이라면, 행위에서 나의 의도는 전혀 공정하지 않다. 그 이유는 내 행위의 최종 목표가 일정given 이야기에 대한 진실한 보도가 아니라 나 자신을 위해 어떤 이익을 얻는 것이기 때문이다. 중요한 것은 기본 동기, 즉 내가 이야기를 작성하고 있는 이유가 진실에 다가가기를 원해서인지 아니면 자신의 개인적 이득을 조장하기 위한 것인지 그 여부이다. 그래서 어떤 이는 공정한 저널리스트의 이상은 사건을 처리하거나 보도하는 방식과 관련된다고 주장할 수 있다. 따라서 구분되어야 하는 것은 객관성의 측면에서 사건이나 사실을 보도하는 것에 관한 주장에 기반을 두기보다는 오히려 동기에 대한 것이다.

그러나 동기가 중요하긴 하지만, 이것은 분명 부적절한 반응이다. 왜냐하면 충실하고 진실한 태도로 내가 어떤 이야기를 보도한다는 것이 내 자신의 개인적 이익 증진의 동기와 잘 양립할 수 있기 때문이다. 내 동기가 나 자신의 발전을 위해 어떤 이야기를 보도하는 것이 될 수 있지만, 특정 이야기를 작성할 때, 나는 실제 어떠한지 보여주려는 의도를 가지고 기사를 작성할 수 있다. 실제로 어떠한 제대로 된 뉴스 미디어 조직이라도 두 개가 조화를 이루는 방식으로 구조화되어야 한다. 그래서 저널리즘에서 개인이 발전할 수 있는 최상의 방법은 있는 그대로 보도하는 것이다. 정말 중요한 것은 동기가 순수한 현실 묘사이든 개인적 성취이든, 이것들과 또 다른 고려사항들이 뒤섞인 것이든, 그와 같이 좋은 저널리즘을 가려낼 수 없다는 점이다. 오히려 좋은 저널리즘은 동기가 지향해야 할 목적의 달성으로 구성된다. 따라서 조사 및 보도와 관련된 의도에는 문제의 객관적 진실 보도에 대한 헌신이 포함되어야 한다.

더 강한 대응은 저널리스트 보도의 해석적 특성 때문에 객관성이 배제되지 않는다는 점을 지적할 수 있다. 가치에 대한 입장, 편견 그리고 추정으로부터 독립적인 저널리즘을 의미하는 무사심disinterest은 이 해석적 특성으로 인해 배제될 수 있다. 그러나 객관성을 분명하고 모순이 없는 그리고 일관되게 특정 편견이나 가치와 독립적으로 사실과 일치하는 설명을 의미하는 것으로 받아들이면, 이것은 적절한 이상으로 남겨질 수 있다. 따라서 우리는 특정 이슈에서 입장을 취하는 것을 수반할 수 있는 공정한 저널리즘과 실제로 존재하는 방식을 왜곡하고 위조하는 악의적인 측면에서 편향된 저널리즘을 구별한다. 따라서 공평성은 편파적인 접근과 양립할 수 있는데, 예를 들어 특정 사건들은 사실상 사회 일정 부분의 부당한 인종차별, 잔인한 행위 그리고 비인간적 행위이며, 그것이 무엇인지 보여주기 위해 기록해둬야 하는 어떤 것이라는 점이 이를 잘 설명해준다. 그러나 두드러지는 경멸적 의미에서 편견은 사실과 관계없이 특정 해석이나 추정에 대한 입장을 뜻한다. 이처럼 편향이라는 용어의 악랄한 의미에서는, 편향이 정당하게 비난받을 만한데, 왜냐하면 자신이 갖고 있는 가치나 편견을 위하여 이야기의 진정한 본질과 사실에 대한 무관심이나 불침투성impperviousness을 포함하기 때문이다.

무엇이 좋은 저널리즘과 구분되는 선전 보도가 되게 하는지 생각해보자. 소유주에 의한 사설, 전시 보도wartime report 또는 정부가 시키는 대로 하는 뉴스 기관은 선전이 될 수 있는데, 소유주·국가 또는 정부의 계획, 이익 또는 희망에 부합하는 방식으로 세상을 묘사하기 위해 실상에 대한 고의적인 오보를 포함할 때 그렇다. 그러나 우리가 선전과 같은 보도를 정확히 인식하는 것은 동시에 좋은 저널리즘이 이와 같은 것이 아니며 또 그래서는 안 된다는 것을 인식할 때만 가능하다. 다시 말하면, 우리가 가질 수도 있는 특정 편견을 무시하고 우리는 꼭 실제 발생한 것, 즉 사실과 가장 일치하는 방식으로 이야기를 해석하고 보도해야 한다. 물론 특히 복잡한 문제에서는 사실과 일치하는 해석이 한 개 이상 있을 수 있고 실제로 또 그런 경우가 종종 있다. 따라서 하나의 뉴스 사건이 정당하고 상이한 해석과 보도를 여러 가지 발생시킬 수 있다. 만약 그것들이 모두 알려진 사실과 일치한다면, 봐 줄 만하다. 왜냐하면 상호 일관성을 고려하면 저널리스트들은 어떤 것이 참으로 진실한 것인지 반드시 알 필요가 없기 때문이다. 그러나 모든 이야기에서 저널리스트들은 관련 사건을 어떤 방식으로 해석하고 있는지를 명확히 해야 할 의무가 있으며, 따라서 자신들의 해석이 옳지 않을 수 있다는 가능성을 열어둬야 한다. 따라서 좋은 저널리스트들이 자신들의 해석이 관련 이야기에 가장 적절하게 일치한다고 생각하는 이유는 무엇이며 그와 같은 해석에서 실제 존재하거나 또는 존재할 수 있는 예외가 무엇인지를 명확히 설명하는 일은 피할 수 없는 의무이다.

우리의 이익·가치 및 신념으로부터 분리된 거리두기보다는 세상의 사건들을 적절하게 묘사한다는 측면에서 그 이상을 이해한다면 공정한 기자의 이상은 환상이 아니다. 신념과 가치의 외부에서 아르키메데스의 점Archimedean point을 얻을 수 없다는 사실은 객관성의 이상을 배제하지 않는다. 오히려 사건·인물 및 이야기가 우리가 추정한 대로인지에 관하여 건강한 회의주의적 태도에 열려 있어야 하고, 다른 가능성들을 점검하고 평가하는 일에 전념하고, 특정한 방식으로 사건들을 제시한 근거와 이유를 독자들에게 명확히 하는 것이 중요하다. 우리가 결코 동시에 모든 사건을 면밀히 따져 물어볼 수 없을지라도 좋은 저널리스트들은 자신의 추정이나 신념 중 어느 것이라도 사실상 잘못될 수 있는 가능성에 항상 열려 있어야 한다. 그래서 공정한 기자는 일정 사례에 관하여 자신의 원초적 직관과 의견이 잘못된 것일 수 있는 가능성에 항상 열려 있어야 하는데, 편향된 기자라면 그렇게 하지 않을 것이고 선전주의자라면 그에 관심도 없을 것이다. 따라서 자주 잘못 추정하고 있는 바와 같이, 공정한 기자의 이상은 개인적 이익과 특정 사건에 대한 다양한 해석 및 평가 가능성을 배제하지 않는다. 그럼에도 불구하고, 우리가 그 어떠한 근본적 의미에서도 '무관심'할 수 없다는 인식에도 불구하고, 우리가 간직해야 할 저널리스트의 이상적 동기, 즉 공평과 진실을 향한 저널리스트의 열망이 부정되지는 않는다.

공정한 저널리스트의 이상에 해당하는 것이 무엇인지를 명확히 함으로써 우리는 매우 구체적인 요구사항들을 도출했다. 그러한 요구사항들은 적어도 현재 실무에서는 충분히 실천되지 못하는 경우가 많이 있다. 위버Weaver가 현대 저널리즘의 측면들을 비난한 것은 옳지만, 올바로 이해할 때, 그 이상들 자체나 신문 과정의 본질에 결함은 없다. 오히려 사실 많은 현대 저널리즘의 실용적 관행이 바로 그 이상에 진부담의 대가를 지불하지 못하고 있기 때문이다. 저널리스트들은 종종 오직 하나만 가능한 것으로 인용하고, 그들의 의견을 제시하며, 가능한 예외를 강조하는 데 실패하고, 방송이나 1인치 칼럼난을 위한 내용을 지어내기 위해 진짜 뉴스가 아닌 것non news story을 실제보다 과장되게 말한다. 따라서 아니나 다를까 저널리스트들은 종종 사건에 대하여 자신들의 조사에 의해 정당화된 것보다 사건에 대해 훨씬 특정하고, 명확한 관점을 대중에게 제시한다. 이런 상태에서 도덕적 문제가 개별적 사건이 잘못 묘사될 가능성에 내재되어 있을 뿐 아니라 그 결과에도 있다. 시청자는 사건의 사실관계보다는 사건이 어떠한지에 대한 매우 단순한 이분법적 견해를 보도 받는다. 따라서 많은 뉴스 미디어의 정치적 편향은 불확실하고 문제가 있다. 그 결과는 해롭다. 그런 단순화가 시민으로서의 대중이 판단을 내리는 잘못된 근거를 조장하기 때문이다. 실제로 민주주의에서 이 문제는 특히 더 부도덕해지는데, 정치인들이 대중의 선호와 지지에 의존하고, 그러므로 시청자가 가지고 있는 지나치게 단순화된 세상에 대한 상picture을 이용하고 강화할 수 있기 때문이다. 그러나 왜곡되고 단순한 세상상에 근거하여 국내 및 대외 정책에 대해 지원을 얻는 것은 종종 광범위하고 끔찍한 결과를 초래하는 위험한 일이다.

공평성의 이상의 입장은 저널리스트와 뉴스 미디어 보도가 편향될 수 있거나 최초의 역사history의 개략을 뽑아내는 것을 통해 근본적으로 잘못을 저지를 수 있다는 점을 부인하는 것이 아니다. 그러나 최초의 초안을 그리는 것으로서, 뉴스는 어떻게 사건들이 발생하였는지 묘사·설명하고 관련 원인을 적절하게 분석하는 것을 목표로 삼는다. 가끔 저널리스트들만의 잘못은 아닐지라도 저널리스트는 잘못을 저지를 수 있고, 때로는 어떤 사건의 특정한 이유를 댄 이유가 좋은 이유가 아닐 수도 있다. 그러나 이것으로부터 기자들이 사건과 그들의 설명을 설명, 조사, 분석하는 것을 기대해서는 안 된다는 것이 아니다. 저널리스트들은 사건들을 공정하게 보도하고자 할 수 있고 또 그렇게 한다. 그리고 시간이 지나면서, 요청되는 질문은 기자가 그 사건을 묘사하였는지 그리고 이후에 판명된 바대로 이유를 말했는지의 여부이다.

시사current affairs, 특히 정치적 및 사회적인 것은 복잡하고 풀기가 쉽지 않은 문제들이고 기자들은 어떤 측면들이 가장 중요한지에 대해 의견은 일반적으로 갈릴 것이다. 따라서 우리는 동일한 뉴스 이야기에 대해 근본적으로 달리 표현하는 경우가 많다. 그러나 공평성이 불가능한 이상이기 때문에 그런 것은 아니다. 실제로 과학에서 사회학에 이르기까지, 진실이 존재하는 많은 분야의 전문가들도 진단, 설명, 취급,

심지어 어떤 현상이 문제인지에 대해서도 의견이 분분한 경우가 많다. 물론 저널리스트들이 특정 문제에 대한 진실을 밝힐 수 없을 수도 있지만, 그렇다고 해서 이것이 사건의 진실이 없다는 것을 의미하지는 않는다. 아마도 시간이 지나야 우리는 특정 사건의 그럴싸한 진실이 무엇인지 분류할 수 있을 것이다. 그러나 중요한 점은 오클라호마 폭파 사건과 에티오피아 기근에서부터 러시아의 불안에 이르기까지 저널리즘은 세상과 그 속에서 벌어지는 사건이 있는 그대로 발견되는 방식에 기초하여, 사건의 사실을 보도하고, 사건을 명확히 합리적으로 설명함으로써 공평성을 유지하는 것을 목표로 삼아야 한다.

1 Berry, "learning from Television News: A Critique of the Research," *Journal of Broadcasting* 27(1983): 359-370; S. Iyenger and D. R. Kinder, *News that Matters: Television and American Opinion*(Chicago, IL: Chicago University Press,1987); and V. Price and Zaller "Who Gets the News? Alternative Measure of News Reception and Its Implications for Research," *Public Opinion Quarterly* 57(1993): 133-164.

2 Martin Bell, *In Harm's Way*(London: Hamish Hamilton, 1995). pp.207-209.

3 Ian Katz, "Juiciest of Tales" *The Guardian*, Monday, 23 January 1995, Tabloid Section, pp.2-3.

4 Tom L. Beauchamp and James F. Childress, *Principles of Biomedical Ethics*, 3rd edition(New York: Oxford University Press, 1989), pp.148-150.

5 See S. Holly Stocking and Nancy LaMarca, "How Journalists Describe Their Stories: Hypotheses and Assumptions in News making," *Journalism Quarterly* 67(1990): 295-301.

6 Bill Green, "Janet's World," *The Washington Post*, 19 April 1981, pp.Al, A12-A15.

7 Lyndon Johnson의 조지 리디(George Reedy) 언론 비서관은 "상원 의원이 반역죄, 간첩죄, 공산주의 혐의로 기소한다면 그 자체가 뉴스"라고 주장했다. the *Columbia Journalism Review* 24(1985): 36.

8 레닌주의에 따르면 카우츠키(Kautsky)가 요약했듯이, 통치엘리트는 사회주의 목표를 달성할 수 있기 전에 맹렬한 선전에 의해 대중을 납득시키고, 계몽시키기 위해 노력해야 한다. *The Dictatorship of the Proletariat*(Ann Arbor, MI: University of Michigan Press, 1964), p.95.

9 Brian McNair, *Glasnost, Perestroika and the Soviet Media*(London: Routledge, 1991).

10 George Orwell, *1984*(London: Secker and Warburg, 1974).

11 Robert W. McChesney, "The Battle for the U.S. Airwaves, 1928-1935," *Journal of Communication* 40(1990): 29-57. 참조.

12 그의 원저 논문에서 걸프전이 일어나기 며칠 전에, 보드리야르(Baudrillard)는 전쟁이 일어나지 않을 것이며, 만약 전쟁이 발발한다 하더라도, 매스미디어의 보도와 그것의 시뮬레이션이 우리가 현실에 대한 판단을 하는 근거가 될 것이며, 따라서 거기에는 '실제'와 '상상'을 구분할 어떠한 근거도 없을 것이라고 주장했다. 전쟁이 중단된 후에 쓴 2번째 논문에서도 보드리야르는 여전히 걸프전은 진실과 거짓에 대한 이성적인 판단과 질문에 대한 조사에 열려 있지 않은 상상의 영역들 간의 분쟁과 관련된 굉장한 가장(simulation)이었다는 주장을 고수했다.

13 *Decisive Moments*, BBC 2, January 1995.

14 전쟁 당시에 사상자, 참전하는 부정직한 동기와 관련된 암시, 사담 후세인이 강한 군사적 위협이 될 수 없다는 사실들에 대한 정보가 모두 입수 가능했으나 미디어는 연합군의 공식적인 군사적 관점으로 전쟁을 보도하도록 매혹되었다. Douglas Kellner, *The Persian Gulf TV War*(Bo der, CO: Westview Press, 1992), and Mort Rosenblum, *Who Stole the News?*(New York: John Wiley, 1993), pp.118-128. 참조.

15 예를 들어, C. L. Hardin, *Color for Philosophers: Unweaving the Rainbow*(Indianapolis, IN: Hackett, 1988), and R. M. Boynton, *Human Color Vision*(New York: Holt, Rinehart & Winston, 1979) 참조.

16 예를 들어, R. E. Nisbett and L. Ross, *Human Inference: Strategies and Shortcomings in Social Judgment*(Englewood Cliffs, NJ: Prentice-Hall, 1980), and Miles Hewstone and

Charles Antaki, "Attribution Theory and Social Explanations," in *Introduction to Social Psychology*, ed. Miles Hewstone, Wolfgang Stroebe, Jean-Paul Codol, and Geoffrey M. Stephenson(Oxford: Basil Blackwell, 1988), pp.111-141 참조.

17 Philip Jones Griffiths, interview with Marianne Fulton, 20 February 1987, quoted in *Eyes of Time: Photojournalism in America*, ed. Marianne Fulton(New York: Little, Brown and Company, 1988), p.212.

18 As quoted by Howard Kurtz, *Media Circus*(New York: Random House, 1994), p.303

19 See Tom Goldstein, *The News at Any Cost*(New York: Simon and Schuster, 1985), pp.248-252.

20 Kevin Catalano, "On the Wire: How Six News Services are Exceeding Readability Standards," *Journalism Quarterly 67*(1990): 97-103.

21 예를 들어, Ronald N. Jacobs, "Producing the News, Producing the Crisis: Narrativity, Television and News Work," *Media, Culture and Society 18*(1996): 373-397를 보라.

22 Paul Weaver, *News and the Culture of Lying*(New York: Free Press, 1994), p.2.

23 뉴스 매체로서 텔레비전의 진화와 관련된 그러나 구분되는 안소니 스미스(Anthony Smith)의 *The Newspaper: An International History*(London: Thames and Hudson, 1979), and Anthony Smith(ed.), *Television: An International History*(Oxford: Oxford University Press, 1995).

4

속임수, 거짓말 그리고 사생활
Deceit, Lies and Privacy

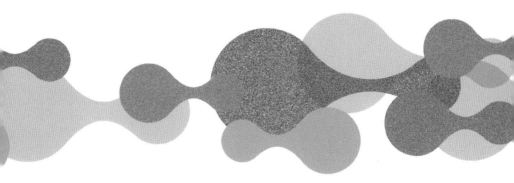

4

속임수, 거짓말 그리고 사생활
Deceit, Lies and Privacy

신뢰|Trust

신뢰가 없다면 뉴스 미디어는 의의 있는 인간 이해관심의 사건과 이야기를 일반대중에게 전달하는 그들의 기능을 수행할 수 없다. 세상에 관해 우리가 얻는 정보의 대부분이 미디어에 의해 조금씩 수집된 것임을 고려하면 이것은 특히 중요하다. 만약 대중이 미디어의 보도를 신뢰하지 않는다면, 만약 편집자들이 저널리스트를 불신한다면, 만약 저널리스트들이 자신들의 정보원을 신뢰하지 않는다면, 믿을 만한 보도를 하기 어려울 것이며, 어떤 보도가 신뢰할 만하더라도 대중은 그 진실성을 묵살할 것이다. 우리는 앞서 워싱턴 거리에서 약물을 남용한 8세 소년의 비참함에 대한 기사 관한 "Jimmy's World"로 퓰리처상을 수상한 《워싱턴 포스트》의 야심찬 젊은 저널리스트 자넷 쿡Janet Cooke

의 사례에 관해 논하였다. 나중에 지미는 꾸며낸 것으로 밝혀졌다. 이 야기의 측면들(약물 남용 빈곤의 문제에서부터 기사에 묘사된 사회적 박탈까지)은 참이었다. 그러나 강조된 이들 주제를 둘러싼 중심 이야 기는 허구였고, 그 허구는 사실로서 표현되었다. 《워싱턴 포스트》가 (그녀의 이야기가 꾸며진 것임을) 발견했을 때, 수상이 취소되었고 신 문은 훌륭하게 사건 전모에 관한 조사 기사를 실었다.

요지는 쿡이 《워싱턴 포스트》 독자와의 신뢰의 관계를 끊은 것뿐만 아니라 동료와 편집자가 그녀에게 준 신뢰도 파기했다는 점이다. 편집 자는 저널리스트가 적합한 조사를 한 것, 정보원들의 말을 정확하게 인용한 것을 신뢰할 수 있어야 하고 가장 기본적으로 저널리스트가 진 실을 말하기 위해 동기부여가 됐다는 것을 신뢰할 수 있어야 한다. 그 러한 신뢰가 없다면 어떠한 뉴스 편집국이라도 실패할 것이다.

이념적인 이유로 《프라우다Pravda》가 그랬던 것처럼, 지속적으로 정 보를 위조하거나 암 연구 보도가 어떤 채널의 담배회사 스폰서를 화나 게 하기 때문에 특정 이야기를 무시하는 뉴스 서비스는 대중의 신뢰를 거의 받지 못할 것이다. 더욱이 만약 뉴스 정보원이 그들의 익명성이 나 묘사와 관련하여 기자들을 신뢰할 수 없다고 느끼면, 착취·부패 및 사기를 폭로하는 미디어의 능력은 심각하게 축소될 것이다. 왜냐하면 자신의 직업이나 생명의 위협을 느끼는 사람들이 저널리스트를 함부 로 신뢰하지 않을 것이기 때문이다. 만약 좋은 이야기를 추구하는 데 약속을 깨뜨리고, 정확하지 않은 출처를 오용하고, 소문이나 추측을 잘못 유통시키거나 사생활을 침해하는 것이 저널리스트의 전형norm이 라고 인식된다면, 사건에 대해 밝히기 위해 미디어가 의존하는 바로 그 사람들이 비협조적이게 되고, 미디어가 정보를 제공하고자 하는 대중은 매우 회의적으로 변할 것이다. 그래서 뉴스 미디어가 록커비 사건이나 던블레인Dunblane 학생 대학살 사건과 같은 인간 비극에 휩쓸린 사람들의 슬픔을 침범할 때, 충격에 빠지지만 놀라지 않는다는 사실은 우리가 얼마나 뉴스 미디어에 대한 신뢰가 약화되었는지를 반영한다.

그러나 역설적으로 저널리스트, 편집인 그리고 프로듀서가 너무 신뢰가 있다면 자신의 업무를 제대로 수행할 수 없을 것이다. 탐사 저널리즘investigative journalism은 모든 것은 보이는 것과 같지 않다는 추정에 근거한다. 정치인, 권위가 있는 인물 그리고 사람들을 처음에는 일반적으로 액면 그대로 받아들여야 할지라도 우리의 신뢰가 당연하지 않다는 것이 드러날 수 있다. 참으로 권위자와 사회 기관들이 큰 권력을 행사한다는 사실은 비판적이고 철저한 검토 필요성을 수반한다. 1950년대 밀그램Milgram의 실험에서 정보가 없던 피험자들은 옆방에 있을 것이라고 가정된 사람에게 전기충격을 주라고 지시를 받았다. 이 실험은 부정한 목적(잘못된 목적)을 위해 권력과 영향력의 지위를 남용하기가 너무도 쉽다는 것을 보여준다.[1] 그래서 권력이 있는 사람들의 동기와 행위는 면밀히 조사해야 하고, 미디어는 그렇게 할 적극적인 의무가 있다는 점이 중요하다. 건강한 의심이 없다면 저널리스트들은 조작에 더 열려 있게 될 것이며 문제의 진실에 다가갈 가능성이 덜할 것이다. 더욱이 부패 사례를 폭로하는 것은 어떤 사람의 사생활을 침해하거나 거짓으로 말하고, 조작하는 것을 요구할지도 모른다. 마찬가지로, 저널리스트가 보호하겠다고 약속한 익명의 정보원을 추적하는 데 강한 공익이 있을 수 있다. 그래서 저널리스트들은 자신들의 기능을 수행하기 위해 그들이 의존하는 그 신뢰관계를 끊어야 할지도 모른다. 따라서 저널리스트가 거짓말을 하고 속이고, 다른 사람의 사생활을 침해하고 약속을 깨는 것이 허용되는 것은 언제 어디에서 왜인지 그리고 그렇게 하는 것 자체가 도덕적으로 허용되기는 하는지 스스로 신중하게 생각할 필요가 있다.

거짓말, 속임수 그리고 깨진 약속Lies, Deceit, and Broken Promises

역설적으로 우리는 저널리스트가 진실을 말할 것을 요구하지만, 그 진실을 얻기 위해서 거짓말을 해야 할 수도 있다. 마찬가지로 저널리스트들은 종종 발언에 대해 비공개를 전제로off the record 하거나 익명성을 보호하겠다고 정보원에게 약속하지만, 그와 같은 약속이 깨지는 데에는 강한 공익이 있는 경우가 있다. 약속을 지키고 진실을 말하는 데 실패하는 것은 일반적으로 저널리즘과 미디어에 대한 대중의 불신을 생기게 한다. 따라서 비밀엄수, 진실 말하기 약속은 종종 윤리적 저널리즘의 신성불가침의 규칙rule이다. 그러나 여기에서 근본적인 추정은 무엇인가? 칸트가 분명히 말한 것과 같이, 기본적인 생각은 만약 우리가 항상 우리의 말에 따라 행동하지 않고 진실을 말하지 않는다면 필연적으로 정직과 약속 지키기의 사회적 관습이 허물어지고 미디어는 제대로 기능을 할 수 없을 것이라는 점이다.[2] 더 나아가 안셀무스Anselm와 바르트Barth가 제시한 것과 같이, 도적적 무결성을 소유한다는 것은 결과를 감수하고 우리가 올바른 것을 한다는 의미이다. 따라서 가장 '순수한' 거짓말조차도 도덕적으로 타락한 것이다.[3] 범죄를 폭로

하기 위해 거짓말을 하는 것은 위선의 악덕에 연루된다. 즉, 비난의 대상이 되고 있는 바로 그 행위를 하고 있는 것이다.

영국의 M. P. 의원들이 하원에서 선거구민을 위하기보다는 재정적 유인책을 위해 질의를 하고 있는지에 대한 《선데이 타임스》의 최근 탐사보도를 생각해보자. 비록 그런 소문이 있었고, 다양한 로비 집단들이 자신들의 영향력에 대해 과장된 주장을 했음에도 불구하고, 그런 관례가 있었는지 제시할 증거가 거의 없었다. 《선데이 타임스》는 모든 당에서 다수의 의원을 전면적 표적blanket target으로 결정했고, 두 명이 최초 접근에 반응했다.

저널리스트 한 명이 보수당원인 그레이엄 리딕 의원과 데이비드 트렌데니크 의원 두 명을 만났다. 그는 무기 계약이 가능하도록 영향을 줄 수 있는 정보를 원하는 무기 회사의 회장인 척 했다. 1,000파운드의 사례금을 받고, 처음에는 의회에서 질의를 하는 데 동의했다.[4] 적어도 처음 시작할 때는 대중적 이익은 이야기를 폭로하기 위한 속임수와 거짓말을 정당화하는 것 같다. 그러나 좀 더 자세히 살펴보면, 이 결론의 명백함은 의문의 여지가 있다.

《선데이 타임스》 탐사가 의원의 뇌물수수가 이루어졌는지를 증명하지 못했다는 주장이 있을 수 있다. 증명된 것은 오직 하나, 이 재정적 장려금을 제공받은 두 명의 의원이 하원에서 질의할 준비를 했었고, 그 뒤에 그렇게 한 것에 대해 정직을 당했다. 진짜 문제는 다른 사람이 그와 같은 뇌물을 제공하고 다니는지와 관계가 있다. 만약 대답이 '아니다'라면, 《선데이 타임스》 탐사보도 팀이 뉴스 특종을 위해 사태를 만들어내고 있기 때문이다. 따라서 탐사의 성공은 그들의 작전과 관계없이 이런 활동들이 실제로 일어나고 있는지의 여부를 거의 해명할 수 없었다. 특종을 얻는 것을 목표로 하는 데 탐사보도 저널리스트들은 기만적인 수단, 즉 《선데이 타임스》 보도에서 의원들에게 혐의를 씌우는 것을 이용하여, 그 수단을 사용하지 않았다면 일어나지 않았을지 모르는 활동을 밝혀내는 뉴스 기사를 가공해냈다.

의원들의 행동에 대한 책임을 면제하는 것은 아니지만, 저널리스트의 탐사에서 속임수가 없었다면 그러한 사태는 결코 발생하지 않았을 것이라는 것을 인식하는 것이다. 형사 재판에 휘말린 사람들의 증언을 이끌어내기 위한 체크북 저널리즘checkbook journalism*의 사용, 사기 취재하에서 기밀 정보를 얻기 위해 말한 거짓말이나 속임수로 설정된 저널리스트 특종, 저널리스트가 훨씬 더 뉴스 가치가 있는 것으로 만들기 위해 사건을 창조하거나 과장하거나 왜곡하는 것을 추구하는 것은 위선적인 것 같으며 '뉴스'를 만들어내기 위해 거짓과 속임수가 사용되는 저널리스트의 풍토가 조성되고, 이것은 대중이 자연스럽게 보도된 것을 불신하도록 한다. 대중에게 제시된 세상의 모습은 매우 왜곡되어 있으며 위험한 모습이 된다. 그와 같은 보도가 신뢰되는 정도까지 여론은 사실이 아닌 근거에 의해 프레임될 수 있다. 많은 공공 및 대외 정책 결정이 여론에 의해 주도되는 민주주의 사회에서 이것은 극도로 해롭다.

그러나 사실 의원들이 자신의 지위를 남용하고 있었다는 증거는 있었다. 그래서 저널리스트들은 자신들이 '탐사'하고 있던 행동들이 속

---

* 독점 인터뷰 등에 큰돈을 지불하고 기사를 만드는 저널리즘.

임수를 쓰기 전에 이미 진행되고 있었다고 믿을 만한 어떤 근거가 있었다. 또한 그 보도는 적어도 정치적 절차가 남용되기 쉬운 영역에 이목을 돌리는 데 성공했다. 그럼에도 불구하고 《선데이 타임스》 보도의 측면들은 의심쩍은 부분들이 있었다. 예를 들어, 금전적 대가의 문제가 의원들이 아닌 기자들에 의해서 제기되었다는 점과 두 의원 중 한 명인 그레이엄 리딕이 언론에 노출되기 전에 이미 1,000파운드 수표를 되돌려주었다는 점을 보도하는 데 실패했다. 게다가 실제 남용의 측면에서 그 탐사보도를 통해 증명된 것이 매우 보잘 것 없는 것이었다.

그러나 거짓말은 우리를 파국으로 치닫게 하고, 속임수가 반드시 도덕적 고결함을 손상시키는가? 어떤 저널리스트가 비밀리에 정치 부패 사례를 탐사하고 있다고 상상해보자. 그녀가 부패했다고 의심하는 특정 인물들이 어떤 상황에 있는지 보기 위해 정치 행사에 참여한다. 그녀가 탐사하는 중심인물이 저널리스트가 자신의 정무 및 재무를 조사하고 있는지를 조롱하듯 물었다. 분명히 칸트의 주장은 저널리스트가 정확히 무엇을 하고 있는지 말할 것을 요구한다. 진실을 말할 경우 만약 부패가 행해지고 있다면, 부패가 어느 정도인지 발견할 수 있는 기회가 물거품이 되고 그녀는 경솔한 행동을 한 것이다. 그러나 이런 상황에서 저널리스트의 탐사보도가 중요한 공익의 문제와 관련되어 있는 정도까지, 우리는 저널리스트가 거짓말 할 수 있는 도덕적 의무를 가지고 있다고 여겨야 한다.

모든 상황에서 저널리스트와 뉴스 프로그램이 진실을 말하는 것에 최선을 다한다면 어떻게 저널리즘이 불가능하게 될지 생각해보자. 저널리스트는 결코 아무것도 말하지 않을 것이고, 공익에 관한 이야기를 밝혀내는 것이 거의 불가능할 것이다. 전쟁이나 극단적으로 국익 걸려 있는 경우, 우리는 정보를 정당하게 알려주지 않을 수 있고, 또는 우리 군대의 전략이나 대중의 이익을 보호하는 데 거짓말을 할 수 있다는 것을 받아들일 준비가 되어 있다. 따라서 CBS와 같은 뉴스 네트워크의 보도가 FBI에 의한 연쇄 폭탄 테러범 용의자와 체포와 관련하여, 만약 경찰의 탐문수사를 방해하는 정보를 누설한다면 그 방송사를 질책할 것이고, 걸프전 기간에 비밀 군사전략을 발표한 신문도 마찬가지이다. 오직 특정 엄밀한 조건하에서만 속임수와 거짓말이 정당화될 수 있다는 것을 인식하는 한, 진실 말하기와 약속 지키기에 대한 사회적 관습이 허물어지지 않을 것이라는 것은 명확하다.

훌륭한 저널리스트의 판단은 언제 어디서 적합한 조건을 적용하고, 어떤 문제에 대해 우리가 잘못을 저지를 수 있는지를 정확히 알기 위해서 요구된다. 그러나 매일 매일의 삶에서 진실 말하기와 약속 지키기와 같은 것은 특정한 상황에서 거짓말이 허용될 수 있다는 것이, 자주는 아니지만 도덕적 의무라는 것을 받아들인다. 거짓말과 속임수에 대해 반대하는 칸트는 다른 종류의 약속, 속임수 그리고 조작을 정확히 구별하지 못했다. 친구나 대중을 위해 하얀 거짓말을 하는 것과 마땅히 파헤쳐져야 할 악하고 부패한 행위를 덮기 위한 고의적인 사악한 거짓말 사이에는 엄청난 도덕적 차이가 있다. 도덕적으로 차별화된 거짓말은 약속 지키기와 진실 말하기의 보편적인 관습을 약화시키지 않는다.

하얀 거짓말을 하는 것이 반드시 미디어가 기능하기 위해 요구되는 신뢰의 붕괴로 이어지지는 않는다. 물론 "대중의 신뢰를 유지하는 것은 저널리즘에서 중요한 고려사항이기 때문에 책임감 있는 편집자라면 인간 생명에 가해질 수 있는 위험을 신뢰와 저울질하여 대중의 신뢰를 유지하기 위해 요구되는 것을 지지할 수 있다."고 제안할 수 있다.[5] 그러나 만약 항상 진실이 가장 중요하다고 생각해야만 한다면 이것은 분명 그릇된 것이다. 미디어가 항상 익명의 정보원이 누구인지 밝히고, 강간 피해자의 세부사항을 제공하고, 압력을 받을 때 탐사보도의 특성을 실토한다면 대중은 미디어를 신뢰하려 하지 않을 것이다. 만약 저널리스트들이 거짓말을 함으로써 부패, 해악 또는 범법행위를 밝힐 수 있다면 이것은 그들의 고결성을 타협하는 것이 아니고, 거짓말을 해야 하는 분명한 도덕적 의무가 존재하는 것일 수 있다.

지금까지의 주장이 목적이 수단을 정당화한다는 것을 함의한다고 생각할 수 있다. 만약 목적이 정당화된다면, 그 목적을 달성하기 위해 필요한 수단이 의무가 아니라면 도덕적으로 허용될 수 있다. 로버트 맥스웰Robert Maxwell의 사례를 생각해보자. 그의 많은 잘못 중 하나는 자신이 소유한 각종 회사에서 일을 한 연금수급자의 투자 펀드에서 많은 돈을 사취했다는 것이다. 자신의 위치를 남용하고 다른 사람들에게 자신의 명령을 따르도록 강요하여 그의 회사, 즉 그의 관리에 돈을 맡긴 많은 사람들의 돈을 훔쳤다. 맥스웰은 분명히 먹잇감을 찾는 것 같은 기자들이, 그에게 혐의를 씌울 수 있는 이야기에 접근하도록 두기를 원치 않았을 것이다. 아마도 저널리스트가 맥스웰의 범법행위에 대한 주장을 입증하기 위한 증거를 얻을 수 있는 유일한 방법은 거짓말, 기만 그리고 불법적인 행동을 통한 방법이었다. 일반 대중 또는 대중의 일부가 해를 입고 있는 곳에서는 저널리스트들이 스캔들을 밝혀내

고 입증하는 데 요구되는 부적절한 수단들이 정당화된다고 주장하는
것은 타당한 것으로 보인다.

동기와 의도Motives and Intention

이와 같은 신조doctrine가 매력적이라 하더라도 이것이 이야기의 전부
가 될 수는 없다. 사적 이득을 위해 《월 스트리트 저널》의 기자 지위로
획득한 정보를 이용한 R. 포스터 위넌스의 사례를 생각해보자.6 그는
비밀 정보를 추적하는 데 동기가 순수하지 못했다. 위넌스는 금융 이
야기 보도를 위해서뿐만 아니라 어느 내부 거래자와 마찬가지로 그 자
신의 돈을 벌기 위해 정보를 얻었다. 요지는 우리는 단지 그의 행동
뿐 아니라 그가 한 행동 방식의 동기와 의도도 비난한다.

1937년 7월 12일 "로버트 카파의 카메라에 잡힌 코르도바 전선에서
총알이 머리를 관통하여 쓰러진 한 스페인 병사의 순간"("왕당파 병사
의 죽음"으로 더 잘 알려진)이라는 타이틀로 《라이프》에 실린, 유명한
로버트 카파의 스페인 내전 이미지를 고찰해보자. 이 사진은 총격 때
문에 뒤로 쓰러지는 한 병사를 보여주고 있다. 그 병사와 카파의 움직
임 속도 때문에 사진은 흐릿하고 약간 초점에서 벗어나 있다. 병사는
팔이 뒤로 젖혀진 채 손에 소총을 들고, 공중에 떠 있는 모습으로 사진
프레임의 왼편에 포착되어 있다. 사진에는 아무도 없고, 그 병사의 그
림자만이 극적인 이미지를 강화한다. 그런데 이 사진을 둘러싸고 많은
논쟁이 있었다. 사진은 꾸며졌고, 따라서 속임수라는 주장이 제기됐다.
만약 이것이 사실이라면, 매우 아이러니한 일이 될 것이다. 카파는 포

토저널리스트 에이전시 매그넘의 공동창시자로, 그의 무결성과 진실성에 대한 명성이 전 세계적으로 유명했기 때문이다. 사실, 그 혐의 자체가 카파의 도덕적 및 저널리스트적 무결성에 대한 악의적인 비난이 될 수 있다. 그럼에도 불구하고 그 사진이 보이는 대로가 아니라는 것을 제시하는 몇 가지 증거가 있다.

역사학자 필립 나이틀리Phillip Knightley가 지적한 바와 같이, 사진의 흐릿함과 초점이 맞지 않는 것은 그 이미지가 1936년 공화당파 소대의 기동 훈련 장면일 가능성이 있는 영화 필름의 한 장면에서 가져온 것이라는 사실과 일치한다.7 《라이프》의 제목이 우리를 믿게 했듯이 병사가 죽음의 순간에 사진이 찍힌 게 아니고, 이 영화에서는 그 병사가 뒤로 쓰러졌다가 다시 일어나고 있다. 나이틀리는 카파가 전쟁을 보도하기 위해 나가 있는 사이 그가 알지 못하게 카파 회사의 직원이 그 사진들을 《라이프》에 팔았을 것이라고 말했다. 스페인 내전의 자세한 내용과 사건을 지어낸 것은 상상만큼 드문 일이 아님을 명심해라. 아서 캐슬러Arthur Koestle는 파리에서 스페인 내전에 관한 소설을 집필하면서 그럴 듯한 사건들과 전투를 지어냈다. 그와 같은 속임수의 근거는 속임수가 정의의 편he right side에 도움이 되기 때문에 정당화될 수 있다는 것이었다. 그러나 그와 같은 목적이 정당화될 수 있는지를 떠나 여기서 도덕적으로 중요한 질문은 카파가 사진을 찍고 그것을 자기 의뢰인에게 넘겼을 때 그와 같은 속임수를 의도했는지다.

논쟁의 여지가 있지만, 예를 들기 위해서 카파의 사진에 대한 나이틀리의 기술description이 옳다고 가정하자. 노골적으로 말해, 두 가지 기본 가능성이 있다. 첫째, 카파는 훈련 중인 공화당파 병사들에게 포즈를 취해달라고 부탁하고 마치 전쟁 중의 장면인 양 사진 촬영을 했을 수 있다. 사진을 찍고 그것을 의뢰인에게 넘긴 의도는 속이기 위한 것일 수 있다. 만약 그렇다면, 우리는 그가 사진의 맥락에 관해 거짓말한 것을 책임이 있다고 여길 수 있다. 그때 그는 그런 의도가 있었고 기동훈련에서 쉽게 찍은 사진을 중요한 전투 격전지에서 가져온 이미지인 것처럼 하는 데 성공했기 때문이다. 역으로, 카파는 그런 의도가 없었고, 기동훈련 연습을 그 자체를 위해 촬영하였거나 그가 촬영 연습을 위해 찍은 것일 수도 있다. 그런 후 자신의 사진이 1년 후 어떤 미래 전투 장면을 표현하기 위해 《라이프》가 사용할 것이라는 점을 생각하지도 못하고 의뢰인에게 그 사진을 넘겼을 수도 있다. 만약 그렇다면, 카파는 실제가 아닌 이미지로 묘사하려고 의도하지 않았기 때문에 그 속임수에 대해 직접적인 책임을 질 필요가 없을 것이다. 이 경우 속임수는, 만약 정말 속임수라면, 카파에게는 고의성이 없었고 그를 도덕적으로는 비난할 수 없다.

　문제는 앞에서 논의한 두 가지 가능성보다 더 복잡할 수 있다. 카파가 원래 사진에 애매모호한 제목을 붙여 그의 의뢰인agent이 《라이프》에서 사용한 것처럼 그런 종류의 이미지로 팔 수 있도록 했을 가능성도 있다. 그러나 카파가 단도직입적으로 거짓말을 하지 않았더라도, 수행된 행위 안에 의도는 부분적으로 관련된 행위의 본질을 구성하고, 그래서 행위의 본질적 특성을 결정하기 때문에 우리는 그가 약간의 책임이 있다고 생각할 수 있다. 다른 의도하에 수행된 같은 행동은 도덕적으로 다를 수 있다.

　이제 이러한 관점에서 유명한 워터게이트 사례를 살펴보자. 《워싱턴 포스트》 기자였던 우드워드Woodward와 번스타인Bernstein은 닉슨 대통령의 수석 비서관이 속임수와 첩보 활동spying activities에 연루되었다고 주장하는 이야기를 추적하고 있었다.[8] 심지어 워터게이트 침입이 watergate break-in 닉슨에 의해 시작되었을 가능성도 제기되었다. 그러나 그 기사의 주요 정보원은 이전 증거를 부정하였다. 조사에 중요 단계에서, 결국 아무런 이야기가 없는 것처럼 보였다. 기자들에게 기자 자신들을 구제하고 보도를 정당화하기 위해 그럴듯한 이야기를 찾아내라는 압력이 있었다. 나중에 밝혀진 바와 같이 그들은 닉슨이 배심원들에게 접근하여 거짓말을 하고, 압력을 줘서 민주적 절차를 부패하게 한 시도를 밝혀냈다. 그래서 대부분의 사람들은 불행한 일이지만 이것이 조작, 속임수 및 거짓말을 필요로 하는 좋은 저널리즘의 전형적인 예paradigm라고 생각하는 경향이 있다. 그러나 그들이 발견한 것은 전적으로 행운의 결과였다. 우드워드와 번스타인은 실제로 무슨 일이 진행되고 있는지 눈치 채지 못했고, 그 이야기를 발견한 것은 완전히 우연의 일치였다. 저널리스트 행위의 도덕성을 그저 도덕적 운의 문제로 만드는 모든 원칙은 대단히 부적절하다. 그와 같은 관점은 윤리적 행위의 주요 결정인자 중 하나인 의도를 고려할 수 없다.

우드워드와 번스타인이 이야기를 추적했던 이유는 공익이 걸려 있다고 믿었기 때문이 아니다. 오히려 그들이 되살리고 싶었던 것은 신문과 저널리스트로서의 자신들의 명성이었다. 그들이 보도한 것을 보면, 그들이 우연히 그것을 발견했다는 점이 기쁠 따름이다. 그러나 행위의 최종 결과가 그 행위를 어떤 비도덕적 행위에서 윤리적으로 바람직한 행위로 바꾸지는 않는다. 왜냐하면 우드워드와 번스타인은 그들이 알아낼 것에 대해 짐작도 못했을 것이기 때문이다. 저널리스트의 고결성에는 행위 이면의 의도가 도덕적으로 존경할 만한 목표를 성취하려는 의도일 것이 요구된다. 비난받지 않는 살인과 살해 사이의 차이는 행위의 최종 결과가 아니라 그 행위 기저의 의도이다. 마찬가지로, 단순히 개인적 복수, 정당 평판 훼손, '좋은' 이야기를 위하여, 또는 재정적인 이득만을 위하여 정치인의 추문을 드러내는 것과 대중이 알아야 할 위선 가능성에 대해 대중에게 알리기 위해 그렇게 하는 것에는 중요한 도덕적 차이가 존재한다. 따라서 보도를 통해 이루어지는 결과뿐만 아니라 어떤 의도하에 저널리스트의 행위와 보도가 형성되었는지 파악하는 것도 중요하다.

저널리스트의 보도가 공공 이익의 문제인 경우에도 그들의 행위가 반드시 윤리적인 것은 아니다. 이야기를 얻거나 기사를 작성하는 데 의도와 근본적인 동기가 의심스러울 수 있다. 분명 우드워드와 번스타인이 거짓말과 배심원을 현혹하기 위한 동기는 어떤 공공 이익 개념보다는 자기 보호와 관련된 것으로 보인다. 속임수와 거짓말이 우리 자신의 경력이나 개인적 목적 향상을 만족시키기 위해 발생할 때는 언제든지 정당화될 수 없다.

더욱이 이것은 단지 개인적 차원에만 적용되는 것이 요지가 아니다. 제4부로서의 뉴스 미디어는 공익을 위해 보도하고 공공 이익을 보호하기 위해 노력해야 할 공적 의무가 있기 때문이다. 따라서 뉴스 이야기, 프로그램 또는 기관을 위한 동기가 이 목표 수행을 왜곡하면 근본적으로 잘못된 것이다. 신문이나 채널이 스스로를 뉴스 기관이라고 인식하는 한, 소유주의 정치적 관점이나 사업의 이익이 그 신문이나 채널이 제공하는 뉴스 보도의 종류를 좌우하는 만큼 문제가 있는 것이다. 정보를 제공하는 의무에 앞서 선정주의, 사업 이익 또는 이데올로기적 입장에 우선권을 둔다면, 좋은 저널리즘은 왜곡된다. 구조적 차원에서든 개별적인 저널리스트의 경우에서든, 그 의도가 공공의 선public good 이외의 다른 목적을 지향할 때 목적으로 하는 목표와 전문적 저널리즘의 진정한 목표 사이에 극심한 괴리vicious disjunction가 있다. 도덕적으로 존경을 받을 만한 저널리스트는 운 좋게 엄청난 공익의 문제를 우연히 만난 저널리스트가 아니며, 공익은 그의 비도덕적 활동과 속임수를 소급해서 정당화하지 않는다. 오히려 그의 동기는 자행되고 있다고 믿을 만한 타당한 근거가 있는 해악을 밝히려는 것이며, 그가 거짓말을 하는 유일한 의도는 해악을 밝히려는 것이다. 저널리즘에서 거짓말과 속임수는 강력한 공익 사안에 대한 것일 때 그리고 거짓말하는 저널리스트의 동기와 의도가 옳은 것일 때 허용된다.

그러나 거짓말과 속임수는 도덕적으로 존경받는 저널리스트가 정당한 목표를 달성할 수 있는 유일한 수단이어야 한다는 것을 주의하라. 진실 말하기를 지지하는 일반적이고 강력한 일견 타당prima facie presumption*한 추정이 있다. 그것은 극단적인 상황을 제외하고는 진실을 말하는 데 자신을 정당화할 필요가 결코 없지만, 거짓말이나 속임수는 항상 정당화해야 한다는 것이다. 따라서 만약 선의의 의도를 지닌 저널리스트가 그런 기만적인 수단 없이 자신의 목적을 달성할 수 있다면 더 많은 시간이나 노력이 들더라도 그렇게 해야만 한다. 인간 생명을 빼앗

---

* 특정의 사실을 증명하는 데 일단 충분하고 정당하다는 증거이고 상대방의 반증에 의해서 번복되지 않는 한 진실이라고 추정.

는 것에 대한 유용한 비유가 있다. 다른 사람을 살려주고 그들에게 해를 입히지 않는 것을 결코 정당화할 필요가 없지만 그들을 죽이는 것은 항상 정당화를 필요로 한다. 비록 자기 방어에서는 다른 사람들을 죽이는 것이 정당하다고 인정할지라도, 이것은 항상 최후의 수단이어야 한다. 따라서 비록 더 어려울지라도, 가해자를 죽이는 것보다 가해자를 꼼짝 못하게 함으로써 나에 대한 공격을 막을 수 있었다면, 죽이는 행위는 도덕적으로 정당화될 수 없다.

탐사보도 기자investigative journalists에게 불법행위가 자행되고 있다고 추정할 만한 합리적인 근거가 있어야 한다고 강조하는 것이 중요하다. 또한 훌륭한 저널리스트들은 정보원이 혐의를 제기하는 데 언제나 악의적인 동기를 가질 수 있다는 것을 의식하고 있어야 한다. 정보원은 솔직한 내부 고발자가 되기보다는 저널리스트를 조종하려고 시도할 수 있다. 따라서 저널리스트는 속임수, 거짓말 그리고 기밀에 대한 약속 파기가 포함된 수단들을 사용하는 것은 말할 것도 없고, 조사를 진척시키기에도 선행하여 수상쩍은 행위를 추정하기 위한 근거들을 항상 점검해야 한다. 대중은 출처가 무엇인지, 결론의 근거가 무엇인지 그리고 조사가 적절했다고 제시하는 근거가 무엇인지를 명확히 하는 기자들을 더 신뢰할 가능성이 크다.

거짓말, 기만 그리고 약속 파기 등 저널리스트의 사례는 언뜻 보기에는 부적절하다. 그러나 저널리스트들이 중대한 공익에 관한 사안이라고 믿을 만한 타당한 근거를 지닌 사안을 조사할 때 다른 수단이 없다면 전형적으로 의심스러운 수단들이 정당화된다. 실제로 이것들이 접근할 수 있는 유일한 수단일 때, 공공이익이 거짓말로 일어난 해악을 능가할 만큼 충분히 크다면 저널리스트들이 그 수단들을 취할 도덕적 의무가 있다. 이야기의 중요성이 거짓말이나 약속 파기 그리고 저널리스트적 관행에 나타날 수 있는 부작용 그리고 미디어에 대한 대중 신뢰보다 중해야 한다. 예를 들어, 로버트 맥스웰이 수천 명의 연금수급자들의 돈을 훔친 것에 관한 혐의를 입증하기 위해 그에게 거짓말을 하고 속이는 행위는 정당화되지만, 단지 사무실의 연필 도둑을 찾아내기 위해 그렇게 하는 것은 정당화될 수 없다. 공익이 달려 있을지도 모르는 사안이라고 해서 자동적으로 그와 같은 행동을 충분히 보장할 만큼 크지 않을 수 있다는 점을 인식해야 한다.

예를 들어, 《가디언》은 당시 영국 정부의 장관이었던 조나단 에이트켄Jonathan Aitken이 파리 리츠 호텔에 머물면서 다양한 어떤 '선물'을 제공 받았는데, 그것들을 하원에 신고하지 않았다고 믿을 만한 타당한 이유가 있다고 생각했다.[9] 정부 장관의 뇌물수수 가능성 때문에, 이러한 주장이 사실인지 밝히는 것에 당연히 공익이 있다. 그러나 이 주장을 입증하기 위해 《가디언》의 저널리스트들은 에이트켄 장관이 관련 호텔에 머물렀다는 것은 물론이고 숙박료가 얼마였는지 그리고 누가 숙박료를 지불했는지에 대한 증거가 필요했다. 분명한 것은 그 호텔이 에이트켄 장관의 부적절한 행동을 조사하고 있다는 이유로 상세한 내용을 요구한다면 그것을 제공하지 않을 것이라는 점이었다. 그래서 저널리스트들은 관련 계산서 사본을 요구하는 문서를 팩스로 하원에 발송했고, 정당하게 답신을 받았다. 그와 같은 속임수는 그들이 자신들의 주장을 공명정대하게 입증할 수 있었던 유일한 방법으로 보인다.

유사한 관점으로, 1984년 대선 운동 기간 제시 잭슨Jesse Jackson이 《워싱턴 포스트》의 밀턴 콜먼Milton Coleman에게 비밀리에 한 비공개 발언을 고려해보자. 그는 뉴욕이 '히미 타운(유대인 마을)hymie town'이라는 경멸조의 발언을 하였다. 뉴욕이 기본적으로 유대인에 의해 운영되는 도시라고 생각했기 때문이었다. 대중은 대통령 후보인 제시 잭슨의 인격의 본성을 이해하는 데 커다란 관심이 있었기 때문에, 기밀유지를 지지하는 일견 타당한 추정보다 그 관심이 더 중요했다. 이러한 언급이 반영한 것은 그의 인격의 일부였을 뿐 아니라, 적어도 그 시점까지는 잘 숨겨져 있었던 일부였기 때문이었다. 자신들의 대리인으로 엄청난 권력과 영향력을 행사할 잠재력을 가질 수 있는, 대통령이 되고자 하는 사람의 사고방식 전체나 일부를 대중이 아는 것은 중요하다. 이 은밀한 발언들을 보도하는 데 밀턴 콜맨이 그랬던 것처럼 《포스트》도 도덕적 의무를 다한 것이다.[10]

사생활의 본질The Nature of Privacy

속임수와 거짓말에 관한 결론은 자연스럽게 사생활privacy 문제를 생각하게 한다. 만약 거짓말에 반대하는 일견 타당한 추정prima facie presumption이 공익의 이름으로 중요시된다면, 아마도 동일한 것이 사생활에 대한 권리에도 적용될 것이다. 그러나 무엇보다도 사생활이 무엇이고, 왜 중요한지에 대해 어느 정도의 이해를 함양하는 것이 중요하다. 물론 대부분의 사람들은 자연스럽게 자신들의 사생활을 소중히 여기며, 특정한 영역, 활동 그리고 자신들의 삶에 관한 정보가 사적으로 보장되어야 한다고 생각한다. 따라서 전제주의 국가의 큰 악 중 하나는 시민들에게 정부의 사법권이 침해하지 못할 사생활 영역이 없다고 생각한다는 것이다. 마찬가지로 보도 대상의 동의 없이 저널리스트·신문 및 미디어 프로그램에 의한 사생활 침해가 도덕적으로 잘못이라고 추정하는 경향이 있다. 정당성 입증의 의무burden of justification는 사생활이 존중되기를 원하는 사람들에게 유리하게 작용한다. 우리 삶의 사적인 영역에 대한 침해는 개인으로서 가지는 권리를 존중하지 못하게 하거나 존중하는 데 해가 된다. 따라서 법은 가택 침입, 사적 문서에 대한 침입, 난처한 사생활 공개 또는 잘못된 인상을 심어주는 언론의 관심으로부터 우리를 보호하려는 경향이 있다. 그러나 우리가 사생활 대한 권리를 갖는 정확한 이유를 보다 자세히 설명할 필요가 있다.

우리가 일반적으로 인식하는 한 가지는 우리에 대해 누설하는 것은 우리가 허용하는 범위our gift에 있는 문제라는 점이다. 즉, 어느 누구도 우리에 관해 어떤 것이라도 알권리가 없다. 따라서 우정은 무차별적으로 모든 사람이 우리에 대해 알 수 있도록 준비하는 것과는 달리, 사적인 것을 얼 만큼 다른 사람에게 드러낼 준비가 되어 있는지의 문제이다. 이것이 사생활에 관한 어떤 것을 우리에게 말하고 있다. 패런트가 언급한 바와 같이, 부분적으로 이것은, 어떤 사람에 관한 허가받지 않은undocumented 개인적 사실을 타인이 소유하지 않는 것을 조건으로 구성된다. 사생활은 다른 사람들이 이런 종류의 정보를 소유하는 만큼 감소된다.[11]

다시 말해서 다른 사람들에게 드러내지 않기 위해 우리가 선택한 우리 자신에 관한 정보는 공개적으로 사용할 수 있는 정보와는 달리 사적이다. 패런트에 의하면, 사생활의 가치는 다른 사람들이 우리에게 불리한 권력을 획득하는 것을 방지하는 것이다. 우리의 행위와 관련한 조작과 강제의 위협으로부터 자유를 누리려 한다면 국가에 대한 그와 같은 방어벽이 필요하다. 합리적이고 자유로운 주체로서 다른 사람들에게 우리의 삶이 닫힌 영역으로 여겨질 권리가 있으며, 그렇게 함으로써 우리는 조작이나 강요 때문에 스스로는otherwise (조작 또는 강요가 없었을 경우) 선택하지 않았을 방식으로 행동할 가능성이 줄어든다. 따라서 예를 들어, 우리의 성적 생활은 사적인 것으로 간주되어야 한다. 왜냐하면 책임, 호색, 비난이라는 사회적 압력으로부터 보호받을 때 성적 욕망을 선택하는 대로, 보다 자유롭게 추구할 수 있게 된다.

그러나 패런트가 주목하는 데 실패한 것은 우리 자신에 관한 정보를 밝히지 않겠다고 전형적으로 선택하는 영역이 있거나 단지 매우 차별적으로 그렇게 하고 있다는 점 그것이 우리 삶의 사적 측면을 표시하고 있다는 것이다. 이것은 우리의 사적 삶에 관한 특정 정보일 뿐만 아니라 그 정보와 관련된 우리 삶의 영역이다. 따라서 사생활 침해는 우리의 동의 없이 어떤 사람이 우리에 관한 정보를 획득했다는 것만을 의미하지 않는다. 절도범이 우리 집에 침입하여 우리의 어떤 물건이나 정보를 얻는 데 실패한 것과 마찬가지로 저널리스트도 동의 없이 우리의 사생활에 침범하여 우리에 관한 어떤 것을 찾아내는 데 실패할 수 있다. 침범을 당한 것은 본질적으로 사적인 우리 삶의 특정한 영역이다. 그것은 우리 자신과 우리 삶의 이러한 측면을 공유하겠다고 선택한 사람들을 제외하고는 어느 누구의 업무나 관심의 대상이 되어서는 안 된다고 생각하는 관계, 활동 및 관심이다.

더욱이 사생활의 가치는 다른 사람들에 의한 조종으로부터 우리를 보호하는 것에만 있는 것으로 여기지지 않는다. 오히려 사생활이 친밀함을 허용하고 따라서 어떤 개인적 활동, 관계 및 소유물이 융성할 수 있는 공간이기 때문에 사생활이 본질적으로 가치가 있다고 여긴다. 첫째, 사생활의 영역은, 적어도 시작 단계에서는 온전히 전념하거나 공적으로 추구할 준비가 되지 않았을 신념, 관심, 활동 등을 고려하고, 검증하고, 발달시킬 수 있도록 한다. 따라서 사적 영역에서 제공되는 보호는 사람으로서 정체성과 인격character을 시험하고 개발할 수 있도록 한다.[12] 둘째, 첫 번째 고려 사항과 상호 연관되어 있는 것으로, 사생활 영역은 우리가 의미 있는 가족 관계, 우정 그리고 사랑을 돈독히 하고 추구할 수 있도록 한다. 결국 누구에게나 우리에 관해 모든 것을 차별 없이 말하고 낯선 사람, 동료, 친구 그리고 연인에게 똑같은 방식으로 행동한다면, 우리가 통상적으로 사생활로 여기는 많은 행위와 고백의 상징적 의의는 사라질 것이다. 우리는 개인적인 측면을 드러내기로 하고 그래서 다른 사람들을 신뢰하고, 그렇게 하는 것은 특별한 친밀한 관계를 촉진한다. 만약 사생활이 없다면, 우리의 삶은 더욱 피폐해질 것이다.

사생활을 침해받지 않고도 괴롭힘을 당할 수 있는 방법은 다양하기 때문에, 사생활은 홀로 존재할 권리에 관한 것이라기보다는 대중의 시선을 받지 않으면서 자유롭게 타인과 친밀해지고, 우리가 원하는 목표와 흥미를 추구할 수 있는 영역의 경계를 기술하는 것이다. 제임스 레이첼스James Rachels가 분명하게 설명한 것과 같이, "만약 우리에게 접근해오는 사람들을 우리가 통제할 수 없다면 (때로는 다양한 사람들을 포함하기도 하고 때로는 다양한 사람들을 배제시키면서) 우리가 선택할 필요가 있는 행동의 양식이나 일종의 우리가 갖게 될 관계를 조절할 수 없다.[13] 실제로 소문과 비방은 그것들이 가치 있는 사적 목표와 우정을 추구할 수 있는 능력을 좀먹고, 손상시킬 수 있기 때문에 정확히 해로울 수 있다. 더욱이 사적인 사소한 실수, 관계 또는 활동을 공개적으로 밝히는 행위 자체가 공적 목표를 추구하는 어떤 사람의 능력에 해를 미칠 수 있다. 예를 들어, 동성애자인 의사가 그의 동의 없이 동성애자임이 드러나 환자들의 민감한 편견 때문에 많은 환자를 진료하기가 더 어려워진 것을 생각해볼 수 있다. 그래서 사생활은 우리가 공공재를 추구하고 얻는 것을 가로막는 다른 사람들의 엉뚱하고, 중상모략적인 판단으로부터 우리를 보호할 것도 요구된다. 개인들이 의미 있는 사적 관계를 지닌 자율적 개인으로 성장하고 발달하기 위해 사생활이 필요하다. 이런 이유로 우리는 사람들의 사생활을 존중하는 데 실패한 사회를 비난한다.

사생활에 대한 권리는 자율적인 이성적 행위자로서 우리를 인식하는 것과, 특정 근본적인 인간 바람, 욕망, 목표 및 관계가 번성하기 위한 사생활 영역의 심리적인 중요성 모두에 기반하고 있다. 그렇게 해석된 사생활에 대한 권리는 종종 가정하는 것처럼 단순히 재산권의 확장이 아니다.[14] 친밀한 교류와 활동을 특정 개인들이 소유하고 있거나 지니고 있는 것으로 말하는 것은 이상하다. 더욱이 사적인 대화와 교류는 공원에서 식당 그리고 술집까지 공공 영역에서 이루어진다. 그러나 술집에서 어떤 사람이 본질적으로 사적인 대화를 엿듣는 것을 정당하게 반대할 수 있다. 공공장소에서 어떤 사람의 자살 시도가 폐쇄 회로 TV 카메라CCTV에 찍히고, 그 영상이 어떤 '리얼 라이프' 범죄 관련

쇼나 다큐멘터리로 수백만 시청자들에게 방송되는 것을 상상해볼 수 있다. 카메라 그 자체가 사생활 침해가 아닐 수 있고 한 사람의 생명을 구할 수도 있지만, 그 필름을 방송으로 내보내는 것은 엄청난 사생활 침해가 될 것이다.

그러나 우리에게 사생활에 대한 권리가 있지만, 한 개인이 사적인 것으로 보호하려고 선택한 활동이나 정보가 공적인 영역에 두어져야 하는 것일 경우에는 사생활에 대한 권리가 무시될 수 있다. 사적으로 이루어지고 있는 것이 중요한 공익의 문제일 경우에는, 사생활에 대한 개인의 권리는 사라진다. 벨시Belsey가 말했듯이, "사적인 것으로 유지하려고 한 개인에 관한 어떤 정보가 공적 영역에 있어야 하는 것이라면, 그것을 공적인 영역으로 가지고 오는 것은 사생활에 대한 개인의 권리를 무시하는 것이 아니다. 그 사람의 삶의 이런 측면과this aspect of life 관련하여 그와 같은 권리가 애초에 존재하지 않았기 때문이다. ⋯. 모든 사생활 침해는 정당화될 수 없다."15

보다 구체적으로 말하면, 한 저널리스트가 정치인의 정치 문제에서 부패의 사례를 조사한다면 사생활에 대한 그 정치인의 권리는 엄밀히 말하면 침해되지 않은 것이다. 비록 그 정치인이 그것을 사적인 것으로 보호하려고 할 수 있었더라도 마찬가지이다. 실제로 사생활에 대한 권리를 절대적인 권리로 여긴다면 이것은 부패와 부도덕한 위선이 만연하는 조건을 제공할 것이다. 많은 사람들의 공적인 외관, 행위 그리고 역할에 책임을 지게 할 수 없기 때문이다. 따라서 저널리스트가 부패에 관련된 정치인의 개인 문서를 철저하게 조사하는 행위는 사생활 침해가 아니라 본질적으로 공적인 문제에 대한 정당한 조사이다. 정치 부패는 본질적으로 사적인 사안으로 간주되지 않거나 간주되지 않아야 할 어떤 것이다.

만약 사생활에 대한 일견 타당한 권리가 공익에 대한 고려보다 중요하다면 언제 어디서 그리고 어떤 조건하에서 그 권리가 으뜸패가 될 수 있는지 명확히 할 필요가 있다. 달리 표현하면, 사생활권이 우리의 안녕well-being에 기여한다는 것을 인정하고 이에 기반을 두어 사생활에 대한 권리가 어떤where 개별적인 이야기에서 외견상의 공익보다 중대한지 묻는 것이다. 이와 관련된 것을 고려하는 작업은 결국 뉴스 이야기 중심에 있는 사람의 지위와 역할에 의존한다.

사생활에 대해 구분되는 권리ㅣDistinct Right to Privacy

고려해야 할 첫 번째 그리고 가장 쉬운 범주는 정치인, 사업가 그리고 사회에서 권력과 영향력을 가진 위치를 차지하고 있는 사람들이다. 정치인들은 민주주의 과정에서 선거구민들을 대표하기 위해 선출된다. 따라서 선거 과정의 부패에 관련되어 있다고 믿을 만한 타당한 이유를 제공하는 그들의 모든 행위는 부패 가능한 영역에서 사적인 문제가 언급될 때 그들의 사적인 문제 조사를 정당화한다. 따라서 특정 회사에 정부 보조금을 몰아주는 행위 등 국회의원들이 정치권력을 사용한 대가로 금품을 수수한 것으로 의심이 되면, 미디어는 '뇌물' 등 가능한 금품 수수와 그 의원의 정치 행동 사이의 관계를 조사하는 데 정당성을 부여받는다.

대중은 자신들의 대표가 자신들의 이익을 공정하게 잘 대변해주고 있는지를 알아야 할 필요가 있다. 유사하게, 공무원, 사업가, 의사 그리고 교사들이 정부, 주주, 환자 그리고 학생들의 최대이익을 위해 행동하지 않고 어떻게 해서든 사적 이득을 위해 자신의 지위를 남용하는 경우, 그들은 그런 사안과 관련된 사생활에 대한 어떠한 권리도 없다. 대중은 그들의 투자액이 사취(횡령되거나)되거나 공무원들이 타락하거나 의사들이 실천 규약에 반하는 행동을 하고, 또는 교사들이 학생들의 복지를 남용하는지를 알 필요가 있다. 실제로 제4부로서의 미디어는 그와 같은 사안을 조사할 도덕적 의무가 있다. 그와 같은 인물들은 우리를 대신하여 권력을 행사하고, 중요하게 우리의 삶을 형성하기 때문에, 미디어는 우리를 대신하여 그들의 권력 행사와 관련될 때, 그들의 행위를 꼼꼼히 따져 물어볼 의무가 있다.

그러나 심지어 이런 영역에서도 언뜻 보는 것만큼 간단하지 않다. 왜냐하면 정치인들이 알코올 중독이나 부패와 같은 개인의 악덕 때문에 자신의 일을 수행하지 못하는 무능력은 명확히 드러나야 한다고 할지라도, 개인적 특성과 영향력 있는 공인의 공적인 모습public persona 사이에서 때로 드러나는 차이는 훨씬 어려운 문제이다. 우리가 참으로 말할 수 있는 한 가지는 우리는 진정으로 올바르게 되어야 한다고 생각하지만 진정으로 올바르게 되지 못 할 다른 방식으로 행동한다는 것이다. 예를 들어, 가족의 가치를 진심으로 지지하는 정치인이 특별한 경우 그 원칙으로 사는 데 실패할 수 있다. 의지가 약해 잠깐 불륜에 빠졌을지라도 그가 더 많이 자제했다면 좋았을 것이라고 생각한다. 왜냐하면 자신의 행동이 매우 잘못되었다고 생각하기 때문이다.

우리는 잘못을 저지르기 쉽다. 그리고 관련된 사람이 그의 사적인 삶을 진심으로 뉘우치고 지속적으로 공적으로 가족의 가치를 지지할 때, 이러한 사례를 파헤치는 것이 공공선을 달성할지 명확하지 않다. 어쩌면 우리에게 과음의 위험을 가장 잘 경고할 자격이 있는 사람은 알코올 중독에 대해 깊이 후회하고 있는 사람일 것이다. 아마도 지나친 음주를 경고할 자격을 가진 사람이 지나치게 술에 빠진 것을 깊이 후회할 수 있다. 마찬가지로, 성매매 불법화 법안을 제출하는 정치인이 지속적으로 성매매를 할 수 있다. 그 가능성이 다른 사람들에게 자신과 같이 잘못하여 빠질 수 있는 유혹을 제공하기 때문에 매춘을 법으로 금지하기를 원하기 때문이다. 물론 그와 같은 과실이 공적 삶에 그들을 나타내는 도덕적 결함을 보여줄 수 있다. 마찬가지로 성매매를 하는 정치인이 성매매 불법화 법안을 제출하는 것은 일관성 있는 것일 수 있다. 그는 매춘을 불법화하기를 원한다. 왜냐하면 (매춘은) 그처럼 다른 사람이 올바르지 못하게 유혹에 굴복할 가능성을 제공하기 때문이다. 물론 그와 같은 과실이 공적인 삶에서도 지속될 수 있는 정치인의 도덕적 결함을 보여줄 수 있다. 그가 옳지 않다고 알고 있는 것 앞에서 사적 삶의 유혹을 견뎌낼 수 없다면, 공적 업무를 추구할 때 부패할 수 있는 가능성이 더 크다. 공인으로서 사적 생활에서 일구이언을 할 준비가 되어 있는 사람은 공적이 생활에서도 일구이언을 할 준비가 되어 있을 것이다. 따라서 공적 인물은 가능한 한 바람직하고 안정적인 방식으로 사적 생활을 묘사하는 데 중점을 둔다. 그러나 이것은 개인이 깊이 후회하는 순간적인 일탈 그리고 일반적인 성격 결함을 제시하는 방식으로 공적으로 표현된 이상을 수행하는 데 거듭된 실패, 둘을 구별하는 데 매우 신중해야 한다고 제시한다.

공인이 옹호하는 이상과 그의 사적 행위 사이에 차이가 있는 부분에 공익이 사생활권에 우선한다는 전형적인 저널리스트의 추정이 있다. 그러나 이런 추정은 결함이 있다. 만약 그런 위선이 있다 하더라도 명백히 잘못된 것이 아니라면 미디어가 그것을 위선이라고 밝히는 것은 훨씬 더 커다란 사회악이 될 것이다. 폭로는 주장된 바를 약화시킬 수 있을 뿐인데, 가령 가족의 가치는 그 가치로 평가되어야 하고, 옹호하는 이상과 그 이상을 완전히 이루지 못한 인간적 실패의 차이 때문에 거짓으로 여겨져서는 안 된다.

그러나 인간적 실패와 진정한 참회의 경우는 악랄한 위선과 명확히 구분되어야 하는데, 후자의 경우는 공적 인물이 냉소적으로 공개적으로 선언된 열망을 이용하여, 진정으로 그 공언된 목표를 목적으로 하지도 않는 행위를 위장하는 것이다. 이 부조화는 사악하다. 왜냐하면 특권·영향력 또는 권력의 위치에 있는 사람들은 공언한 목표 그리고 정치적 또는 직업상의 권한에 부응하려 시도조차 하지 않고 오히려 그것을 타락시키고자 노력하기 때문이다. 이와 같이 그들은 다른 사람들에 의해 주어진 신뢰를 악용하고 특정 개인, 선거구민 또는 주주에게 아주 많은 해를 끼친다. 그와 같은 형태의 부도덕적 위선은 명확히 공익의 문제이며 분명히 뉴스 가치가 있다. 따라서 이것들은 그 어떤 사생활에 대한 일견 타당한 권리보다 중요하다. 케네디, 닉슨 또는 로버트 맥스웰과 같은 인물들을 살펴보기만 해도, 공적인 인격public persona에 의해 자신이 공언한 목표나 심지어 법이 허용하는 것에 명백히 반대되는 부도덕한 모순을 얼마나 깊숙이 감춰질 수 있는지 알 수 있다. 한때 유망한 하원의원이었던 멜 레이놀즈Mel Reynolds의 사례를 생각해보자. 그는 미국에서 가장 빠르게 성장하던 흑인 정치인 중 한 명이었다. 그런데 아동 포르노를 요청하는 것에 연루된 것이 명백히 드러났고, 결국에는 선거운동원인 16세 비벌리 허드를 유혹하고, 사법 절차를 방해하기 위해 그녀에게 뇌물을 주려고 했을 혐의 가능성이 있었다.[16] 이와 유사하게, 1988년 민주당 대선 후보로 선거운동을 하고 있던 개리 하트Gary Hart의 성생활에 대한 미디어 보도를 생각해보자. 그의 난잡한 여성관계 이야기가 탐사보도의 정당한 공격 목표로서 받아들여졌을 뿐 아니라 하트 자신도 "내 주변을 얼쩡거려봐라. 여성 편력 문제에 관심 없다. 나는 진지하다. 나를 미행하고자 하는 사람이 있다면, 그렇게 하라. 매우 지루할 것이다."[17]라며 미디어에 실질적으로 도전했다. 이런 도전을 발표하는 데 하트가 보여준 순진하게 나쁜 판단과는 완전히 별도로, 그와 같은 성적인 무절제와 그것을 추구하는 충동, 다른 사람들에게 피해를 끼치면서까지 (그리고 레이놀즈의 사례에서는 사법 절차를 왜곡시키면서까지) 정치 권력을 행사하는 모든 사람들에게 크게 우려되는 성격 결함을 드러냈다. 아동 성추행 또는 불륜을 저지른 성직자, 경찰 부패, 국가기만 그리고 정치적 속임수에 관한 이야기들은 모두 공적 중요성이 매우 큰 문제이며 따라서 그 어떤 사생활에 대한 권리보다 중대하다. 상이한 방식으로 이 모든 것은 공적 신뢰를 준 특정 사람들에 대한 부도덕적이며 해로운 배신행위이다. 따라서 저널리스트는 권력과 영향력을 행사할 수 있는 위치에 있는 사람들의 해로운 모순, 태만 및 위선을 조사하고 드러내기 위해 그들의 사생활을 침해할 수 있다.

도덕적으로 말해, 명백히 유사한 종류의 사례들이 서로 다르게 취급될 수 있다는 점을 다시 한번 강조할 필요가 있다. 부분적으로, 공언한 목표의 본질에 따라 관련되어 있는 해악과 공익이 좌우된다. 일례로 다른 당의 두 정치인을 상상해보자. 둘 다 동성애자이며 연인들과 동거하고 있다. 그중 한 명은 소속 당의 대변인이고, 동성애가 악덕이라고 비난하며 불법화를 추진하고 있다. 다른 정치인도 대변인이지만 그의 당은 유의미한 동의 없이 어떤 중요한 해악이 없는 경우라면 성은 본질적으로 사적인 문제라는 생각을 가지고 있다. 단지 첫 번째 사례에서만 미디어는 그 정치인의 성생활을 파헤치고 증명하고 또 보도하기 위해 그 정치인의 사생활을 침해하는 것이 정당화된다. 왜냐하면 공적인 정책 사안으로 그가 공언한 것과 실재하는 것 사이의 괴리가 아주 부도덕한 위선의 형태를 암시하기 때문이다. 그는 그가 선택하기 원하는 것이 대중에게는 허락되지 않도록 하는 조치를 법안으로 만들고자 한다. 따라서 대중은 그와 같은 이례적인 일에 관해 알고 그와 같은 명백한 모순을 정치인이 설명하도록 요구해야 한다. 그러나 두 번째 사례에서는 그 정치인의 사적 행위는 그가 공언한 목표나 대중을 위해 도입하고자 하는 조치와는 직접적인 관련이 없다. 따라서 후자의 사례에서는 그 어떤 저널리스트의 사생활 침해는 정당화될 수 없을 것이다.

고려해야 할 두 번째 관련 범주의 사람들은 직접적으로 권력과 영향력의 지위를 행사하지는 않지만 바로 그들의 특성에 의해 더 많이 세간의 주목을 받으며 사는 대중적 유명인사public celebrities들이다. 영화스타, TV 명사, 사회 인물 그리고 때로는 저널리스트들이 다양하게 이 범주에 속한다. 본질적으로 그와 같은 인물과 그들의 성공은 그들의 공적인 인격에 의해 상당히 만들어지며 종종 그들의 생활에 관한 사적인 세부사항의 노출을 포함하고 있다. 따라서 미디어는 신디 크로포드 Cindy Crawford에서 휴 그랜트Hugh Grant까지 그와 같은 사람들의 애정 생활에 관한 이야기나 추문을 보도하는 경우가 많다. 그와 같은 이야기는 평범한 사람의 애정사에 관해서는 일반적으로 사적인 이야기이며, 철저히 사적 영역에 남아 있어야 한다는 것을 인식하는 것이 중요하다. 그들이 추구하는 업적이나 성공이 대부분 대중성에 의존하는 사람들을 고려한다면 상이한 위치에서 공적인 것과 사적인 것 사이에 경계선을 적절하게 그어야 한다.

어떤 면에서 우리는 파우스트의 계약Faustian pact과 유사한 상충 관계 trade off를 생각해야 한다. 이런 유명인들 중 언론의 관심을 조성하고, 맞춰주는 경우가 종종 있는데, 얼마나 많은 사람들이 이런 언론의 관심 없이 사적 생활과 관련된 언론의 관심 없이 그런 유명세를 얻을 수 있었을지는 알기 어렵다. 예를 들어, 파멜라 앤더슨Pamela Anderson 또는 헤더 로클리어Heather Locklear가 공개적으로 자신들의 성적 본능과 애정 생활을 자유롭게 말한다면, 공적인 영역에 자신의 일면을 두는 것이다. 실질적으로, 그들은 미디어가 자신들의 이러한 삶의 측면에 관심을 가지고, 보도를 하는 데 암묵적 동의를 하는 것이다. 그래서 비록 그들이 특별한 경우에 미디어 침해에 관해 불평을 늘어놓는 것은 옳은 것일 수 있지만, 그들은 분명 자신들의 애정 생활에 관심을 집중하는 미디어에 관해 불평하는 것은 정당하지 못하며, 이것은 사생활 침해를 구성하지 않는다. 그들이 선택한 직업을 추구함으로써, 그들은 특별한 의미에서 공적 자산이다. 마찬가지로, 사라 퍼거슨Sarah Ferguson이나 다이애나 스펜서Diana Spencer가 《헬로Hello》 사진촬영을 위해 자세를 취하고 대중에게 자신의 은밀한 사생활에 대해 말한다면, 미디어가 그들의 사생활을 비판적으로 꼼꼼히 따져 묻고, 폭로하고 추적한다고 해서 불평할 수 없을 만하다. 사실상 그들은 청중을 안으로 초대하고 그들 삶의 이런 부분이 공적이라고 선언했기 때문이다. 그들은 자신의 사생활에 대한 대중의 관심과 수요를 만들어내고, 그것을 자신의 이득을 위해 이용하려 했다. 유명 인사들에게 대중매체가 필요하고 그들이 그것을 이용하기 때문에, 실제로 동의를 하던 하지 않던 사적인 인물이나 보통의 사람들에게는 정당화될 수 없는 방식으로 미디어가 보통은 사적인 측면들을 보도할 수 있는 자격을 준다.

더욱이 공인의 범주는 단순히 '대중매체의 유명인사media personalities'만이 아니고, 극단적, 비도덕적, 반사회적 행동을 해서 공인된 사람들도 포함한다는 것을 인식해야 한다. 테러 행위, 연쇄 살인 또는 극단적인 방법으로 사회의 법적 및 사회적 규범을 거부하는 사람들은 대중이 초점을 두기에 완벽히 정당한 대상이다. 특정 범죄의 성질로 인하여 (예를 들어, 제프리 다머Jeffrey Dahmer의 경우)[18] 가해자는 전문가로부터 자문을 받을 권리와 사생활에 대한 모든 권리를 실질적으로 박탈당할 수 있다. 여기에서 대중은 그와 같이 나쁜 행동이 어떻게 발생할 수 있는지 관심이 있다. 즉, 어떤 동기, 교육, 사회 조건 그리고 심지어 생물학적 요인들이 사람들에게 영향을 미치기에, 다른 사람들, 성인이나 아이들에게, 타락한 범죄를 저지르는 데서 쾌락을 느끼도록 하는지에 대한 정보를 얻으려고 한다. 더욱이 그와 같은 사람들의 부모나 친구가 부분적으로라도 과실이 있는 것처럼 보이면, 사생활에 대한 그들의 권리는 부분적으로 상실되거나 그렇지 않은 경우보다는 약해질 것이다.

마지막으로 봐야 할 범주는 특정한 비극이나 뉴스 보도에서 우연히 관련을 맺은 게 아니라 다른 이유 없이 원치 않는데 미디어의 주목을 받은 사람들이다. 이 지점에서 일반 사람들이 그들 삶의 사적인 측면에 관하여 언론의 주목을 받는 것에 기꺼이 동의하거나 그 결과로 언론의 주목을 그들의 이익을 위하여 이용하기를 추구함으로써 공인의 범주에 들어가지 않는다면, 일반인들의 사생활권은 실제로 매우 강력한 것으로 여겨야 한다. 실제로 영국에서는 사생활에 대한 권리가 법률화되어 있지 않고, 미국에서는 "사건에 의해 세간의 주목을 받는 사람들은 일반적으로 사생활보호법하에 선출된 공무원과 같이 분류된다. …. 법원은 신문이나 신문사가 그 이야기를 전달하기 때문에 그 자료를 뉴스 가치가 있는 것으로 판결했다."[19] 사람들이 어떤 것에 관심이 있고, 따라서 뉴스 가치가 있는 것으로 꾸며질 수 있다는 단순한 사실이 일반 개인의 사생활 권리보다 더 우선한다고 추정될 수 있다.[20]

그러나 기초가 되는 이 근거는 실수할 수 있는 가능성을 인식하는 데 실패하여 도덕적 권리에 부응하지 않기 때문에 부적절하다. 일반적으로 미디어와 대중은 일반 시민의 생활이 중요한 공적 해악에 관련되어 있거나 어떻게 비극이 발생했는지 직접적인 관계가 있는 경우를 제외하고는 일반적 시민의 삶의 개인적인 측면에 관심이 없고, 그래서 그에 관해 알 권리도 없다. 개인으로서 시민이 교통사고, 지진, 폭탄테러 또는 시위행진에 휘말린 사실 그 자체에서 어떤 방식으로든 미디어의 의무가 그들의 사생활을 존중할 만한 것이 못된다. 만약 십대 한 명이 약물 과다 복용으로 사망했다면, 언제 어디서 약물을 구입했는지, 습관적으로 그랬는지 그리고 부모들의 태도와 충고는 무엇이었는지 물어보는 것은 명백히 적절하다. 그러나 공적인 유명인사에 관해 미디어가 하는 방식으로 그 십대의 사랑 생활을 꼬치꼬치 캐는 일은 공익과는 무관하다. 뉴스 이야기에 휘말린 사람의 사생활을 침해하는 것이 더 즐거움을 주고, 강렬한 뉴스를 만들 수 있다는 사실은 어떠한 도덕적 무게도 지니지 않는다.

1988년 스코틀랜드 록커비를 비행하던 팬 아메리카 항공 103편 비행기 폭파에 대한 뉴스 미디어 보도로 다시 돌아가 보자. 이미 살펴보았듯이, 특정한 한 부부가 비극을 알지 못한 채 공항에 도착했고, 팬암 관계자에게 비행기에게 무슨 일이 벌어졌는지 묻기 위해 다가갔다. 그 여성은 비행기가 추락하여 기내에 있던 사람들이 모두 사망했다는 말을 들었다. 그녀의 즉각적인 반응은 히스테리 중 하나였다. 그녀는 슬픔, 격노, 패닉 그리고 절망의 공개적 전시에 쓰러졌다. 모든 저널리스트와 촬영진이 보인 즉각적인 반응은 그녀가 바닥에서 몸부림치는 동안에 그녀의 주위로 몰려드는 것이었다. 그 장면은 여러 뉴스 방송국으로 중계되었고 재빨리 CNN에 방송되었다.[21]

명백한 것은 그와 같은 이미지가 흥미진진한 뉴스 보도로 향하게 한다. 그러나 그녀의 히스테릭하고, 본질적인 사적 슬픔을 영상에 담아 이것을 모든 사람들이 보게 하는 것은 그녀의 사생활에 대한 엄청난 침해이다. 이것이 공공장소에서 발생했다는 사실은 핵심에서 벗어난다. 왜냐하면 시셀라 복Sissela Bok이 지적한 것과 같이, 사적인 것이 반드시 비밀은 아니며 비밀인 것을 전혀 사적이라고 여기지 않을 수 있다.[22] 사적 생활은 어떤 굉장히 비밀스럽지만 가장 개인적이고 친밀한 관계와 철저하게 고려되지 행동(우리가 그렇게 하기를 원치 않으면) 다른 사람들이 알고, 보고 드러내고 언급하고 또는 판단하는 일 안에 어떤 영역을 표시한다. 지독한 슬픔과 자기 통제력 상실은 매우 은밀하며 사적인 관계와 관련이 있고 죽음 그것은 다른 사람의 일이 아니지만, 그녀와 사랑하는 가장 가까운 사람들에게 그렇지 않다. 오직 적절한 대중의 반응은 위로, 친절한 행동 중 하나이거나 처음에 일어난 일을 받아들이기 위해 애쓰는 그녀에게 사적인 공간을 마련하는 노력이다. 그녀의 슬픔의 이미지를 방송하는 것은 공익에 아무런 도움이 되지 않으며 그와 같은 비극의 특성과 사랑하는 사람의 죽음에 관하여 전혀 새로운 것을 말하고 있지 않다. 공익을 위해 민주 시민 사회에서 역할을 다하기 위해 알 필요가 있는 것과 대중이 관심을 가질 수 있는 그 모든 것을 혼동해서는 안 된다.

우리가 어떤 것을 알거나 보는 것에 관심이 있을 수 있다는 단순한 사실이 그것을 보거나 들을 수 있는 어떠한 권리도 우리에게 주지 않는다. 단지 그와 같은 이미지의 관심의 형태는 다른 사람의 참사와 불행에 만들어진 어떤 사람의 병적인 응시가 될 수 있다. 그와 같은 관음적 형태의 관심이 그와 같은 엄청난 사생활 침해를 결코 정당화할 수 없다. 대중의 관심이라는 명목하에 많은 극적인 재구성물, 다큐멘터리 그리고 뉴스 이미지 보도는 일반 사람의 사적 생활의 불행과 참사에 대한 관음증적 관심을 먹잇감[23]으로 하여 약한 사람을 이용해 먹는 것밖에 되지 않기 때문에 매우 중요하다. 그리고 이런 것들은 적어도 적절한 협의나 동의가 없었기 때문에 그렇게 할 권리가 없다. 사실 대중 소비와 즐거움을 위해 다른 사람들의 불행을 이용하는 것은 동의와 상관없이 그 자체가 도덕적으로 의심스럽다. 또한 미디어의 일차적 관심이 대중이 알 필요가 있는 것과는 반대로 그와 같은 관심을 이용하는 데 있다면 그들은 미디어 위선 그 자체에 대해 적절한 책임을 져야 한다.

살인자가 잔혹하다고 비난하지만 살인의 복잡한 세부사항을 추잡하게 자세히 설명하는 보도는 위선의 부도덕한 형태를 나타낸다. 그 취해진 관심의 형태는 혐오스러운 것일 수 있는 바로 그것에 대한 기쁨이기 때문이다. '공익the public interest'이라는 수사학적 가면은 실제 관심을 드러내는 것을 비껴간다. 그와 같은 이야기가 종종 보도되는 방식에 다른 사람에 불행에 병적인 기쁨이 포함되어 있다. 우리의 야비하고 저속한 즐거움에 영합하기 위해 명백히 고안된 '공익'이라는 용어 사용을 정당화하는 것은 그 자체로 위선적이며 미디어의 권력, 영향력 및 도덕적 의무를 남용하는 것이다

사실 우리는 천박한 저널리즘sleazy journalism에 대해 미디어 그 자체에 죄가 있는 사례가 있고, 특히 사법 사안이 관련되어 있다는 사실을 아는 것이 무엇보다도 중요하다. 미디어가 거액의 돈을 주고 목격자 증언을 권유하는 것은 본질적으로 사법 절차의 불편부당성과 공정성에 대한 부패에 그들 스스로가 가담하는 것이다. 목격자는 증거를 실제보다 좋게 말하고, 선정적인 측면을 강조하고, 심지어 추정을 사실로 제시하도록 부추김을 받을 수 있다 있다. 그렇게 함으로써 재판 중이나 재판 후에 미디어의 관심과 돈을 많이 받을 수 있다. 실제로 O. J. 심슨 재판에서 봤듯이 변호사부터 심리학자에 이르기까지 TV에 등장하는 전문가의 의견 수준, 증인을 미디어 유명 인사로의 각색하고 일종의

흥미에 영합하는 사례는 사법 절차 그 자체와 그것을 보도하는 미디어의 공정성 이 둘 모두에 대한 대중의 믿음을 훼손하였다. 대중에게 절대 필요하지 않은 것은 영국에서 고질병인 수표 저널리즘과 같은 뉴스 미디어의 보도나 관행인데, 이것은 사법 절차와 정치 과정에 개입하여 이를 실질적으로 왜곡시킨다.[24]

따라서 미디어는 민주사회에 특권화된 기능과 역할에서 발생하는 엄청난 도덕적 책임이 있으며 그 위험은 우리가 사생활의 정당한 침해가 발생할 수 있는 사법 절차 아래를 주의 깊게 관심을 가져야 한다는 점을 제시한다. 그 침해가 정당화되는 것은, 비밀유지를 하는 것이 공적인 해악, 남용 또는 이익의 사안과 관련된 것이라고 믿을 수 있는 타당한 이유가 있어야 한다. 이것은 진실 말하기, 추정 사실 점검, 정보원의 신뢰성 등과 같은 것에 헌신과 관련한 앞서 간추려 말한 요건과 연결되어 있다. 조사 행위 그 자체가 적어도 대답해야 할 일견 타당한prima facie charge 책임이 있다는 전제에 기초하고 있기 때문이다. 또한 조사를 추구하는 데 의도는 칭찬받을 만해야 하고 그릇되게 자기 향상을 추구하거나 쓸데없는 대중 관심에 영합함으로써 손상되어서는 안 된다. 오직 그럴 때만 한 사람의 사생활을 침해한 저널리스트가 그렇게 하는 것이 정당하다고 여길 수 있을 것이다. 마이클 푸트에 관한 《선데이 타임스》(2장 참조)와 달리, 저널리스트가 적절한 보호수단과 이익을 따르지 않았다는 비난을 받을 여지가 있어서는 안 된다.

또한 모든 제약을 준수한 때에도 때때로 저널리스트들은 자신의 잘못이 아니더라도 잘못을 저지를 수 있다는 점도 인식해야 한다. 비록 증거가 부패 가능성을 나타내고, 따라서 저널리스트가 한 인물의 사생활 침해는 정당하다고 느꼈지만, 중요하게 벌어지고 있는 것은 아무것도 없다고 밝혀졌다. 이와 같은 경우 그런 사생활 침해가 정당하지 않은 것으로 드러나고 미디어가 적절히 사과를 했어야 했다는 것을 인식하는 것이 중요하다.

우리가 언급한 세 가지 주요 범주 그리고 사생활권의 상대적 중요성은 완전하지 않다. 그러나 그들이 설명하고 있는 것은 사생활권이 절대적인 것은 아니고 전 사례에 걸쳐 균등하게 적용되는 것이 아니라는 점을 인식할 필요가 있다는 것이다. 오히려 차등제의 관점에서 뉴스 인물의 정치적·경제적 및 공적 권력 및 영향력, 그들의 유명인사의 지위를 저울질하거나 그들의 권리를 일반 시민에 대하여 공익과 해악이 무엇이든 간에 그들의 사생활 침해 지지를 생각해봐야 한다. 특히 정치적, 공적 인물의 경우, 사적 위선이 대중의 생활에 처참한 결과를 가져올 가능성이 있는 인격 결함을 나타낼 때 사생활권은 극히 약해진다. 반대로 일반, 사적 시민의 경우, 사생활에 대한 권리는 매우 강해 정말 공익이 매우 큰 경우를 제외하고는 그 침해를 정당화하기 힘들다.

사생활권에 대한 차등제는 미디어에 의해 서로 다른 처치가 범위에 따라 상이한 위치에 서게 되는 인물들에게 적합하다는 것을 인식할 필요가 있다. 한쪽 끝에서는, 일반 시민의 경우, 사생활권이 너무 강해서 어떤 프로그램, 다큐멘터리 또는 뉴스 보도가 그에 관해 방영된다면, 실제로 합의에 대한 일반 시민의 권리가 매우 강하고, 그 프로그램이 도덕적 무결성을 가지려면 그들의 동의가 필요하다. 또한 일반 시민의 사생활권이 침해되었을 때 그들은 위반한 신문, 채널 또는 보다 실질적으로 오직 그런 목적을 위해 경영자에 의해 자금을 받은 미디어 자기 규제기관에 보상을 받아야 한다고 추정할 수 있는 근거가 있다. 이 차등제의 다른 끝에서는 대중의 신뢰를 받지 못하는 정치인이 은밀하게 자신의 범법 행위를 감추려고 한다면, (비록 합의를 해야 하고 혐의에 반박을 할 수 있는 기회가 주어지더라도) 합의를 얻을 필요성이 전혀 적용되지 않는다.

1   대부분의 연구 참여자들은 실험자의 지도 권한하에 옆방 의자에 있다고 가정된 사람들 에게 치명적인 수준을 넘어서까지 전기 감전을 시킬 준비가 되어 있었다. See Stanley Milgram, *Obedience to Authority: An Experimental View*(New York: Harper & Row, 1974), and Eddy Van Avermaet, "Social Influence in Small Groups," in *Social Psychology*, ed. Miles Hewstone, Wolfgang Stroebe, Jean-Paul Codol, and Geoffrey M. Stephenson(Oxford: Basil Blackwell, 1988), pp.372-380 참조.

2   Immanuel Kant, *The Philosophy of Immanuel Kant*, trans. L.W. Beck(Chicago, IL: University of Chicago Press, 1949), pp.346-349.

3   See Anselm's *De Veritate, included in Truth, Freedom and Evil: Three Philosophical Dialogues*, trans. and ed. Jasper Hopkins and Herbert Richardson(New York: per & Row, 1967), p.110, and Karl Barth, *Church Dogmatics*, Vol. IV, Part 3, ed. G.W. Bromiley and T.F. Torrance(Edinburgh: T. and T. Clark, 1961), Section 70, "The Falsehood of Man," pp.451-453.

4   "M.P.s, Cheques and Honey Tea on the Terrace," *The Sunday Times*, 10 July 1994, p.1.

5   Stephen Klaidman and Tom L. Beauchamp, *The Virtuous Journalist*(New York: Oxford University Press, 1987), p.157.

6   Howard Kurtz, *Media Circus*(New York: Random House, 1994), p.126.

7   Phillip Knightley, *The First Casualty*(New York: Harcourt, Brace, Jovanovich, 1975), pp.209-212 참조. 로버트 카바(Robert Capa)는 그의 자서전에서 그의 많은 다른 사진에 대해 말했지만 이 사진에 대해서는 절대 말하지 않았다. *Slightly Out of Focus*(New York: H. Holt, 1947).

8   Carl Bernstein and Bob Woodward, *All The President's Men*(New York: Secker and Warburg, 1974) 참조.

9   *The Guardian*, Thursday, 3 November 1994, p.1 참조.

10   Milton Coleman, "18 Words, Seven Weeks Later," *The Washington Post*, 8 April 1984, C8, detailing the ins and outs of the case. It is also discussed by KJaidman and Beauchamp, *The Virtuous Journalist*, pp.167-168 참조.

11   W. A. Parent, "Privacy, Morality, and the Law," in *Philosophical Issues in Journalism*, ed. Elliot D. Cohen(New York: Oxford University Press), p.92.

12   Andrew Belsey, "Privacy, Publicity and Politics," in *Ethical Issues in Journalism and the Media*, ed. Andrew Belsey and Ruth Chadwick (New York: Routledge, 1992), p.77-92 참조.

13   James Rachels, "Why Privacy is Important," in *Philosophical Dimensions of Privacy*, ed. Ferdinand D. Schoeman(New York: Cambridge University Press, 1984), p.296.

14   예를 들어, Samuel Warren and Louis Brandeis, 'The Right to Privacy," in *The Journalist's Moral Compass*, ed. Steven R. Knowlton and Patrick R. Parsons(Westport, CT: Praeger, 1995), pp.84-87 참조.

15   Belsey, "Privacy, Publicity and Politics," p.77.

16   비록 Heard가 그들의 성관계가 합의된 것이라고 인정했을지라도 16살과 성관계를 맺는 것은 Illinois에서는 불법이다.

17   Jeffrey B. Abramson, "Four Criticisms of Press Ethics," in *Democracy and the Mass Media*, ed. Judith Lichtenberg(New York: Cambridge University Press, 1990), p.234 참조.

18   Clifford G. Christians, Mark Fackler, and Kim B. Rotzoll, *Media Ethics: Cases and Moral*

Reasoning, 4th edition(New York: Longman, 1995), p.116 참조.

19 경찰은 1991년 제프리 다머의 집의 아이스박스 안에서 머리와 함께 훼손된 몸의 일부를 발견했다. 그리고 1992년에 시간증, 인육을 먹는 행위, 15명을 살인으로 유죄판결을 받았다.

20 Brian Winston, "Tradition of the Victim," in *Image Ethics*, ed. Larry Gross, John Stuart Katz, and Jay Ruby(Oxford: New York, 1988), pp.46-48 참조.

21 Joan Deppa, *The Media and Disasters: Pan Am 103*(London: David Fulton, 1993), and Saul E. Wisnia, "Private Grief, Public Exposure," in *Impact of Mass Media*, ed. Ray Eldon Hiebert, 3rd edition(New York: Longman. 1995), pp.113-118 참조.

22 Sissela Bok, *Secrets*(New York: Pantheon, 1982), pp.10-14, 249-264.

23 Plato, *The Republic*, trans. D. Lee, 2nd edition(Harmondsworth: Penguin, 1974), Book IV, 43e-440a, pp.215-216 참조. 여기에서 플라톤은 Leontion의 기본적 기쁨은 불구가 된 시체들을 바라보는 것이라고 묘사한다.

24 Plato, *Gorgias*, trans. D.1. Zeyl(Indianapolis, IN: Hackett, 1987), 491e-497a, pp.64-71 참조. 여기에서 소크라테스는 우리의 낮은 욕망 함양은 삶을 황폐하게 하고, 이것은 진정한 좋은 삶과 구분된다고 말한다.

5

미디어에서 성과 섹슈얼리티
Sex and Sexuality in the Media

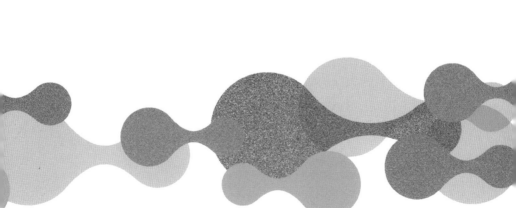

5

미디어에서 성과 섹슈얼리티
Sex and Sexuality in the Media

서론Introduction

미디어 윤리에서 가장 많은 논쟁이 벌어지는 이슈 중 하나는 성과 섹슈얼리티 묘사에 관한 것이다. 분명히 성적 이미지의 사용과 성적인 사안에 대한 자유 토론은 많은 관심을 끌고, 신문판매와 TV 시청률 상승, 영화 홍보 그리고 소비재 판매에 도움을 준다. 그래서 영국에서 가장 대중적인 신문인 《더 선*The Sun*》은 여전히 3면을 반라의 모델들로 장식하고 있다. 실제로 한때 《더 선》의 편집장이었던 켈빈 맥켄지 Kelvin Mackenzie는 언젠가 한번, "나는 그것을 폐지하는 것에 관해 생각해본 적이 있었다. 그러나 사람들은 그것을 기대하고 있다. 3면이 바로 《더 선》이다."[1]라고 말했었다. 비록 미국 언론사는 영국 언론사보다 더 규제되어 있을지라도 성 고정관념적인 측면에서 뉴스 기사를 보도하는 것과 다양한 공적 인사 또는 문화 집단의 성생활을 추잡스럽게 '조사한 것'이 특종 보도되는 것을 흔히 볼 수 있다. 게다가 성의 묘사는 미디어 문화의 주된 부분이 되었다. 옥외 광고 게시판 광고의 성적인 이상sexual ideals에서부터 토크쇼와 다큐드라마의 의도적인 선정주의까지, 섹스는 상업적 목적을 촉진하기 위해 사용되고 있다. 더욱이 특히 할리우드 영화에서 성의 묘사가 줄거리나 성격 묘사의 본질적인 일부이기보다는 흔히 그 자체가 목적이 된다. 이러한 현상의 극단은 명백히 포르노그래피의 영역으로 바뀌어가고 있다. 근본적인 질문은 노골적인 성행위의 표현이 비도덕적인지, 만약 그렇다면 왜 그리고 어떻게 비도덕적인지이다.

사람들마다 미디어의 성적 표현에 반대하는 이유는 서로 다르다. 흔히 그 이유는 단지 당혹스럽거나 불쾌하기 때문이다. 그러나 단지 당혹감이나 불쾌감 그 자체는 이미지가 윤리적으로 미심쩍다고 생각할 만한 근거가 아니다. 결국에는 불쾌감이나 당혹감은 해당 영상의 특성에서 기인한다기보다는, 그것을 느끼는 사람에 관하여 개인적으로 민감한 무언가를 반영할 수 있다. 때로는 불쾌감과 당혹감이 그릇된 것일 수 있다. 광고나 영화가 상식적으로 예절로 받아들여지는 것에 어긋난다는 것은 단순히 프로그램이 당혹감을 초래한다는 것을 의미하거나 또는 좀 더 근본적으로, 섹스와 섹슈얼리티의 특성에 관한 뿌리 깊은 어떤 도덕적 관점에 어긋난다는 것을 의미할 수 있다. 전형적으로, 그와 같은 반대 의견들은 외설과 퇴폐라는 용어로 표현된다. 그러나 여기에서 무엇을 의미하는지 묻는 것이 중요하다. 때때로 근거로 제시되는 것은, 외설적인 영상들은 사람들이 성적인 특성 및 시도들 때문에 중요한 것으로 초점을 맞춘다는 것이다. 이런 생각은 다른 사람들의 신체에 대한 표현에서 특정 종류의 성적 즐거움이 취해진다는 것이다. 모멸degradation을 구성하는 것은 단지 성적 대상으로서 다른 사람에게서 즐거움을 취하는 것이고, 영상을 외설적으로 만드는 것은 우리 안에 그런 기쁨을 불러일으키는 것을 지향한다는 사실이다. 그래서 반대 의견은 타인을 단순히 성적 대상으로만 취급하는 것은 근본적으로 비인간적이라는 칸트 사상에 의존하고 있는 것으로 보인다. 우리는 타인의 유일한 기능이 우리의 성적 욕망과 욕정의 충족이기라도 하듯, 그들의 성적 대상으로서 외양에만 초점을 맞추기 위해 그들을 비인격화한다.[2] 그러나 우리는 종종 사람들을 그들의 특정 측면에 대해서만 고려한다. 즉, 짐꾼이나 택시 드라이버, 웨이터, 캐셔 또는 학생으로서의 특정 측면만을 고려한다. 우리는 대개 그렇게 하는 것 자체가 비도덕적이라고 생각하지 않는다. 사실 우리가 그렇게 생각한다면, 거의 모든 우리의 대인관계가 도덕적으로 미심쩍은 것처럼 보이기 시작할 것이다. 반대 의견이 어떤 설득력을 갖기 위해서는 보다 구체적인 무언가가 진행되고 있어야 한다. 우리는 때론 상대방이 우리를 성적 대상으로 봐주기를 원한다. 그것이 우리나 그들의 모든 것이 아니라는 사실을 인식하면서도 말이다.

아마도 논지의 강력한 입장은 특정 방법으로 성을 재현하는 것이 어떤 중요한 의미에서 해악일 수 있다는 생각에 기초하고 있을 수 있다.[3] 분명히 어떤 것이 타인에게 피해를 준다면, 우리는 정당한 이유 없이 그러한 행위를 추구해서는 안 된다고 생각하는 것이 당연하다. 정말로, 고통스럽게 다리 하나 잘라내는 것이 괴저의 발병을 막을 수 있는 유일한 방법일 수도 있을 것이다. 그러나 고통을 주거나 누구의 다리를 잘라내는 것은 그러한 행위를 정당화하는 관점에서 그 이상의 목적이 없을 경우 분명히 비도덕적이다. 나의 동의 없이 불필요한 고통을 주고, 내가 선택한 대로의 인생을 추구하는 것을 방해하고, 그렇게 하기 위한 나의 능력을 훼손하는 것은 근본적으로 잘못된 것이다. 성이나 섹슈얼리티의 특정 표현이 해롭다고 믿을 수 있는 근거가 있다면, 보통 그러한 행동들은 부도덕하다고 생각할 수 있는 이유를 우리는 분명히 가질 수 있을 것이다.

직접적 해악의 논변The Argument from Direct Harm

해악에 관한 논거 중 가장 단순한 형태는 특정 종류의 성 재현물, 즉 전형적인 포르노물을 보는 것과 그에 대한 반복적 노출로 인한 성희롱이나 성기 훼손, 강간 등과 같은 행동들 사이에 직접적인 인과관계가 있다고 주장한다. 만약 사실이라면, 이것은 많은 미디어의 재현물을 성 윤리적으로 미심쩍은 것으로 만들 뿐만 아니라 사회적 통제 및 규제에 대한 찬성론에 강력한 근거가 될 수 있는데, 왜냐하면 포르노물의 증가량과 할리우드의 성에 대한 뚜렷한 집착이 범죄 행위에 대한 부분적인 책임이 있기 때문이다. 성과 여성의 섹슈얼리티에 관한 이미지image는 남자를 자극하여 음란한 행위와 성범죄를 저지르는 원인이 된다고 생각된다. 실제로 성 범죄자들은 흔히 특정 종류의 포르노물이 자신들의 범행을 저지르게 했다고 주장한다. 서린 매키논Catherine MacKinnon은 1981년 인디애나에서 한 여성을 구타하여 살해한 토마스 스키로Thomas Schiro의 사례를 언급하고 있는데, 그는 변론에서 "누드책과 누드쇼를 보고 너무 흥분되어 누군가를 강간하고 싶었기"[4] 때문에 범죄를 저질렀다고 주장했다. 그래서 동일 선상에서 안드레아 드워킨Andrea Dworkin은 "포르노물은 여성을 멸시하고 이용하고 해치도록 남성을 길들이고 훈련시키고 갈망하게 하기 때문에, 여성에 대한 남성 우월주의와 폭력 범죄를 영속화시키고 있다고 주장했다. 포르노물은 남성이 여성을 멸시하기 때문에 존재하고, 남성은 부분적으로 포르노물이 존재하기 때문에 여성을 멸시한다."[5]라고 주장하고 있다. 남성들이 선정적이고 노골적인 음란물의 시청을 통해 촉발될 수 있는 성적 충동을 억제할 수 없다고 한다면 미디어는 여성을 피해로부터 보호하기 위해서 그와 같은 음란물을 제작하거나 사용하지 말아야 한다. 게다가 그와 같은 입장은 포르노물의 영향을 받은 사람들은 그렇게 밖에 행동할 수 없었기 때문에 비난받거나 처벌받아서는 안 된다는 주장이 함의되어 있다.

그러나 그 관계가 그렇게 매우 간단할 수는 없다고 생각할 수 있는 강력한 근거가 있다. 그와 같은 강력한 주장에 대한 실증적 증거가 상당히 결정적이지 않다는 사실은 우리를 주저하게 만든다. 직접적인 관련성이 있다면, 우리는 상당히 높은 수준의 결정적인 증거를 기대할 것이다. 그러나 실증적 증거는 최소한 포르노물을 보는 것과, 같은 류의 묘사물은 성에 대해 느끼고 생각하는 방식에 영향을 줄 수 있다는 상당한 개연성이 있다고 믿을 어떤 이유를 제공한다. 그러나 강력한 인과관계의 논지가 추정하는 방식으로 미디어의 표현이 우리의 행동에 직접적으로 영향을 준다는 뜻은 아니다. 왜냐하면 직접적인 해악의 논지가 고려하지 못한 인간 심리에 관한 심오한 사실이 존재하기 때문이다. 즉, 우리가 무엇에 노출되는지 우리가 생각하고 느끼는 것 그리고 우리가 행동하는 방식 사이의 관련성은 직접적인 인과관계 주장에 집착하는 사람들이 이야기하는 것보다 훨씬 더 복잡하다.

포르노물에의 노출이 불가피하게 성적 동기에 의한 해로운 행동으로 이어진다는 것이 사실이라면, 우리는 필연적으로 가장 많이 노출된 것의 행동을 모방한다는 것이 사실이어야 한다. 그러나 인간과 동물을 근본적으로 구별 짓는 것은 인간의 자의식self-consciousness이다. 따라서 우리는 단순히 행동할 뿐인 동물들이 할 수 없는 방식으로 어떻게 행동할지를 선택할 수 있다. 파블로프의 조건반사 반응에서 볼 수 있는 것처럼, 동물은 선천적으로 본능과 전례example를 따르는 반면, 인간은 그들의 행동에 대해 생각하고 이해할 수 있어서 자신 행위의 특성을 수정한다. 물론 제대로 기능을 하지 못하고 폭력적인 가정에서 양육된 사람은 포르노물에 선동되어 특정한 방법으로 여성을 보도록 조장할 가능성이 더 크고 그러한 이해에 따라 행동할 가능성이 더 높다. 왜냐하면 사회성 기술social skills의 부족과 낮은 자존감 그리고 자신들의 인간 본성의 욕망과 욕구를 표현하기 위한 다른 전형적인 모범의 부족은 그와 같은 영향에 대해 더 취약하게 한다.[6] 그럼에도 불구하고, 그들의 사회적 환경과 양육을 고려하여 그들의 범행을 더 이해할 수 있을지라도, 우리는 여전히 그들의 흉악한 행위에 대해 관련 개인들의 책임이 있다고 생각한다. 요지를 다르게 말한다면, 동물은 단지 행동 하지만, 인간은 행위한다act.* ** 그래서 두 경우 모두 섹스는 종의 번식이라는 기능을 가지고 있지만, 인간의 경우만이 쾌락을 위해서든 또는 사랑의 표명으로서든 두 개별적 자아가 뒤엉키는 것으로 이해될 수 있다. 관련된 행위의 특성은 그것의 기저에 있는 우리의 이해에 의해 좌우된다. 그래서 단순히 포르노물이 중요시하는 노출이 아니라 우리가 노출되어 있는 것에 대해 어떻게 이해하느냐이다. 성적인 표현 그 자체로는 사람들이 성범죄를 저지르도록 할 수는 없다. 우리가 본 것에 대한 반응의 여부와 어떻게 반응을 보일지를 결정하는 것은 우리의 이해이다. 나는 많은 형태의 노골적이고 가학적인 포르노물에 지속적으로 노출될 수도 있지만, 묘사된 행위들이 [직접적으로 여성들을 향한 성폭력에서] 잘못된 것이라고 믿을 이유가 있기 때문에, 그러한 포르노물은 섹스는 일차적으로 힘의 관계와 폭력의 문제가 아니며 그렇게 되지도 말아야 한다는 나의 이해를 확인해주는 준다. 그래서 그와 같은 영화가 존재할 경우 그것은 나의 성적인 욕망과 행동을 적절하게 명령하는 나의 능력을 약화시키기보다는 오히려 강화시킬 수 있다. 왜냐하면 영화들은 그와 같은 형태의 성관계는 해롭고 우리는 보통 어떤 목표가 선한 것이라고 생각하지 않을 경우 목표를 실현하기 위해 행동하지 않는다는 이해를 확인해줄 수 있기 때문이다.

우리가 보는 것과 우리가 행동하는 방식 사이에는 약한 인과적 관계가 있을 수 있다. 그런데 인과관계는 다시 우리가 믿는 것과 그러므로

---

* 일반적으로 '행동하다'라는 의미로 동일하게 번역되는 behave와 act가 함께 대조를 이루며 사용되며, 여기에서 behave는 '(원래 지닌 성질에 따라) 행동을 보이다, 반응을 보이다'라는 의미가 있고, act는 보다 능동적으로 '행동을 취하다, 행동하다'라는 의미이다.

** 행동(行動)은 인간을 포함한 동물의 활동과 반응 전반을 가리키는 말이다. 행동의 영어 낱말 'behavio(u)r'는 물체·기계 등 무생물에서도 쓰인다. 유사한 용어로 행위(act), 활동(activity)이 있다. '행위'가 일반적으로 의도나 목적을 가지는 인간의 활동을 가리키는 데 비해 '행동'은 무의식의 활동(조건 반사 등)도 포함한 보다 폭넓은 개념으로 본다.

행동의 근거가 있다고 판단하는 것에 달려 있다. 그래서 우리가 특정 프로그램을 보았기 때문에 무언가를 해야 할 이유가 있다고 판단했을지라도, 우리가 한 것에 대한 책임은 TV 프로그램이 아니라 우리에게 있다. 여성이나 섹스에 대한 단순한 재현이나 섹슈얼리티에 대한 토론은 성범죄에 어느 정도 인과적 역할을 한 것에 대해 비난을 받을 수 있을 것이다. 그러나 그것들이 포르노물이든, 섹스 매뉴얼이든, 광고 방송이든, 안전한 섹스에 대한 포스터이든, 누드 인물화이든, 고전적인 조각품이든, 이것은 성적 표현물의 해로운 특성의 반영이라기보다는 범죄자의 정서 장애 상태의 반영일 수 있다. 따라서 우리는 빅토리아시대 사람들을 뒤돌아보는 경향이 있는데, 이 사람들은 조소와 당황이 섞여 있는 감정 상태로 고전 조각상의 알몸을 완전히 가리고, 은밀한 부위를 잘라냈다. 직접적 해악의 주장은 인간의 욕망과 행동 사이의 관계에 대한 근본적인 오해에 기반을 둔다. 그뿐만 아니라 여성을 보호하려는 시도는 그들을 응석받이로 키울 뿐 아니라 성적인 특성에 대한 언급과, 이미지를 본질적으로 의심스럽게 만든다. 그에 따른 결론은 자연스럽게 우리가 도덕적 책임감과 통제력이 없다고 여기는 우스꽝스러운 정책이 된다. 예를 들어, 링컨Lincoln의 네브라스카Nebraska 대학교에서, 한 대학원 조교는 그의 책상에 있는 수영복을 입고 있는 그의 부인 사진을 '여성 교수들과 학생, 교직원에 대한 성희롱이라는 유해한 환경'을 조성한다는 이유로 책상에서 제거하라는 요구를 받았다.7

조디 포스터Jodie Foster에 대한 자신의 사랑을 증명하기 위한 시도로 로날드 레이건Ronald Reagan을 저격한 사람의 경우를 생각해보자. 말하자면 그가 영화 〈택시 운전사Taxi Driver〉를 보지 않았다면, 그는 결코 조디 포스터와 '사랑에 빠지거나', 미국 대통령을 죽이려하지 않았을 것이다. 그러나 잘못이 영화에 있는 것이 아니다. 오히려 잘못은 로날드 레이건을 저격하려 했던 사람에게 있다. 마찬가지로, 성경이 없었다면 여러 명백한 악행이 저질러지지 않았을지도 모르나 우리는 성경이 본질적으로 부도덕하다고 자동적으로 생각하지 않는다. 오히려 많은 악행은 도덕적으로 비난받을 만한 성격이나 가해자에게 있을 수 있는 정신질환 때문이다. 성경이나 영화 〈택시 운전사〉는 피해를 초래하는 데 인과적 역할을 했지만, 인과관계의 역할은 문제가 있는 곳에서 관련된 사람들의 정신 상태에서만 유발되었다. 인과적 책임은 도덕적 책임과는 같지 않다. 누군가는 붉은 색상을 보고 살인을 저지를 수 있다. 그러나 우리는 그것으로 인해 붉은색으로 사물을 그리는 것은 부도덕하다는 결론을 내리지 않는다. 아마도 붉은색 숭배 집단이 그가 붉은색은 살인 광선을 내뿜는다고 믿도록 양육했을지도 모른다. 그래서 도덕적으로 중요한 요인은 붉은 색상이 아니라 잘못된 특정 믿음이 반복 주입된 아이로서 양육과 관련된 것이 훨씬 더 중요한 변수이다. 반대로, 이와 같은 경우에서 더 가능성이 높을 것은 그가 정신 착란증이고, 비이성적 충동을 제어하지 못한 것일 수 있다.

여전히 사람들은 비이성적으로 행동할 수 있고 때로는 하기도 한다는 가능성을 인정하는 것은 해악논거에 발판을 제공한다. 불합리성의 가능성을 인정한다는 것은 사람들은 선한 것을 알지만 여전히 반대의 방식으로 행동할 수도 있다는 사실을 인정한다는 것을 의미한다. 나는 술을 한잔 더 마시는 것이 나에게 정말로 나쁠 것이라는 사실을 알지만 그래도 여전히 마시는 것을 선택할 수 있다. 그래서 합의와 호혜의 중요성 면에서 섹스에 대해 적절히 이해하고 있을지라도, 포르노 영화에 노출은 그럼에도 불구하고 나의 비합리적 욕망과 욕구를 조장할 수도 있다. 만약 관련 영화가 단순히 그러한 욕구를 자의적으로 촉발하는 결과를 가져오는 데 있지 않고 그러한 욕구들에 직접적으로 향해 있다면, 그 영화의 속성 그 자체가 도덕적으로 문제가 있을 수 있다.

그럼에도 불구하고, 특정 종류의 표현물이 우리의 비합리적인 성적 욕구와 욕망에 말을 건다는(자극한다는) 단순한 인정은 직접적인 피해 논지를 성립시키기에는 부족하다.[8] 우리 자신이 가지고 있을지 모르는 이러한 측면을 자극하는 영화들은 사회적으로 유해하기보다는 유용한 방식으로 보다 깊은 성적 욕망을 바람직한 방향으로 돌리거나 정신정화 작용으로 방출한다.[9] 아마도 성적으로 노골적인 표현들이 없다면, 훨씬 더 많은 성범죄가 있을 것이다. 섹스에 관한 표현물은 우리가 다른 사람들에게로 향하게 하지 말아야 하는 종류의 성적 욕망을 포함하고 있고 승화시킬 수도 있다. 실제로 성적으로 노골적인 자료들이 널리 이용될 수 있는 스웨덴이나 덴마크, 일본 등과 같은 나라에서 여성을 상대로 한 폭력이 비교적 드문 반면에, 그와 같은 자료들을 구하기가 극히 어려운 중국이나 이란 그리고 사우디아라비아와 같은 나라에서는 비교적 흔하다.[10] 그래서 인과관계가 존재할지라도, 그것이 한 방향으로만 흘러가는지는 분명하지 않다. 특정 종류의 성적 표현들이 특정의 비이성적 욕망을 자극하더라도, 항상 피해가 초래되는 것은 아니다.

알코올의 경우를 생각해보자. 한 사람이 얼마나 많은 알코올을 마시는가와 그 사람이 행동하는 방법 사이에는 분명히 인과관계가 존재한다. 그러나 음주가 필연적으로 해악의 원인은 아니기 때문에 음주 그 자체가 명백히 비도덕적이지는 않다. 피해의 발생이 이어지는 것도 아니다. 물론 일부 사람들은 취했을 때 밖으로 나가 싸우려고 시비를 거는 경향이 있다. 그러나 그 반대로 다른 사람들은 보다 쾌활해지거나 그저 평범하게 졸기만 한다. 미디어에 나타난 섹스의 표현과 그것들의 인과적 효과는 다양하며, 유해한 방식으로 드러낼 필요도 없다. 성적으로 노골적인 자료는 성적으로 억압된 사람들을 해방시켜서 많은 사람들의 삶을 향상시킬 수도 있을 것이다. 그래서 비록 약한 인과관계가 존재할 수 있다 하더라도, 직접적 피해 논지는 틀렸다고 믿을 수 있는 충분한 이유가 있다. 오히려 성적으로 노골적인 영화나 알코올은 분명히 관련된 부류의 사람들과 도덕적으로 문제가 있는 그들의 성격적 경향에 이용될 수 있다. 취했을 때 공격적으로 된다는 사실을 안다면, 술을 마시지 말아야 한다. 포르노물을 보면 폭력적인 공상을 실현에 옮기고 싶어 할 개연성이 있다는 것을 안다면, 포르노물을 보는 것을 삼가야 한다. 그러나 인과관계가 필연적인 것은 아니며, 두 경우 모두에서 도덕적 결함은 나의 성격에 내재해 있는 것이지, 알코올이나 섹스의 포르노 표현물에 내재되어 있는 것이 아니다.

간접 해악의 논거The Argument from Indirect Harm

만약 어떤 사람이 해악에서 논거를 순수하게 보통 강력히 규제되는 포르노물과 같은 노골적인 자료와 관련해 생각해본다면 우리가 술을 마실지를 선택하는 것과 마찬가지로, 포르노물을 접할지를 선택할 수 있기 때문에, 그러한 노출에 의해 변화된 성격에 대한 책임은 자신의 것이어서 타당하지 않은 것 같다. 그러나 우리가 한 걸음 물러나 생각해보면, 중요한 문제가 발생한다. 왜냐하면 해악에서 논거는 관련된 자료의 포르노적 속성에만 의존할 필요가 없기 때문이다. 물론 다양한 성 행위에 대한 노골적인 묘사는 특정한 성적 욕망을 자극할 것이다. 그러나 피해의 논거는 상당히 일반론적 고찰로부터 나왔다. 즉, 사람들이 전형적으로 표현되는 방식은 그들이 이해되는 방식에 영향을 주고 그들은 그렇게 취급된다. 사실 캐나다 대법원이 포르노물과 사회에서 여성들이 취급받는 방식 사이의 관계를 인정한 전례 없던 판결은 이것을 바탕으로 하고 있다. R 대 Butler(1992) 재판에서 폭력적이거나 성적으로 비하하는 내용을 금지하는 형법을, 그와 같은 내용은 여성의 평등권을 위협하는 일종의 혐오 발언hate speech*을 구성하기 때문에 합헌으로 판결하였다.

미디어에 표현된 섹스에 관한 논변argument은 전형적으로 포르노물과 관련하여 논의되지만, 그것들은 전혀 포르노물로 평가되지 않을 미디어 재현에 상당히 일반적으로 적용되고 있다. 많은 뉴스 기사, 광고, TV 프로그램 그리고 영화는 여성이란 성적으로 순종적이고, 유순하며, 연약하고, 감정적이며, 직관적이고, 비합리적이며, 은밀하고, 무한히 가정적인 것과 같은 특정한 특징을 지니고 있다는 것을 암시하는 경향의 방식으로 여성을 재현할 수 있다. 실제로 많은 여성들은 그들이 보통 TV나 영화에 묘사되는 방식에 분개한다. 그것들의 일반적인

---

* 국적, 인종, 성, 종교, 성 정체성, 정치적 견해, 사회적 위치, 외모 등에 대해 의도적으로 폄하하는 발언이다. 증오의 감정을 담고 있기 때문에 증오언설(憎惡言說)이라고도 한다.

줄거리에서 여성은 백치미의 남성 의존적인 역할을 연기하도록 강요 받고, 흔히 강인한 여성은 없다. 요점은 강간을 '즐기는' 여성에 관한 포르노물의 극단적인 사례에서 광고판을 장식하는 이상적인 가정주부 의 모습이나 날씬한 미인의 전형까지, 미디어의 표현은 여성에게 해악 을 줄 수 있는 잘못된 고정관념을 주입하고 조장할 수 있다는 것이다. 우리는 비록 포르노물에 빠질지를 결정할 수 있지만, 분명히 우리는 밤낮 우리를 둘러싸고 있는 뉴스 기사나 연속극, 만화영화, 드라마와 광고판 등의 섹스와 섹슈얼리티에 대한 미디어의 재현으로부터는 벗 어날 수 없다.

그래서 섹스의 표현과 피해 사이에는 아직도 훨씬 더 미묘한 관계의 가능성이 남아 있다. 잡지의 비썩 마른 패션모델이나 광고판의 육감적 인 금발미녀의 사진이나 TV의 틀에 박힌 성역할의 묘사 등에 지속적 으로 노출된 그 어느 누구도 특정 여성들을 자동적으로 해치려들지는 않겠지만, 그와 같은 것들은 간접적으로 유해할 수 있다. 이러한 영상 들은 반대의 성을 향한 특정 태도를 강화하고 조장할 수 있으며, 아마 표현된 이상에 미치지 못하는 사람들에게 낮은 자존감이나 열등감 또 는 굴욕감 등을 만들어낼 수 있을 것이다. 섹스와 성역할 그리고 여성 등이 미디어의 표현에 묘사되는 방식은 여성 자신들을 포함하여, 사회 의 대부분의 사람들이 섹스와 성의 역할에 관해 생각하는 방식을 형성 할 수도 있다. 남성 욕구와 남성의 요구에 천성적으로 순종하는 대상 으로 묘사된 여성들을 반복적으로 보는 것은 일반적인 여성관에 영향 을 줄 수 있다. 따라서 여성에 대한 우리의 사고와 태도, 성향 등이 영 향을 받아서, 그 결과 사람들이 간접적으로 고통을 받게 될 수 있다.

특정 주장이 여러 번 반복될수록, 그 진술에 대한 명백한 정당성이 부족하더라도 인지적 및 사회적 이유로, 사람들이 그것을 믿을 수 있는 개연성이 더 높아진다는 말은 현대 심리학에서 아주 진부한 문구이다.[11] 특히 미디어 영상의 힘과 생생함을 고려할 때, 우리가 섹스와 섹슈얼리티 그리고 성역할에 관해 생각하는 방식이 동일하게 들어맞지 않을 수 있다는 것은 그리 놀랍지 않을 수 있다.

구직자와 인터뷰를 하고 있는 사람이나 뉴스 기사를 쓰고 있는 저널리스트의 경우를 생각해보자. 여성에 대한 그들의 일반적인 개념들이 어느 구직자를 채용될지 또는 그 기사가 어떻게 쓰일지를 결정하는 데 역할을 할 수 있다. 여성들은 타고난 리더와 매니저가 아니라는 추정은 인터뷰 패널이 여성 구직자를 신중히 고려하지 않는 결과로 이어져서, 특정한 종류의 미디어 표현물에 대한 우리의 반복적 노출에 의해 비록 간접적이지만 그녀가 피해를 입는 것으로 나타날 것이다. 즉, 정당하게 기대하고 있고, 요구할 권리가 있는 기회 균등이 분명히 그녀에게 주어지지 않은 것이다.

그럼에도 불구하고 해악의 주장은 여전히 의심스럽다. 비록 간접적 해악이 다양한 방식으로 여성을 표현한 것으로부터 초래될 수 있지만, 그와 같은 결과는 그러한 표현들 자체가 본질적으로 비도덕적이라는 것을 보여주지는 않는다. 오히려 기껏해야 범주categories와 영상 그리고 묘사들이 우리가 우리 자신과 세계 그리고 타인들에 대해 생각하는 방식을 형성하거나 수정하는 방식을 우리 모두가 알고 있어야 한다는 사실이 밝혀진 것뿐이다. 결국에는, 이러한 방식으로 여성을 묘사하는 것과 자유스런 성적 표현을 허용하는 것은 여성의 권리를 약화시키기

보다는 증진시킬 수 있다. 만약 여성들이 공공영역에서 동등한 대우를 받고자 한다면 여자들에게 가장 해를 끼치는 것은 여성이 성적인 표현 sexual imagery으로부터 보호받을 필요가 있다거나 여성은 성적인 표현을 처리할 수 없다는 생각이다. 실제로 권력의 위치에 있는 남자들이 여자들에게 어떻게 행동하고 그들과 어떻게 상호작용할 수 있을지에 대해 점점 더 망상적으로 생각하게 된다면, 아마도 여성들은 영향력의 위치에서 제외될 가연성이 더 높아질 것이다. 우리가 누군가와 편안하게 휴식을 취하고 자연스럽게 행동할 수 없다면, 우리는 그들과 함께 일하는 것을 덜 원하게 될 것이다. 우리는 우리가 생각하고 행하는 것에 대해 책임이 있다. 여성을 다양한 방식으로 표현하는 미디어 프로그램과 영화를 제작하고 보여주는 것에 직접적 피해가 존재하지 않는다면, 그렇게 하는 것에는 도덕적 과실이 존재할 수 없다. 그러한 과실은 여성의 섹슈얼리티나 성역할에 대한 의심스러운 표현을 권위적인 것으로서 받아들이도록 무비판적으로 준비된 사람에게 내재되어 있다.

평등한 묘사Equal Representation

그러나 품위를 떨어트리는 미디어 묘사에 반대하는 것은 그러한 품위를 떨어트리는 묘사로 인하여 특정 개인이 결과적으로 해악을 받을 것이라는 인과관계 논지로 전부 환원될 수 없다. 가끔 반대 주장은 성에 대한 특정 묘사가 음탕한 욕구를 향해 있다는 생각에 의존한다. 이제 청교도주의자 열정에 통제받지 않는 자유를 주는 것을 조심해야 한다. 성욕은 인간의 일반적인 욕구이며, 필연적으로 나쁜 것은 아니다.

성욕sexual lust이 강간이나 간통과 같은 특정 종류의 행동으로 나타날 때만 나쁜 것이다. 도덕적인 보수주의자들과 급진적인 페미니스트들은 비록 누군가의 행동에 대해 인과적 결과가 없을지라도, 한 사람의 성적인 측면에 전적으로 초점을 맞추고 있는 영상과 기사를 찾아서 그것들을 즐기는 행위는 모멸적이라고 모두 동의할 것이다. 이러한 생각은 인지하는 사람이perceiver 인간의 신체를 완전히 부적절한 방식으로 보는 것에서 얻는 기쁨 때문에 특정 성적 재현은 비도덕적이라는 것이다. 그래서 어떤 영상이 비도덕적으로 되기 위해 포르노일 필요는 없다. 왜냐하면 그 영상은 전혀 노골적이지 않으면서도 다른 사람을 보는 부적절한 방식을 향해 있을 수도 있기 때문이다. 해악은 그와 같은 영상을 보는 것으로부터 기인하는 것이 아니라, 그러한 영상의 모멸적 특성과 그것들에 의한 우리의 차후의 기쁨에 의해 구성된다.

그래서 모멸적일 수 있는 것들 중의 일부는 여성을 도색적으로 pornographically 묘사함으로써 표현된 것의 특성이다. 전형적으로, 포르노물은 섹스와 섹슈얼리티의 유희the play of sexuality를 남성이 권력과 여성을 소유하고 통제하려는 욕망의 문제로 묘사하는 것을 포함한다. 그래서 인과관계와는 상관없이, 모멸적인 것은 표현된 것의 특성이다. 포르노물과 관련 영상들은 여성에 대해 모욕적이거나 여성에 대한 경멸을 표현하고 있기 때문에 비도덕적으로 간주된다. 비유해보자면, 여성을 위해 문을 열어주거나 항상 돈을 지불하는 남성의 전통적인 예의에 대해 일부 사람들이 지니고 있는 혐오감에 대해 생각해보라. 어느 누구도 문을 열어주는 것과 레스토랑 계산서를 지불해주는 것 자체에 대해 이의를 제기하지는 않는다. 그와 같은 행위가 본질적으로 비도덕적이라고 주장하는 것은 터무니없는 것일 것이다. 그러나 도덕적으로 문제가 되는 것은 의식적이든 무의식적이든 간에, 여성은 천성적으로 그리고 재정적 능력이 부족으로 연약하고 가혹한 세상의 물질적이고 상업적인 현실로부터 보호받는 것이 필요하다는 기저의 놓인 해석이다. 마찬가지로 포르노물 그 자체는 나쁘지 않지만, 여성들의 성적 측면을 제외한 여성의 개별성을 빼앗으려 하고, 유일한 목적이 남성들을 기쁘게 하는 단순히 성적이며 하찮은 존재로 변형할 때 나쁜 것이 된다. 그와 같은 잘못은 포르노물만의 특유의 것이 아니라, 성 재현 그 자체가 일반적인 영화와 TV 프로그램 그리고 광고 등에서 고유한 것이라는 사실을 인식하는 것이 중요하다. 이것이 반박하는 것은 단지 품위를 떨어트리는 상세한 성적 표현이 아니라 표현된 이해인데, 이것은 사람들에게 흥미를 느끼고, 또 느껴야 하는 수많은 방식으로보다는 오직 여성의 성적인 특성 때문에 그들에게 흥미를 가진다는 것이다.

영화제작자의 분명한 의도 없이도 영상에 이러한 방식의 문제가 발생할 수 있음을 아는 것은 중요하다. 물론 동기가 된 의도가 이러한 이해를 표현하는 것이라면, 제작자 자신은 비난을 기꺼이 받을 것이다. 그러나 의도와는 별도로 영상 자체는 관객들로부터 오로지 성적 흥미를 불러일으키는 것으로 향해 있을 수 있다. 마찬가지로, 문을 여는 동기가 되는 의도는 여성들을 향한 가부장적인 태도를 표현하는 것이 아닐 수 있지만, 여성들에게만 문을 열어준다는 사실은 이러한 생각을 표현하고 있을 수 있다. 왜냐하면 영상이나 관례가 합리적으로 이해되는 방식에는 단순히 동기가 된 의도에 의해서만 결정되는 것이 아니라, 초래된 행위나 영상의 성격에 의해서 결정되기 때문이다. 위의 두 사례에서 표현된 것의 성격은 여성에게 모욕적이고, 그로 인해 여성을 비하하는 것으로 받아들여진다. 그것은 여성들은 남성들만큼 유능하거나 자율적이거나 존경할만하지 못하다는 것을 함축하고 있는 방식으로 여성들을 대하는 것이다.

전형적인 논변은 포르노물과 성에 대한 관련 묘사는 여성을 종속시키기 위한 동기에 의하여 일종의 여성 학대라는 추정에서 시작한다. "포르노물은 계층과 대상화, 복종 그리고 폭력 등에 성적 특성을 부여하는 남성 지배의 제도이다. 그러한 것은 포르노물은 인공물로서가 아닌 사회 현실의 시스템으로서 불평등을 만들어내고 성적 불평등을 구성하는 행동에 대한 필요성과 그러한 실제적 행동을 만들어낸다."[12]

많은 미디어의 표현이 여성을 남성 욕정에 성적으로 순종적인 희생자로 묘사하며, 이와 같은 것은 비도덕적이라는 것이 기본적인 생각이다. 그러나 여성들이 항상 단순히 성적인 공격의 수동적 대상으로만 그려지고 있지는 않다는 것을 언급해야 한다. 그들은 흔히 포르노물과 〈원초적 본능Basic Instinct〉, 〈에이리언Aliens〉, 〈디스클로저Disclosure〉 등과 같은 영화에서 성적으로 탐욕스러운 존재로 그려지고 있다. 마찬가지로, 장르와 문화적 변수가 있을지라도 우리는 원더브라Wonderbra 광고나 마키 마크Marky Mark의 캘빈 클라인Calvin Klein 광고로부터 섹스와 섹슈얼리티와 관련된 성에 대한 묘사들은 여러모로 효과가 있다는 것을 알 수 있다. 개념 정의의 문제로 포르노물은 반드시 여성 억압이 관련된다고 주장하는 것은 지적으로 투명하지 못한 것이다. 남성도 똑같은 방법으로 또는 포르노물이나 폭로와 같은 영화에서 여성의 성적 대상 희생자로서 그려질 수 있다. 사실, 남성의 외모에 대한 요구의 증가는 어울리는 다리와 근육을 지닌 욕망의 대상으로서 남성 신체에 대한 관심의 증가에서 일부 기인하고 있다. 포르노물이 모멸적이고 해로운 것이라면, 여성만이 고통을 받는다는 것이 반드시 진실은 아니다. 여성 학대를 구성하는 경우라기보다는 그것은 보다 적절하게 인간 학대 person abuse의 경우라고 여겨져야 한다.

만약 반대 의견이 포르노물이 일종의 여성 학대라는 주장에 이르게 된다면 우리들의 성적 관심 자체를 자극하는speak to 미디어의 묘사에 명백히 비윤리적인 것은 아무것도 존재하지 않는 것처럼 보인다. 포르노물은 전형적으로 많은 사람들이 여기듯 여성에 대한 폭력의 묘사를 포함한다는 것은 전혀 확실하지 않다. 잘못은 특정 종류의 포르노물에서 여성은 순종적이어야 하고, 남성의 폭력적인 성적 욕망의 대상이어야 한다는 암시적 생각에 내재되어 있다. 그러나 이것은 포르노물이 본질적으로 비도덕적이라는 점을 보여주고 있지는 않다. 문을 열어주는 것이나 저녁식사 값을 지불하는 것 자체가 잘못되었다고 생각하지 않는다. 그것이 여성에 대한 윤리적으로 떳떳하지 못한 관점을 위한 수단으로서 사용되는 경우에만 그 행위가 잘못된 것이라고 생각한다. 해답은 관례와 재현을 각각 개선하는 것이다. 우리는 우리 뒤에 누가 있든 그를 위해 문을 열어주어야 하고, 저녁식사 값 지불은 교대로 하고, 포르노물과 미디어에 표현된 특정 종류의 여성 이미지의 균형을 바로잡아야 한다. 그래서 일부 페미니스트들이 주장했던 바와 같이, 모든 포르노물이 비도덕적이라고 생각하는 대신, 남녀 차별을 하지 않는 포르노물을 목표로 해야 할 것이다.[13]

외설과 모멸 그리고 내재적 잘못

Obscenity, Degradation, and Inherent Wrong

우리는 해악의 고려사항들이 도덕적으로 잘못된 것이라고 여겨질 수 있는 성과 섹슈얼리티의 모멸적 묘사를 전부 가려낼 수 없다는 것을 알았다. 그러나 상상imagination과 공상fantasy 사이의 뚜렷한 구분에 근거한 다른 종류의 논변이 보다 효과적인 것으로 판명될 수 있다. 그 구분을 해석하는 하나의 방법은 우리가 가끔 예술에 관해 이야기하는 방법을 언급하는 것이다. 우리가 셰익스피어의 리어왕과 같은 위대한 희곡에 관해 말할 때, 단지 아름답다거나 창의적이라고 하지 않고 사실적이라고 말하는 경향이 있다. 허구의 인물들과 줄거리를 상상하는 방식을 통해 리어왕은 인간의 어리석음과 질투, 사랑 그리고 현재 우리의 본성에 관한 무엇인가를 보여줄 수 있다. 그래서 훌륭한 예술은 인간의 현실을 보다 깊이 이해하는 것을 가능하게 하는 방법으로 우리의 상상의 산물imaginings을 끌어들여 발전시킨다. 이와는 대조적으로, 톨킨Tolkien의 반지의 제왕과 같은 작품을 공상적이라고 칭할 때, 우리의 생각은 그것이 매우 재미있지만 근본적으로 현실과 의미 있는 관련성을 지니고 있지 않다는 것이다. 본질적으로 공상fantasy은 현실로부터 비약이고, 공상적인 것이 현실의 대체물로 사용될 경우 사악해질 우려가 있다. 영화 람보를 하나의 현실도피로써 관람하는 것이 그중 하나인데, 제프리 다머Jeffery Dahmer*와 같은 사람이 그랬듯이 마치 그와 같은 인물이 우리 자신과 우리 세계를 이해하는 방식과 상당한 관련이

---

* 17명을 엽기적인 방법으로 살인한 미국의 희대의 살인마.

있는 것처럼 그 영화를 보고 취급하는 것은 심각한 실수를 하는 것이다. 특정 미디어의 재현은 본질적으로 공상적이고, 또 그래서 가치가 저하된다는 생각은 인과관계 주장thesis과 연결될 수도 있다. 단지 성적으로 노골적인 재현에 대한 노출은 깊은 인간의 성관계를 위한 우리의 역량을 약화시키는 경향이 있다. 그럼에도 불구하고, 외설은 주로 그와 같은 이미지의 효과에 있는 것이 아니라, 그 이미지 자체의 비하 특성에 있다.

이 논변을 조금 이끌어내면, 로저 스크루톤을 따라 우리는 근본적으로 상이한 두 종류의 욕구 만족을 구분해야 한다.[14] 우선 욕망 그 자체의 만족이 존재하는데, 이것은 우리에게 동기부여를 한 것의 성취에 해당한다. 예를 들어, 담배에 대한 나의 욕망은 내가 불을 붙여 들이마실 때 명백히 만족된다. 그러나 욕구의 단순한 만족은 원하는 사람의 성취와 동일시될 수 없다. 어떤 것이 우리를 만족시키기 위해서는 그것이 우리의 행복이나 근본적인 흥미를 만족시켜야 한다. 물론 한 욕망이 우리의 행복을 만족시키는지는 정도의 문제이며, 인간으로서의 우리에게 무엇이 좋은 것인지에 대한 이해를 전제로 한다.[15] 우리가 관심을 갖는 합리적 동물로서 인간, 한 개인의 행복well-being은 한 특성 entity의 생물학적 흥미나 우연한 욕망의 만족과 바로 동일시될 수는 없다는 점을 주목하라. 오히려 우리는 특정 종류의 역량은 자연스럽게 특정 종류의 실현을 목표로 한다는 점을 알아야 한다. 그와 같은 실현의 부재는 전반적으로 그 개인의 쇠퇴 또는 타락과 다름없다. 그래서 이성적 존재로서 나의 이성적 역량을 개발하여 실현하지 못해 전적으로 무분별한 상태로 남아 있는 정도까지, 나는 행복이 결여된 것이다.

조금 더 간단한 대조 방법은 우리가 단지 우연히 원하게 되는 것과 인간으로서 번성시킬 필요가 있는 것을 구별하는 것이다. 명백한 것은, 내가 원하는 것은 내가 필요로 하는 것과 일치하지 않을 것이다. 그래서 욕망의 단순한 만족은 필연적으로 우리 행복의 만족과 대등한 것은 아니다. 예를 들어, 내가 담배를 원하고, 술을 마시고 싶고, 나의 일로부터 벗어날 수 있기를 원할 수 있지만, 이러한 욕구들의 성취가 반드시 업무를 완료하거나 건강하고 마음이 안정적인 상태를 유지하는 것 등이 나의 행복에 기여하는 방식으로 나의 근본적인 행복에 기여하는 것은 아닐 것이다.

보다 중요하게 우리가 우연히 갖게 된 욕구를 만족시키는 것이 우리의 개인적인 만족이나 행복을 약화시킬 수 있다는 사실이다.[16] 예를 들어, 알코올 중독자나 크랙 코카인 중독자는 분명히 특정 욕구를 만족시키겠지만, 그렇게 하는 것은 일관되게coherently 기능할 수 있는 역량이 약화된다. 그들의 욕망 중의 하나를 만족시키는 것이 그렇게 하지 않았을 경우 할 수 있었던 대인관계로부터 사회 활동과 목표 그리고 프로젝트 등의 추구까지 그들의 가장 기본적인 인간적인 관심사들 중의 일부를 유지 및 개발하는 그들의 능력을 약화시킨다. 약간 다른 방식으로 말하자면, 우리의 색욕lustful desires을 만족시키는 것이 우리의 행복을 약화시킬 수 있다. 결혼한 어떤 사람이 다른 관계에서 욕망을 만족시키는 것은, 배우자가 그것을 결코 알아내지 못할지라도, 분명히 결혼을 구성하는 요소인 헌신[책임]을 해친다. 우리 욕망들 중의 많은 것들은 근본적이고, 비합리적이며, 우리의 근본적인 인간적 관심사 및 필요needs에 따라 정리할 필요가 있다는 것이 요점이다. 무력한 사람들에게 불필요한 고통을 가하고자 하는 비뚤어진 욕망은 분명히 결코 충족시키려 하지 말아야 하는 욕망이며 갖지 않으려고 노력해야 하는 것이다. 그래서 스크루톤은 "어떤 사람이든지 간에, 그들은 타락한 욕망의 충족과 또한 [가능하다면] 그것의 소유 둘 모두를 피해야 할 충분한 이유를 지니고 있다."라고 주장하고 있다.[17]

스크루톤의 주장은 공상을 통한 성적 욕망의 충족은 인간의 행복을 충족시키지 못할 뿐 아니라, 번성할 우리의 역량을 실제로 약화시킨다는 것이다. 이것이 어떻게 그렇게 되는지 알아보기 위해 우리는 어떤 것을 공상적으로 만드는 것이 무엇인지 규명해야 한다. 스크루톤에 따르면, 욕망이 다음의 조건들과 일치할 경우 공상은 욕망의 한 속성이다. 첫째, 생각의 대상이 욕망이 표현되거나 추구되는 대상과 동일하지 않다. 예를 들어, 영국의 TV 드라마 시리즈의 〈A Band of Gold〉에서 주요 등장인물 중의 한 사람인 매춘부는 남성이 자위행위를 하는 동안 청소용 고무장갑과 검은색 스타킹 그리고 하이힐을 착용하고 왔다갔다 걸어 다니도록 고용된다. 비록 관련 여성이 생각의 대상이지만, 욕망은 장갑과 신발 그리고 스타킹 등과 같은 용품을 통해 표출되거나 추구될 수 있기 때문에 여기에서의 욕망은 공상적이다. 둘째, 추구되는 대상이 생각의 대상에 대한 대체물로서 역할을 한다. 그래서 〈A Band of Gold〉의 사례에서, 이것은 설명되지 않은 채 남아 있지만 우리는 섹스에 대한 대체물로서 청소용 장갑과 스타킹에 왜 그렇게도 집착하게 해야 하는가에 관한 이야기를 쉽게 상상할 수 있을 것이다. 그 이유는 아마도 그들은 섹스를 매우 타락한 것으로 간주하는 가정에서 성장했을 것이다.[18] 그래서 그는 섹스 금지가 내면화되어 그러한 행위가 정당하고 적합한 것으로 받아들였다. 그런 이유로, 그와 같은 인물은 그러한 금지가 깨질 경우 기분이 상할 것이다. 내면화된 금기는 그의 신중성의 일부가 되어, 그는 그것을 정당하고 적절한 것으로 받아들이게 된다. 그래서 관련 욕망은 금지되지 않은 대체물로 이동하게 된다. "그래서 우리는 금지를 통해 비현실적이지만 실현된 대상을 추구하는 진짜 욕망real desire으로 공상을 간단히 정의할 수 있을 것이다."[19] 금지된 섹스 그 자체가 추구되는 것이 아니라, 그것에 대한 대체물이 추구된다. 성적 공상에서 원하는 체험은 집착하는 활동에 의해 애착을 가지게 된 공상 대상을 통해 체험된다. 성적 욕망은 욕망 그 자체의 충족을 통해서라기보다 대체 용품에 의한 기쁨을 통해 추구되기 때문에 그 욕망은 공상적이다.

물론 이것이 공상적 욕망을 만족시키는 미디어 재현의 특성에 관하여 어떤 것을 말하고자 하는 것은 아직 아니다. 어쨌든 다큐멘터리와 《보그Vogue》와 같은 잡지 그리고 〈나인하프 위크9 1/2 Weeks〉 같은 영화는 모두 앞서 언급된 방식으로 욕망의 공상적 대상으로서 사용될 수 있다. 노골적임explicitness은 중요한 요소인데, 그 이유는 공상적인 욕망의 관심은 노골적인 상세함에 대한 것이므로, 진실 또는 예술성 문제에는 무심하기 때문이다. 포르노물을 탐닉하는 사람들은 상상에 의하여 삶을 풍부하게 하는 것으로부터 쾌락과 즐거움을 얻는다. 그들이 즐기는 것은 노골적으로 성적이고 충격적이며 혐오스러운 상세한 내용과 그들 생각 속의 욕망이 실제로 향하고 있는 것을 대면, 추구 또는 적절하게 억제하지 못하는 데에 대한 대체물로서 역할을 하는 용품이다. 따라서 세부 내용들이 믿을 수 없을 정도로 노골적이며, 초점이 주로 성적인 특징과 그것들을 위한 행동에 있는 경우, 우리는 자주 성적인 내용을 갖고 있는 예술과 포르노물을 구별하는 경향이 있다. 그럼에도 불구하고, 단순한 노골적임이 바로 미디어 영상을 공상의 대상으로 식별하는 기준은 아니다. 오히려 공상의 대상은 인물이 공상을 만들어내는 환경에 의해 결정되는 대체물이다. 따라서 포르노물의 경우, 노골적임은 명백히 포르노물의 공상적 특성을 나타내지만, 영상은 노골적이지 않고도 공상적일 수 있다. 예를 들어, 다양한 복장을 벗거나 입은 다양한 상태의 여성들로 꾸며진 소프트 포르노물soft pornography(덜 노골적인 포르노물)도 여전히 공상적이다. 그와 같은 재현은 생각 속의 원래 욕망의 이동을 욕망이 추구 및 표현되어 나타난 대체물인 재현에 집착으로 향하게 한다. 우리는 우리의 공감적인 상상력을 활용하거나 예술적 스타일에 초점을 맞추는 것보다는 노골적인 모조품을 찾아내도록 권장된다.

이제 우리는 공상적 욕망과 공상의 대상이 무엇인지에 대한 개념을 가지고 있으므로, 우리는 뒤로 물러나 공상의 대상에 관해 무엇이 그렇게 비난 받을 만한지 질문할 필요가 있다. 현실주의는 세상을 있는 그대로 재현하려는 시도와 그래서 세상에 관한 우리의 이해를 심화시키려 하는 것과 관련된다. 물론 우리는 우리가 실제로 보고 있는 것이 일어나고 있는 것이라고 믿지 않는다. 우리는 화면에서 배우를 보고, 그들이 특별한 인물이며, 사건일 것이라고 상상한다. 영상image은 실제 욕망의 대상에 대한 대체물로서가 아니라 일종의 묘사된 사건과 사람들에 대한 우리의 이해를 심화시킬 수도 있는 어떤 것으로서 받아들여진다. 이것은 현실적인 미디어의 영상이 모방적이라는 것이 아니라 오히려 그 미디어 영상들이 현실원칙reality principle*에 따라 다뤄져야 한다는operate 것이다. 이 현실원칙이란 그와 같은 사람이 존재할법하고 또는 행동할 법한 방식이다. 그런 이유로 그 영상에 대해 우리가 무엇을 상상하고 우리가 정서적으로 어떻게 반응하는지에 관한 객관적인 제약이 있다.

반면에 공상적인 재현은 세상이 어떠한지 또는 어떠할지를 우리에게 보이려 시도하지 않는다. 오히려 그것들은 우리의 이전에 존재했던 욕망과 흥미에 일치시키는 방법으로 세상을 재현하려고 시도한다. 그래서 그 영상은 우리가 욕망하고 있는 것에 대한 대체물로서 받아들여지고, 그것의 중요성은 우리가 그것에 투사하는 욕망에 의해 결정된다. 그래서 그 영상은 상황이 어떨지 또는 실제로 어떻게 될지에 관해 어떠한 언급 없이 우리의 욕망을 자극하고 충족시키도록 고안된다. 공상적인 영상은 우리의 투영된 욕망과는 독립된 현실이 아닌, 투영된 욕망을 충족시키는 대상에 대한 순전한 모방이다. 따라서 현실원칙에서 나온 질문들, 즉 현실이 실제로 이와 같을까?와 같은 질문들은 공상성the fantastical을 약화시키거나 해치는 경향이 있다. 우리가 포르노물의 매우 과장된 대화와 인물, 줄거리를 성적인 내용을 지닌 예술과 구분하여 보기만 해도 이를 알 수 있다.

공상 그 자체는 우리들 개인의 행복을 증진하지 않고, 오히려 손상시킬 수 있기 때문에 필연적으로 나쁜 것이다. 공상적인 대상의 추구는 노력이나 세상과의 상호작용 또는 세상의 변화 등이 거의 필요하지

---

* 현실원칙 : 환경의 불가피한 요구에 적응하여 작용하는 심리 과정의 원리.

않다. 성적으로 음란한 묘사들은 다른 사람과 결합하여 그것을 실현하는 것이 아닌 비인격적인 관점으로 단순한 욕구충족을 목표로 하는 방식으로 단지 성적 흥분만을 지향한다. 여기에서 성적 욕구는 그들 자신과 동일한 신념과 욕망 그리고 욕구를 지닌 대상으로서 또 다른 사람을 만나는 것에 해방되고 그것에는 무관심해진다. 오히려 관심은 인물의 의상이든 이미지이든 공상의 대상에 쏠린다. 이것들은 전적으로 인식자의 공상에 의해 형성되고, 그 자체는 인식자의 반응을 형성하지 못한다. 공상적인 영상은 성적 욕구의 대상이 진짜 사람이 아니고 인물의 이미지 혹은 물체이기 때문에 외설적이다. 공상의 특성은 그것 안에 우리가 실현하기를 추구하는 주관적인 열정에 의해 결정되기 때문에 공상에는 주체와 독립적인 의의는 없다. 공상의 목적은 공상에서 묘사된 개인의 개별성을 가리는 것이기 때문에 영상은 우리를 통제하거나 우리에게 저항하거나 우리와 관계를 맺을 능력이 없다.

동일한 사고를 설명하는 좀 다른 방법은 로버트 노직Robert Nozick의 체험 기계를 통한 것이다.[20] 우리가 우리의 모든 성적인 소망과 욕구, 욕망 그리고 목표 등을 실현할 수 있는 가상현실 기계와 같은 어떤 것에 우리 자신을 연결할 수 있다고 상상해보라. 게다가 그 기계의 특별한 특징 하나는, 일단 연결되면 우리는 현실 세계에 있는 것으로 생각한다는 것이다. 그래서 기계 속에서의 우리 체험은 이것은 환영일 뿐이라는 생각에 의해서도 약화되지 않아서, 우리는 우리의 모든 성적 열망을 달성한 것처럼 느끼게 될 것이다. 우리의 실제 성적 만남이 훨씬 더 복잡하고, 어렵고, 재미없을 수도 있다는 점을 고려할 때, 우리는 자신을 그 기계에 연결할까? 짐작컨대 그러지 않을 것이다.

왜? 정확한 그 이유는 우리의 성적 욕망이 충분히 충족된 것처럼 느낄지라도, 문제는 그것들이 전혀 충족되지 않았기 때문이다. 우리가 도달하게 될 실현감sense of realization은 허위가 될 것이다. 사실 우리는 실제로 어느 누구와의 섹스도 체험하지 못했거나 어느 누구에게도 반응한 적이 없었을 것이다. 외설적인 성적 영상에서 문제가 되는 것은 단순히 참여의 결핍이 아니다. 문제가 되는 것은 성적 욕망이 적합하게 목표를 삼아야 할 개인의 개성을 대신하는 대상화된 영상으로부터 오로지 쾌락만을 추구하는 공상적인 욕망의 성격이다. 공상적인 영상은 객관적인 세상의 회피이며, 그 결과 그 안에서 우리의 자리는 줄어든다. 진정한 성취와 행복은 목표의 실제적 실현과 추구로부터 오며, 잘못 착각한 만족감에서 기인할 수 있는 단순한 느낌에서 오는 것이 아니다. 우리가 추구하는 것은 실제적인 것이며, 우리의 정상적인 욕정은 주체와 독립적인 객관적 현실을 지향한다는 것이 아주 심오한 의미에서 중요하다. 그로써 우리는 자연스럽게 단순한 성적 공상과 진정한 상호적 성관계를 구분하게 된다.

특정 종류의 성적 묘사에서 잘못된 것은 개인이 아닌 단순한 객체 또는 영상을 향해 있는 성적 욕망의 방향과 여성의 중요성을 그들의 성적 특성만으로 축소시키는 여성 신체에 대한 집착 두 가지 모두이다. 그런 이유로 그와 같은 영상의 주체들과 시청자는 모두 격하되고 있다.

공상적인 미디어?Fantastical Media?

그러나 스크루톤은 이어서 TV와 영화는 예술이 우리의 상상을 세상과 타인에 대한 보다 깊은 이해로 안내하기 위해 예술이 사용하는 관례conventions를 활용하기보다는 노골적인 모방적 이미지images를 사용하고 있기 때문에 본질적으로 공상적인 미디어라고 주장한다. 공상은 세상에 우선하고, 세상에 대한 이해를 증진하기를 추구하기보다는 관련 이미지의 상상을 사용하는 데 세상을 가린다. 성적인 내용에 대한 예술과 포르노물 사이의 차이는 교훈적이다. 포르노물은 섹스에 대한 대체물이 되는 것을 목표로, 묘사된 사건에 대한 모든 특징과 노골적인 세부사항을 시시하고 음탕한 방법으로 표현하는 반면, 예술은 우리의 상상이 섹슈얼리티에 대한 이해를 심화시키도록 지시한다. 그러나 이 주장의 결론은 모든 포르노와 TV 미디어의 섹스와 섹슈얼리티에 대한 묘사는 본질적으로 비도덕적이라는 것이라고 스크루톤은 제시한다.

그러나 우리는 영화 미디어는 본질적으로 외설적이라는 타당하지 않은 주장을 거부하면서 공상적 묘사와 적절한 묘사 사이의 차이를 유지할 수 있다. 첫째, 연극이나 시각적 조형 미술과는 반대로, 영화와 사진은 일반적으로 예술적 관례가 부족하다는 주장은 단도직입적으로 틀렸다. 우리는 사람들이 왜 이 생각으로 오도되는지 알 수 있다. 셜록 홈스 영화를 보고, 원래의 베이커가Baker Street처럼 보이는 거리를 보게 되면, 이 영상이 아주 정직한 지각적 대체물이라고 생각할 수 있다. 반면에, 연극에서는 소품을 보고, 그것들이 거리를 나타낸다고 상상해야 한다. 그러나 몽타주montage*와 같은 다양한 영화 기법의 사용을 보게 되면, 이 주장이 사실과 완전히 다르다는 것을 알 수 있다.

푸도프킨Pudovkin이 초창기 영화에서 창의적인 몽타주를 이용하여 기술한 쿨레쇼프Kuleshov* 실험은 관객이 상상에 의해 영화 속의 연속적인 영상에 참여하도록 하는 예술적 관례의 사용을 강조하고 있다. 그들은 유명한 러시아 배우의 근접 촬영 사진을 찍어서, 그것을 뜨거운 스프 한 그릇과 관 그리고 놀고 있는 아동의 영상과 서로 연결하였다.21 편집된 필름에 대한 관객의 반응은 그 남자가 매우 위대하고 섬세한 배우라는 사실을 증명하였다. 그러나 그 배우의 사진 속 얼굴 표정은 모든 경우에 동일하였다. 영상과의 결합은 단지 관객이 정물화 속 대상들에 관한 그들의 감정을 변하지 않는 배우의 표정에 투사하는 것을 조장하는 역할을 할 뿐이었다.

다른 종류의 사례는 히치콕Hitchcock의 〈싸이코Psycho〉에 나오는 오싹한 샤워 장면이다. 귀에 거슬리는 불협화음의 음악과 70개 이상의 카메라 앵글로 촬영한 장면은 믿을 수 없을 정도로 창의적인 효과까지, 영화의 매우 관례화된 특성의 능숙한 전문적 기술을 보여준다. 자세히

---

* 각각의 아주 짧은 장면을 많이 빨리 연속시켜 종합적인 효과를 노리는 기법.

* 쿨레쇼프 효과(Kuleshov Effect): 구소련의 영화감독 겸 이론가였던 레프 쿨레쇼프(Lev Kuleshov)가 주창한 쇼트 편집의 효과. 쇼트와 쇼트를 병치시키는 편집으로 색다른 의미와 정서적인 효과를 유발할 수 있다고 한 이론이다. 1920년대 모스크바 국립영화학교(VGIK)에서 쿨레쇼프가 영화배우 이반 모주힌(Ivan Mosjoukine)의 사진을 이용한 실험에서 시작됐다. 쿨레쇼프는 모주힌의 무표정한 얼굴 사진을 각각 아이의 관, 소녀, 식탁에 놓인 음식 등과 같은 사진과 병치시켜 의미의 변화를 살폈다. 아이의 관과 편집했을 때는 모주힌의 얼굴이 슬퍼 보이고, 소녀의 모습과 편집했더니 기쁜 듯 보이고, 음식과 편집했을 때는 배가 고파 보이는 상이한 정서적 효과를 얻는 것을 발견했다. 이 같은 실험에 의해 쿨레쇼프는 문맥에 의한 쇼트의 연결에 따라 의미가 다양하게 변화될 수 있음을 주장했다. 편집을 어떻게 하느냐에 따라 영화적 표현술이 근본적으로 달라질 수 있음을 증명한 것이다. 이런 개념을 바탕으로 쿨레쇼프의 실험은 소비에트 몽타주 이론의 기초적인 개념을 제공했다. '쇼트의 충돌이 새로운 의미를 빚어낸다'는 소비에트 몽타주 원리는 바로 여기서 기원된 것이다.

살펴보면, 우리는 칼에 찔리는 순간knife going in을 결코 보지 못한다. 영화는 모방적일 뿐만 아니라 우리의 상상을 이끌기prescribe 위해 예술적 관례를 이용한다. 게다가 편집 기법에서 나온 영화의 관례 이외에, 우리의 상상은 조명과 세트 디자인, 영화 장르, 핸드 헬드 카메라의 사용, 특정 캐릭터의 배우들 등등 여러 가지의 이용에 의해 인도된다. TV 미디어는 본질적으로 공상적이라는 주장은 그와 같은 미디어는 예술적 관례가 부족하다는 생각에 기초할 수 없다.

두 번째, 또 하나의 독특한 의견은 카메라를 통한 욕망의 실현이 현실과 별개라는 인식 때문에 영화와 TV는 본질적으로 공상적이라고 제시한다. 영화 제작 기구는 관음증적 시선을 미리 상정하는 것은 성적인 신체 부위에 대한 페티시즘(이상 성욕)을 야기한다. 예를 들어, 우리는 위협하는 괴물로부터 도망갈 때 비명을 지르는 여성을 가학적으로 쫓아가는 카메라를 보는 것에서 쾌락을 얻거나 위험에 처해서 근육질 영웅에 의해 구조되는 여성 캐릭터의 이야기를 보거나 카메라를 〈캐리Carrie〉에 나오는 박해자의 관점이나 〈피고인The Accused〉에서 조디 포스터Jodie Foster의 캐릭터가 술집에서 강간당할 때의 관점과 동일시함으로써 기쁨을 얻을 수 있다. TV와 영화가 제공하는 공상적인 경험은 가부장적인 스키마나 성별 도식을 통해 우리의 음탕한 호기심을 유발하고 충족시킨다는 면에서 설명할 수 있을 수 있다. 특히, 포르노물에서 카메라에 의해 보이는 것은 매우 노골적이어서 성행위가 상상적으로 보인다기보다 모방적으로 실현된다. 그래서 일반적으로 공상에서와 같이, 우리는 상상력을 통한 이해의 가능성을 약화시키는 불필요한 구현에 맞닥뜨리게 된다. 그래서 섹스를 재현하는 영화에 의해 제공되

는 순수한 즐거움의 가능성이 부인된다.[22]

그러나 그와 같은 주장은 특정 영화에는 적용될 수 있지만 TV 미디어에 대한 일반적 비평으로서는 잘못됐다. 영화의 모방적 노골적 섹스 구현이 불필요한지는 특정 영상을 보여주는 이유와 방식의 문제이다. 우리의 이해를 유도하고 형성하기 위해서일 수 있고, 아니면 노골적으로 보여주는 것만이 목적일 수 있다. 그 차이는 성적 선정주의는 단순히 여성 캐릭터와 신체의 노골적인 성적 특성에 주의를 끌려는 것 이외에 다른 목적이 없다는 점이다. 그러나 부뉴엘Bunuel의 〈세브린느Belle de Jour〉와 같은 영화에서 볼 수 있는 것처럼, 영화나 TV 프로그램은 인물들의 관심사와 그 관심사의 의미를 단지 성적 묘사의 모방적, 노골적 드러냄으로 감소시키지 않으면서도 성적 관계, 동기, 공상의 특성을 매우 진지하게 다룰 수 있다.

더욱이 유의미한relevant 가부장적 범주와 일치하는 영화가 충분히 재미있지 않다는 불평을 고려해보면, 영화와 TV가 본질적으로gendered gaze 성적 응시를 이끌어낸다는 생각은 잘못된 것이다. 실제로 우리는 표준적인 성 스키마gender schemas로 받아들이고 있는 것을 의식적으로 파괴하거나 거스르는 리들리 스콧Ridley Scott의 〈델마와 루이스Thelma and Louise〉와 같은 영화에서 엄청난 즐거움을 얻을 수 있고, 얻고 있다. 우리는 수동적이고 순결하며, 무력한 희생자로 여성을 표현한 영화 〈노스페라투Nosferatu〉부터 가장 강력한 캐릭터와 가장 약탈적이고 위협적인 캐릭터들이 모두 여성인 〈에이리언Alien〉과 같은 영화까지, 충돌하고 있는 섹슈얼리티의 표현을 가치 평가할 수 있고, 또한 하고 있다.

스크루톤의 주장은 TV와 영화 미디어는 우리의 깊은 감정과 이해를 추구하는 진정한 묘사가 아니라 필연적으로 선재하는 욕망을 이전하여 모방적으로 실현하려고 하는 공상에 영합한다는 점을 가정하고 있다. "왜냐하면 영화에 대한 많은 흥미는 상상적인 노력이 필요하지 않고, 상상적인 보상이 없고, 많은 영화는 정확히 이와 같은 흥미의 대상으로서 제작되기 때문이다."[23]

그러나 그 가정은 틀렸다. 영화와 TV는 예술적 관례를 정말로 활용하며, 욕망 실현의 카메라 동일시를 상정하지 않는다. 많은 영화와 TV 프로그램 그리고 사진들이 외설적인 흥미를 위해 제작된다는 것은 이러한 미디어들이 본질적으로 공상적이라는 것을 함의하지 않는다. 사실 TV의 미디어는 단순히 말이나 페인트 자국paint marks이 하지 않는 방식으로 모방적 영상과 사운드를 끌어들이기 때문에, 미디어 자신이 노골적인 사용을 제공한다. 그러나 영화와 TV가 본질적으로 공상적이고 음란한 것은 아니다. TV 미디어는 공상의 조성과 단순히 노골적인 수준까지 축소시킬 수 없는 상상적인 방법으로 섹스와 섹슈얼리티의 현실적 재현을 위해 특수하게 생생한 방식으로 사용될 수 있다.

인간의 성관계에 대한 실제적인 한 이론이 스크루톤의 주장에 대한 배경을 이루고 있다는 점을 인식하는 것 또한 중요하다. 스크루톤은 인간의 성관계는 필연적으로 '의미 있는 타인'을 의도적으로 지향해야 한다. 그래서 한 사람으로서의 특정 개인을 향해 있지 않은 욕망은 변태적인 것으로 간주된다. 이것은 다른 사람을 자신의 권리를 가진 한 사람이 아닌 오직 우리의 목표를 위한 수단으로서만 취급하는 것이다. 그래서 호색이나 관음증 그리고 이러한 종류의 흥미에 반응하는 영상들이 잘못된 점은 그것들은 그 또는 그녀를 한 인간으로서 존중하는 대신 한 사람의 섹슈얼리티를 공공연하게 특히 중시한다는 점이다.[24] 그러나 우리의 보다 일반적인 성적 욕망과 욕정은 유해하게 나타나지 않는다는 점을 고려하면, 비도덕적이라는 것은 분명치 않다. 다른 사람의 외모에 성적인 흥미를 느끼는 것에 무슨 잘못이 있단 말인가? 결국 내가 다른 사람의 성적 측면에만 초점을 맞추는 것은, 내가 그녀를 나의 성적 쾌락을 위한 대상에 지나지 않는 것으로 보고 있다는 것은 전혀 아니다. 다른 모든 것을 거의 다 배제하고 어떤 사람의 한 가지 측면에만 관심을 보인다고 해서 그것이 자동적으로 그들을 한 개인으로 취급하고 있지 않다는 것을 의미하는 것은 아니다. 내가 기차표나 신문 등을 사거나 쇼핑한 것을 지불하거나 레스토랑에서 서비스를 요청할 때, 나는 특정 기능을 완수하고 있는 개인 이외에 다른 어떤 것에 조금도 관심을 보이지 않을 수 있다. 그 직원의 관심사와 취미, 희망, 공포 그리고 포부 등에 관해 물어보지 않는 것은 그것 자체가 무례한 것은 아니다. 누군가에게 성적 흥미를 느끼는 것이나 또는 그러한 종류의 흥미를 자극하는 영상에 성적 관심을 갖는 것이 왜 더 무례해야 하는가? 그들이 성적 관심은 필연적으로 다른 사람을 소유하고, 통제하고, 예속시키고자 하는 욕망이 수반된 지배의 한 형태라고 잘못 생각하고 있다면, 누군가 그렇게 생각할 것이다. 그러나 이러한 종류의 지배하고자 하는 욕망으로 이루어진 성적 관심은 오히려 잘못된 성적 욕망이다.[25]

그럴더라도 우리의 주장이 정말로 보여주고 있는 것은 우리의 음탕한 관심에 말을 거는 영상이 모멸적인지 여부는 관련 영상의 특정 모습과 그 영상이 보이고 있는 맥락 이 둘 모두에 의해 달려 있다는 점이다. 〈세브린느〉와 같은 섹슈얼리티를 탐색하고 있는 상상적인 영화를 볼 때, 묘사에 의해 캐릭터와 사건 그리고 세상을 상상하도록 유도되는 대로 흥미를 느낀다. 반면에, 공상적인 욕망을 향한 영화에서 우리는 영화에 등장한 실제 사람들과 대상들의 장관에만 흥미를 느낀다. 그래서 우리의 흥미는 묘사된 허구적 캐릭터에 고정되는 것이 아니라 하드코어 포르노물의 경우에서와 같이, 관련 연기자들의 성기나 성행위에 고정된다. 그와 같은 영상들의 노골성은 공상적인 이미지의 현상이지만, 이미지가 공상적이 되기 위해서 반드시 필요하지는 않다. 격하의 요소는 그 흥미가 모멸적인 특성의 줄거리plot와 대화, 학대 그리고 성적 모조품을 통해 다뤄지는 지점에서 등장한다. 예를 들어, 여성이 마치 그들의 의지에 반한 남성이 통제와 고통을 안겨주기만을 원하는 것처럼 동물보다 나을게 없는 상품으로서 전시되는 경우이다. 그처럼 공상적인 재현은, 정확히 우리가 개인들을 우리의 성적 욕망에 순응하도록 하기 위한 강압과 야만성에 다루어지는 대상으로서 보도록 부추기고 있기 때문에 비도덕적이다. 더욱이 그것들은 세상과 타인 그리고 우리 자신에 대한 우리의 이해를 증진하는 것을 목표로 하고 있지 않기 때문에 진정한 묘사물이 아니다.

둘째, 본질적으로 모멸적이지 않는 영상의 맥락은 영상들을 모멸적이지 않게 할 수 있다. 《더 선》과 같이 전국적인 신문의 페이지에 음탕한 성적 관심에 직접적으로 향해 가슴을 보이며 순진한 체 하는 이미지를 보게 하는 것은 모욕적이다.[26] 그러나 비록 이미지가 진부하고 성적으로 저질이라는 것을 알 수 있을지라도 비하는 그와 같은 이미지 자체의 본질적 도덕성이 아닌, 공적인 장에 그와 같은 이미지를 드러내는 데 있다. 실제로 모욕은 그와 같은 사진의 공개가 아닌 중요하고 대중적 관심이 있는 이슈를 보도하는 기능이 있는 신문에 의해 전달되었다는 사실에 의해 악화된다. 이러한 방법으로 여성들의 오로지 성적인 특징으로 뉴스 가치가 있는 것으로서 여성을 묘사하는 것은 여성에 대한 모욕적이고 왜곡된 이해를 나타낸다.

온건한 도덕주의Moderate Moralism

만약 미디어 재현의 요점이 우리들의 이해를 증진하는 것이라고 한다면 어떤 의미에서는 섹스와 섹슈얼리티와 관련된 미디어의 재현은 그들 시청자를 교육하는 것을 추구해야 한다. 그래서 우리는 "하나의 분명한 미디어의 윤리적 책임은(그들이 그것을 충분히 받아들이지 않지만) 섹스에 관한 심한 편견 및 위선과 싸워서 그에 관한 새로운 개화된 환경을 촉진하는 것이다."[27]라고 생각하고 싶을지 모른다.

이는 교육 매개체로서의 미디어의 기능이 우리가 섹스와 섹슈얼리티에 관해 가지고 있을 수도 있는 잘못된 편견과 추정을 닦아내는 것이라는 주장이다. 그러나 우리가 교육 프로그램이나 영화를 특별히 다루고 있는 것이 아니라면, 우리는 섹스에 관한 '그' 윤리적으로 옳은 접근법을 우리의 독자들에게 퍼붓지 말아야 한다. 모든 프로그램들이 교육적으로 '보고 배워라'는 형태라면, 사람들이 오락을 위해 TV를 시청하거나 영화를 보러가는 것에 흥미를 느낄지는 확실하지 않다. 섹슈얼리티의 매우 관례적인prescriptive 해석과 일치하도록 강요받은 섹스의 묘사물은 관련 현상에 대해 거짓처럼 느껴질 수 있기 때문에, 지루하고 경박해질 수 있다. 왜냐하면 섹스에 관한 또는 섹스를 포함하고 있는 영화와 프로그램들은 관객들의 현실적 흥미와 태도 그리고 정서를 반영하고 이들과 관계하기 때문이다.

더욱이 미디어 재현물의 기능이 섹슈얼리티와 관련된 우리의 개인적인 태도와 도덕에 관하여 개별적인 태도를 함양하거나 규정하거나 또는 증진시키는 것인지는 명확하지 않다. 오히려 표현에 관한 중요점은 일반적으로 그것들이 우리 인간 이해관심에 관계하고, 그와 같은 문제들에 대한 우리의 깊은 이해를 목표로 한다는 점이다. 목표 없이 섹스와 마약에 빠져 사는 다수의 10세부터 12세 아이들을 묘사하고 있는 래리 클락Larry Clark의 〈키즈Kids〉와 같은 영화를 예로 들어보자. 이 영화는 매우 혐오스러운 것으로 간주되어, 미국에서는 일반 인증이 거부되었었다. 폭력, 계속적이고, 끊임없는 사실적인 섹스가 다소 참기 어렵지만 정확히 이러한 방식으로 행동하는 아동들을 용납하길 원치 않을 것이기 때문에, 이 영화는 도시의 아이들이 처하고 있을 잠재적으로 거칠고, 자율적unsupervised이고 문란한 삶의 방식을 상당히 설득력 있게 묘사하고 있다. 그래서 그 묘사는 실상이 어떤지 또는 어떠할지에 관한 이해의 의미에서 우리의 관심사와 관련이 있을 뿐만 아니라, 그것이 재현하는 사태에 대해 도덕적으로 비난하는 것은 솔직하지 못한 것이다. 이 영화는 바로 그 청소년과 관련된 섹스 폭력, 마약 그리고 그와 같은 행동들이 나타내는 근본적인 허무주의와 현대 사회적 행동과 태도의 한 측면을 우리에게 폭로하려 한다. 따라서 섹슈얼리티의 재현에 대한 선전가propagandist와 몽상가의 태도는 결함이 있다. 왜냐하면 두 경우 모두에 개입되어 있는 것은 대단히 다양하고 풍성하며, 친밀한 인간의 성적 현실에 대한 허위falsification 또는 폐쇄이기 때문이다.

요지는 적절한 재현들은 사건의 장면, 인물, 이야기 그리고 사태를 우리가 풍부한 상상력으로 보고 느끼고, 적절히 이해하는 데 관련하는 것을 목표로 한다는 것이다. 그래서 묘사는 다양한 예술 및 미디어 관례를 이용하여 묘사된 인물들과 세상이 어떠한지에 대한 우리의 이해를 형성한다. 이렇게 하는 목적은 묘사의 체험을 통해 우리가 우리 자신과 타인 그리고 세상을 이해하는 다양한 방법에 관하여 관객을 깨우치는 것이다. 반면에 공상적인 묘사는 묘사된 것이 어떻게 있을법하게 존재할지 또는 존재할 수 있을지 언급하지 않고 우리의 외설적인 욕망과 관심을 다룬다. 관심의 일차적인 초점은 보통 모방적이고 매우 노골적인 영상을 통해 관객의 외설적인 욕구를 만족시키는 데 있다. 따라서 그와 같은 표현들은 매우 반복적이고, 피상적이며, 지루한 경향이 있는데, 무언가가 묘사된 것을 이해하는 데 대한 관심을 갖는 것은 우리에게 중요하지 않기 때문이다. 오히려 인물들과 담화는 성적인 장면과 행위의 불필요한 묘사에 대하여 최소한의 배경을 형성하는 한에서만 중요하다.

상이한 수준의 노골적이고 특정 관심사가 상이한 수준의 이해에 적합하다는 것을 부정하는 것은 아니다. 따라서 영화 인증과 TV 및 광고에 가이드라인에 대한 필요성이 존재한다. 우리 사회의 미디어 역할에 대해 내포된 것은 독자와 신문이나 잡지 또는 방송국 사이의 계약의 개념이다. 특정 장르의 제약을 준수하고 개념을 짜내고 그리고 적절하게 프로그램을 분류하는 관례로 인해, 우리는 특정 프로그램의 성적인 내용과 성격을 알 수 있다. 섹스와 섹슈얼리티에 관한 미디어 묘사의 모욕과 비도덕성의 문제는 영상 그 자체의 공상적 특성뿐 아니라, 그것들이 자주 놓이는 부적합한 맥락에도 초점을 맞추어야 한다. 예를 들어, 성인 드라마나 시트콤 그리고 아동용 프로그램 등에 누드 노출이나 섹스의 묘사 등의 수용 가능성의 기대가 있다.[28] 캘빈 클라인사가 청바지와 언더웨어를 광고하는 비쩍 마른 모델을 등장시킨 광고 선전을 중단하도록 강요받았을 때 항의는 그것들이 마치 아동 포르노 영화의 시작 장면opening scenes처럼 보인다는 것이었다. 의도적으로 아마추어 스타일의 흑백으로 촬영한 영상은 일부는 다른 것들보다 노골적으로 성적으로 표현하여 TV 광고와 버스 포스터, 광고판, 잡지 광고 등에 삽입되었다. 그러나 홍보를 목적으로 사용되는 다른 여러 미디어들을 구분할 필요가 있다. 광고판은 사람들이 시청하거나 읽거나 시청하거나 읽지 않기 위해 선택하는 TV 프로그램이나 잡지와는 다른 방식으로서, 필연적으로 공공장소에 있다.

광고 캠페인의 대중성으로 인해 항의가 일어났는데, 그러한 항의는 다리를 벌리고 속옷을 노출시킨 채 데님 반바지를 입고 있는 아이 같은 인물의 영상을 부적절한 것으로 간주하였다. 왜냐하면 그와 같은 영상은 여성에 대한 열망뿐만 아니라, 포스터가 분명하게 우리에게 취하고자 하는 마음을 불러일으키는 아동들에 대한 일종의 성적 흥미에 대한 열망도 이용하고 자극하기 때문이다. 영상들의 초점이 공상적이지 않고, 상황과 동기 그리고 묘사된 사람들의 삶과 관련하여 신뢰할 수 있고, 그래서 우리의 이해를 심화시키고자 하는 한 성적인 영상이나 노골적인 성행위의 표현에 어떠한 것도 비도덕적인 것일 수 없다. 공상적 표현이 예술적으로 따분하다는 속성과는 별개로, 제시되는 것이 노골적인 성적 묘사와 암시를 위해 재현된 대상의 진정한 본질을 억누르고 있다면, 거기에서 나타나는 것은 도덕적 모욕이다.

섹스에 대한 미디어의 표현은 진정으로 우리 세상의 섹슈얼리티와 연관이 있어야 하며, 이해와 즐거움 모두가 생기게 해야 한다. 그러나 성적으로 자극적인 영상들이 필연적으로 흔히 제시되듯이 모욕적이라는 말은 아니다. 물론 명백히 성적으로 자극적인 영상이 공적 맥락에서 아주 흔한 것이 되고 지배적으로 될 경우엔 무엇인가 잘못됐다. 이 것은 많은 것들을 제외하고 대중 미디어 문화를 지배하게 되는 섹슈얼리티를 지닌 특정 종류의 공상을 착각하게 만들어서, bodice-ripping* 이나 격정에 의해 일주일에 4~5회의 섹스를 표준적인 것으로 오도하는 인상을 조장한다. 그러나 흥미 그 자체는 명확하게 비도덕적인 것이 아니고, 우리는 우리 자신의 것들과 유사하거나 동떨어져 있는 인물과 성적인 상황 묘사를 보거나 관계함으로써 인간 섹슈얼리티에 관해 배우게 된다. 그러나 어떤 수준에서는 그런 묘사들은 우리가 세상과 관련하여 인식할 수 있는 실제적인 욕망과 공포에 대해 다뤄야 한다. 만약 그렇게 하지 않는다면, 다른 목적이 없는 성적인 내용에 노골적으로 맞추어진 초점과 거기에 작용하는 흥미를 고려해볼 때 섹스의 표현은 기껏해야 정말로 비현실적이거나 최악의 경우에는 공상적이고 외설적이다. 공상적인 욕망 자극과 불필요한 섹스 묘사가 지배적으로 되는 미디어 문화는 분명히 무엇인가 잘못됐다.

---

* 섹스 장면이 많이 나오는 소설이나 영화를 의미한다.

1 *The Jndependent on Sunday*, 4 October 1992, p.20.

2 이런 종류의 생각의 기원은 Immanuel Kant's *Groundwork of the Metaphysics of Morals*, trans. and ed. H.J. Paton, *The Moral Law*(London: Hutchinson, 1948, p.91)에 칸트의 정언명령을 공식화한 것 중의 하나인 '너는 인간을 수단으로서만 다루지 말고 언제나 동시에 목적으로 대하는 방식으로 행동해라.'

3 예를 들어, 수잔 브라운밀러(Susan Brownmiller)는 *Against Our Will: Men. Women and Rape*(New York: Simon and Schuster, 1975), pp.389-396, 그 관련성을 이와 같이 가정했다.

4 Catherine MacKinnon, *Onη Words*(Cambridge, MA: Harvard University Press, 1993), pp.95-97.

5 Andrea Dworkin, "Pornography and Grief," in her *Letters from a War Zone*(London: Secker and Warburg, 1988), p.23 유사하게, 캐서린 맥키넌(Catherine MacKinnon)은 "포르노는 발상이나 지지로서가 아닌 행동적 첨가물, 강화제, 흥분제로 작용한다. 그것은 훈련된 개에게 '죽여'라고 말하는 것과 더 유사하며, 훈련 과정 그 자체이다." Wendy Kaminer, "Feminists against the First Amendment," *Atlantic Monthly*, November 1992, pp.111-118에 인용되었다.

6 W. L. Marshall, "Pornography and Sex Offenders," in Pornography.: Research Advances and Policy Considerations, ed. D. Zillman and J. Bryant(Hillsdale, NJ: Lawrence Erlbaum, 1989), pp.185-214.

7 Nadine Strossen, *Defending Pornography: Free Speech. Sex and the Fight for Women's Rights*(London: Abacus, 1996), p.127.

8 Elizabeth M. Perse, "Uses of Erotica and Acceptance of Rape Myths," *Communication Research 21*(1994): 488-515. 참조.

9 Aristotle's *Poetics*, trans. G. F. Else(Ann Arbor, MI: University of Michigan Press, 1970)에서 심리적인 경험에 대한 설명과 비극의 효과는 카타르시스라는 말로 명확히 표현되어 있으며, 이 표현은 나쁜 것은 놓아주고, 반면 좋은 것은 보존하는 우리의 감정을 그려낸다.

10 Marcia Pally, *Sex and Sensibility: Reflections on Forbidden Mirrors and the Will to Censor* (Hopewell, NJ: Ecco Press, 1994), pp.57-61 참조.

11 예를 들어, 고전적인 연구 S. E. Asch의 "Opinions and Social Pressure," *Scientific American 193*(1955): 31-35 참조.

12 Andrea Dworkin, "Against the Male Flood: Censorship, Pornography and Equality," in her *Letters From a War Zone*(London: Secker and Warburg, 1988), pp.267-268.

13 예를 들어, 마리 카푸티(Mary Caputi)의 *Voluptuous Yearnings: A Feminist Theory of the Obscene*(Lanham, MD: Rowman and Littlefield, 1994); Feminists Against Censorship, Pornography and Feminism, ed. G. Rodgerson and E. Wilson(London: Lawrence and Wishart,1993), pp.67-75; and Ann Garry, "Pornography and Respect for Women," *Social Theory and Practice 4*(1978): 395-421 참조.

14 Roger Scruton, "Fantasy, Imagination and the Screen," in his *The Aesthetic Understanding* (Manchester, U.K.: Carcanet, 1983), pp.127-136.

15 Although this kind of distinction derives from Aristotle's Nicomachean Ethics, trans. J. A. K. Thomson(Harmondsworth, U.K.: Penguin, 1976), 1097b22-1098a20, pp.75-76. 형이상학적 생물학에 관해 논쟁의 여지가 있는 가정에 의존할 필요는 없다.

16 See Plato, Gorgias, trans. D. J. Zeyl(Indianapolis, IN: Hackett, 1987), 49Ie-497a, pp.64-71,

소크라테스는 우리의 모든 욕구를 성취하기 위해 헌신된 삶이 자아라고 한다. 패배시키고, 그래서 즐거운 것은 진실로 좋은 것과 구별되는 것이다.

17 Scruton, "Fantasy, Imagination and the Screen," p.128.

18 예를 들어, R. J. McGuire의 J. M. Carlisle, and B. G. Young, "Sexual Deviations as Conditioned Behaviour: A Hypothesis," *Behaviour Research and Therapy* 2(1965): 185-190 참조.

19 Scruton, "Fantasy, Imagination and the Screen," p.130.

20 Robert Nozick, *Anarchy, State and Utopia*(Oxford: Blackwells, 1974), pp.42-45.

21 V.F. Perkins, *Film as Film*(London: Penguin, 1990), p.106 참조.

22 예를 들어, See, for example, Gaylyn Studlar, "Masochism and the Perverse Pleasures of Cinema," in *Film Theory and Criticism*, ed. G. Mast, M. Cohen and L. Braudy, 4th edition (Oxford: Oxford University Press, 1992), p.790, and Laura Mulvey, *Visual and Other Pleasures*(London: Macmillan, 1989), Chapter 3을 보라. 이러한 사고방식에 강력한 비판을 위해 Berys Gant, "On Cinema and Perversion," *Film and Philosophy*를 보라.

23 Scruton, "Fantasy, Imagination and the Screen," p.135.

24 Roger Scruton, *Sexual Desire: A Philosophical Investigation*(London: Weidenfeld and Nicolson, 1986) 참조.

25 See Andrea Dworkin, *Woman Hating*(New York: E. P. Dutton, 1984), p.184를 보라. 여기에서 그녀는 성행위는 모든 자존감을 영원히 섬멸시키면서 희생자를 남기는 것을 의미한다고 말했다. 그것은 여성의 역할을 수행하면서 자기학대 성도착증, 자기혐오, 수동성을 구체화하는 것을 의미한다.

26 Piers Been, "Pornography, Degradation and Rhetoric," *Cogito7*(1993): 133을 보라.

27 Andrew Belsely, "Privacy, Publicity and Politics," in *Ethical Issues in Journalism and the Media*, ed. Andrew Belsey and Ruth Chadwick(New York: Routledge, 1992), p.89.

28 Andrea Millwood Hargrave, *Sex and Sexuality in Broadcasting*(London: John Libbey, 1992), pp.53-59.

6

미디어에서 폭력
Violence in the Media

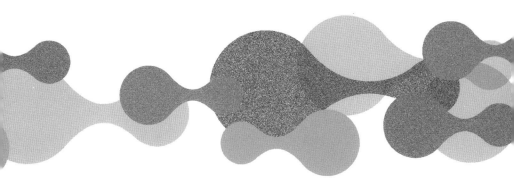

6

미디어에서 폭력
Violence in the Media

서론Introduction

　최근 미디어 안의 폭력물에 대한 대중들의 환멸이 극적으로 증가해 왔다. 미디어의 묘사가 세상에 대한 통찰력을 기르게 한다는 생각을 고려해볼 때 반대로 미디어가 세상에 대한 통찰을 둔감하게 할 잠재성을 가지지 않는다면 놀랄 만할 일이다. 그러나 어떻게 이렇게 될 수도 있는지를 알아보기 위해, 미디어의 분석에 영향을 주는 이론적 전제들을 풀어가는 것으로 시작해야 한다. 미디어 묘사와 우리 간의 관계의 요점은 상상력의 구성적인 관계에 포함되어 있는데, 그 관계 속에 우리의 즐거움이 있고, 그래서 이해의 증진도 있다. 내가 여기서 주장하는 바는 두 가지 핵심 주장이 이러한 인식으로부터 나온다는 것이다. 첫째, 미디어 묘사에 대한 우리의 평가에는 필연적으로, 묘사된 사태에 대한 우리의 도덕적 평가가 포함된다. 둘째, 영향을 주는 이해의 수준에 비례하여, 폭력의 묘사는 전형적으로 폭력적인 행동을 키운다. 그래서 미디어에 묘사된 폭력을 비난하는 것에 대한 보통의 자유주의적 논변은 부적절하다. 왜냐하면 우리는 미디어에 묘사된 폭력은 당연히 해악으로 이어진다고 믿을 만한 근거를 실제로 가지고 있기 때문이다.

1994년에 올리버 스톤Oliver Stone의 〈내추럴 본 킬러Natural Born Killers〉가 개봉되었을 때, 이 영화는 영화와 TV에서 명백히 계속 증가하는 폭력 수준에 대해 엄청난 논란을 불러왔다. 이 영화는 우디 해럴슨Woody Harrelson과 줄리엣 루이스Juliette Lewis가 연기한 두 살인범을 묘사하고 있는데, 이들은 무수한 시체로 자신들이 지나간 자리를 어지럽히면서 미국을 맹렬하게 질주한다. 서술 방식은 미디어 그 자체가 결국 가장 사악한 범죄와 가장 허무주의적인 범죄자를 미화하는 과정에서 냉혹한 풍자를 강조하고 우리의 주의를 끄는 방식으로 몽타주와 MTV 등의 대중문화에서 양식화된 영화적 관례를 활용하여 보였다. 그러나 이 영화는 미국에서 발생한 최소한 여섯 명의 죽음과 파리의 네 명을 죽인 한 커플과 결부된 뒤에 더 많은 논란을 가져왔다. 실제로 13세의 소녀를 살해한 죄로 기소된 텍사스주Texas 달라스Dallas 출신의 14세 소년은 살인 동기를 "〈내추럴 본 킬러〉처럼 유명해지고 싶은" 분명한 욕망이었다고 자백했다.[1] 겨우 1년 전인 1993년 2월 12일에 영국에서 제이미 벌거Jamie Bulger라는 이름의 2살짜리 유아가 대형 쇼핑몰에서 두 명의 10살짜리 아동 손에 잡혀 2.5마일 떨어진 철로로 끌려가서 고문을 당한 뒤 잔인하게 살해되었다. 예심 판사 저스티스 모랜드Justice Morland에 의하면, 제이미 벌거의 살인은 악령이 씐 가학적 인형인 처키Chucky가 주연인 영화 〈사탄의 인형 3Child's Play 3〉과 관련이 있다.[2] 〈사탄의 인형 3〉에는 사이코패스에게 홀려서 일곱 번의 살인을 저지르는 인형이 나오는데, 목을 길게 절단하는 것부터 신체를 터뜨리는 것까지 살인하는 장면의 세세한 것들이 생생하게 묘사되어 있다. 영화의 클라이맥스에서 청색 페인트를 뒤집어쓴 처키는 사지를 잃고, 윈드머신wind machine (연극이나 영화에서 효과음으로 바람소리를 내는 장치)에서 조각조각 찢기어진다. 실제로 저스티스 모랜드가 발언하기 며칠 전에, 다른 사건에서 고문과 살인에 연루된 10대 수잔 캐퍼Suzanne Capper가 재판을 하는 동안 자신을 시련의 '처키'라고 했다고 한다.[3] 실제 그것에 대한 반응으로 영국에서는 〈내추럴 본 킬러〉의 상영 허가가 4개월이나 연기되었고, 쿠엔틴 타란티노Quentin Tarantino의 〈저수지의 개들Reservoir Dogs〉 비디오의 배포 허가 또한 수개월 동안 보류되었다.

이와 같은 폭력에 대한 그와 같은 미디어의 묘사에 관한 대중들의 우려가 증가하고 있지만, 미디어 전문가들은 대부분 무시로 반응한다. 사회적 박탈부터 성적 학대까지 가능한 일상적인 변수usual variables들은 강조되지만, 미디어에서 드러난 폭력에 관한 걱정은 중산층 보수주의자들이나 청교도주의자 또는 음흉하게 정치적인 사람darkly political들의 걱정으로 일축label된다.[4] 실제로 미디어에 묘사된 폭력에 대한 우려는 흔히 도덕적 공황의 오랜 역사 속의 단순한 또 하나의 사건으로 취급된다. 그러나 그와 같은 도덕적 공황의 원인은 미디어의 선정주의라고 말해진다.[5] 그러나 미디어가 근거 없이 도덕적 공황을 초래할 수 있다면, 이것은 오로지 미디어가 세상과 관련된 우리의 태도와 신념, 인식 그리고 직관 등에 깊이 영향을 미치기 때문일 것이다. 이것이 바로 많은 사람들이 특정 인종 집단이나 종교 집단 또는 문화 집단에 대한 미디어의 고정관념 형성과 비하를 두려워하는 이유이다. 그런 이유로, 나는 미디어에서 사용하는 묘사, 특히 폭력의 묘사에 대한 환멸감에는 논리적인 데가 있다고 주장하고 싶다. 어쨌든, 직관적으로 우리가 즐기는 일종의 영화와 시민사회의 특성 사이에 연결고리가 있는 것이 분명한 것 같다. 미디어 묘사가 세상에 대한 우리의 이해를 함양할 수 있다는 점을 고려해볼 때, 역으로 꼭 그렇지는 않더라도 그것을 타락시킬 수 있는 잠재성 또한 지니고 있다는 점에 놀랄 것이다. 그러나 이것을 알아보려면, 우리는 우선 미디어 분석에 집중적으로 사용되는 이론적 전제들을 풀어가야 한다. 그런 다음 우리는 폭력의 묘사가 우리가 세상을 이해하는 방식과 세상 내에서 행동하는 방식에 어떻게 영향을 미칠 수 있는지 이해할 수 있다.

　많은 학술 조사가 집중되었지만 미디어 묘사의 특성과 영향의 이해는 기껏해야 부분적이다. 이것은 주로 미디어 묘사를 분석하는 데 적용되는 지배적인 모형들이 영화가 다른 영역의 담론들과 잠재적으로 동등한 의미를 가지도록 하는 의미 이론들theories of meaning에 의해 움직이기 때문이다.[6] 부수적으로 비판 연구와 문화 연구도 또한 권력 관계 relationships of power에 대한 관심에 의해 고정되었다. 그래서 영화 이론 면에서든, 아니면 데이비드 몰리David Morley의 《The 'Nationwide' Audience》에서 나온 재개된 실증적 초점면에서든, 폭력과 섹슈얼리티에 대한 묘사들과 그리고 그것들에 대한 검열은 지배적 또는 체제 전복적인 이데올로기 면에서 꼼꼼하게 따져 묻는다.[7] 따라서 존 피스크John Fiske는

TV의 '텍스트'는 이데올로기 면에서 인식해야 한다고 분명하게 진술하고 있다. "텍스트는 그들의 생산의 힘과 수용 방식 사이의 갈등이 있는 곳이다. 텍스트는 문화상품의 생산자와 소비자 사이에 이해의 갈등을 재생산하는 의미를 위한 투쟁의 장이다."[8]

실질적으로 미디어 재현이 세상에 대한 의미 있는 이론 또는 이데올로기를 암묵적으로 또는 명시적으로 구성하는 것으로 간주되는 한 그 미디어 재현은 중요한 것으로 생각된다. 따라서 폭력의 묘사는 묘사가 용납하거나 전복하거나 또는 맞서는 이데올로기의 가치에 의존하는 것으로 여겨진다. 그러므로 미디어 폭력에 대한 환멸은 선량한 사회에 대한 특정 선관을 우리 모두에게 편협하게 강요하려는 사람들이나 지배적인 권력관계를 전복으로부터 보호하기를 원하는 사람들로부터 생긴다는 추정이다.

이제 나는 우리가 특정 관심 집단 또는 팻 부캐넌Pat Buchanan이나 아드리안 로저스Adrian Rogers와 같은 특정 개인 또는 이익집단의 동기 motivations에 관해 올바르게 걱정할 수 있다는 것을 부정하려 하지 않을 것이다.[9] 듀이 매튜Dewe Mathews가 주장하는 것과 같이, "검열이 정치적 제재를 하고, 유지하려 한다면 사회적 개입에 대한 요구를 이용해야 할지도 모른다. 물론 그와 같은 요구들은 타당해야 하지만, 보다 중요한 것은 그것들이 검열자의 권력을 강화해야 한다. 다시 말하면, 그것들은 보다 많은 검열을 요구해야만 한다. 이것은 무엇보다도 도덕적 절대성에 의존하는 검열을 강조하는 합법적인 우려를 그럴싸하게 이용하는 것이다."[10]

그러나 이것은 단지 일시적인 우려일 뿐이다. 원칙적으로 미디어에 묘사된 폭력에 대한 대중의 불만에 보다 더 근본적인 것은 없다는 말은 아니다. 폭력의 묘사에 대해 소리 높여 반대하는 사람들의 심리에 관한 역사적 또는 실증적 논지에 의하면, 불평하는 사람들 중 다수는 정치적인 이유로 움직인다는 것이 사실일 수도 있다. 그러나 이 논지의 사실 여부는 폭력이 묘사되는 방식에 심각한 문제가 있는지 여부와 관련이 거의 없다. 정치적 목적을 증진할 목적의 불평 그 자체는 정치적 목적 그 자체가 정당화되는지와 관계없이 건전할 수도 있다. 사람들이 그들 자신의 의제를 증진하기 위해 어떤 이슈나 제도를 경우에 따라 이용할 수 있다는 사실은 실제 불만이 근거가 없다는 것을 암시하지 않는다.

많은 미디어 전문가들이 정치적 편견이 들어간 어구를 이용하지 않고서는 대중의 우려를 이해하지 못하는 이유는 바로 미디어 묘사들이 언어적 의미의 문제 또는 권력 관계의 표명, 즉 세상에 관한 특정 명제 또는 이론을 증진하는 것으로 축소되기 때문이다. 이것이 드러내는 것은 우선 미디어 묘사에 독자들이 관여하는 것의 의미나 목적 그리고 내재된 가치의 완전한 무시이다. 실제로 이것을 근거로 왜 폭력의 묘사나 특정 종류의 폭력이 시청자들에게 상당히 매력 있고 후속적으로 영향을 줄 수 있는지는 분명히 불확실한 상태로 남아 있다. 어쨌든, 〈용서받지 못한 자*Unforgiven*〉나 〈폴링 다운*Falling Down*〉 또는 〈저수지의 개들〉 등과 같은 것들이 세상에 대해 우리가 생각하고 있는 이론을 확증하거나 전복시키는 분석을 제공할 뿐이라면, 그것들을 왜 보겠는가? 집에서 신문이나 문화 이론서를 읽지 않는가?

우리와의 관계에서 미디어 묘사의 독특한 가치의 적절한 이해는 상상력에 의해 제공된 주요한 역할과 즐거움을 인식해야 한다. 더욱이 상상력이 우리의 일상생활에서 하는 중요한 역할을 우리가 인식만 한다면, 우리 자신과 타인에 대한 이해의 면에서 왜 미디어의 폭력 표현에 관해 우려를 하는 것이 당연한지를 알 수 있을 것이다. 밝혀질 것은 폭력적인 영화가 우리 내에서 폭력에서 얻는 희열과 폭력의 대상이 되고 있는 사람들에 대한 연민의 부족을 어떻게 함양할 수 있는지를 보여주는 폭력의 묘사와 우리의 관계에 관한 모습이다. 그와 같은 논변은 결코 우리에게 가난이나 교육 등과 같은 다른 변수들은 관련이 없다는 주장을 하는 게 아니다. 성격적 특성을 발달시키고, 그 특성들의 표현을 유도하고 형성하는 사회화 과정이 미디어가 우리에게 제시하는 영상에 의해 영향을 받는다는 것을 주장하고자 함이다.

영화의 해석Interpreting Films

문제는 미디어의 묘사는 전형적으로 세계에 대한 명제 또는 이론과 관련이 있거나 그것들을 나타낼 경우에만 의미가 있는 것으로 간주된다는 점이다. 그러나 이 전제가 매우 명백하다고 생각하는 이유는 무엇인가? 내가 가장 효과적이라고 생각하는 이 주장을 이해하는 한 방법은 미디어 묘사를 과학적인 가설이 자연 세계와 연관되는 방식으로 인간 세계와 연관이 있는 것으로서 미디어 묘사를 생각하는 것이다. 즉, 궁극적으로 그것들은 우리 세상은 어떠한가나 어떠할 수 있는가 또는 어떠해야 하는가 등에 관한 추측이다.

이제 인간 행위의 필연적 지향성intentionality* 때문에 과학은 자연 세계에 관해 할 수 있는 것처럼 인간 세상에 관해 가정할 수 없다. 우리 자신과 타인들 그리고 인간 세상의 이해는 우리에게 직관과 감정 그리고 개념하의 사람들 행위를 이해하는 것을 요구한다. 따라서 과학은 우리의 주관적 측면, 즉 우리가 가질지도 모를 행동의 목표와 관심 그리고 계획 등의 측면에서 그 이유에 대한 평가를 모두 포착할 수 없다.[11] 그래서 나는 왜 소피Sophie나 카렌Karen이 아닌 에이미Amy를 사랑하는지부터 나는 왜 철학자, 기독교인인지 또는 파리보다 프라하를 더 좋아하는지까지, 내 자아의 다양한 필수적인 속성은 과학적 설명으로는 온전히 포착될 수 없다. 그래서 우리는 미디어의 묘사는 명백하게 과학이 할 수 없는 방식으로 인간 세상을 유익하게 분석 및 조사할 수 있을 것이라고 생각할 수 있다.

물론 가정된 가능한 또는 불가능하게 묘사된 세상과 우리 세상 사이의 관계는 복잡할지도 모른다. 그렇더라도 우리는 우리가 활동하는 세상에 관해 어떤 의미 있는 이해를 도와주는 사실을 보여주는 것으로서 묘사들을 생각할 수 있을 것이다. 예를 들어, 이런 측면에서 보면, 이디스 워튼Edith Wharton의 〈순수의 시대Age of Innocence〉에 대한 마틴 스콜세지Martin Scorsese의 각색은 단순한 관습이 낭만적인 사랑과 개인의 자유 그리고 고결성을 현실화하는 데 얼마나 부적절할 수 있는지에 대한 분석으로 해석될 수 있을 것이다. 앞으로 주장하고자 하는 것처럼, 묘사가 특정한 인간 세상에 내재되어 있는 가능성들을 드러내 보여준다

---

* '지향'이란 개념은 라틴어 'intentio'에서 유래한 것으로 중세 스콜라철학에서 많이 논의되었다. 이는 두 가지 맥락으로 사용되었는데, 실천철학적 입장에서는 '~을 의도함' '~을 얻으려 노력함' '~을 향함' 등 '영혼이 어떤 목표를 성취하고자 애씀'의 뜻을 지니고, 이론철학적 입장에서는 의미, 뜻, 생각, 개념, 관념 등과 동의어로 사용된다.

는 생각은 진실을 담고 있다. 그러나 이것은 미디어의 묘사를 관객이 몰입하고 상상으로 체험하는 묘사가 아닌 주로 비판적 분석을 위한 대상으로서 여기는 관점picture에 의해서는 적절히 포착될 수 없다.

근본적인 문제는 어떤 묘사의 의의와 가치가 실존 가능하거나 불가능한 세계의 특정한 재현으로 축소된다는 것이다. 정치적인 동기로 미디어 재현을 분석하는 것은 암묵적으로 그 재현들을 우리 인간 세상에 관한 과학적 가설로 오해한다. 그런 이유로, 우리는 미디어 묘사에 대한 이해가 부족한 상태로 있게 되는데, 이러한 미디어 묘사들은 철학적 예시나 선전 등과 같은 단순한 설명 정도로 축소된다. 그래서 그것들의 의의는 하찮게 될 수 있고, 그것들의 독특한 가치는 오로지 오락의 독특한 형태측면에서 그려질 수 있다. 그러나 최소한 전형적으로, 우리는 우리 세상에 관한 가설들을 검증하는 비판적 해석을 위한 대상으로서 묘사물에 접근하지는 않는다.

우선 먼저, 〈죠스Jaws〉와 〈잇IT〉, 〈13일의 금요일Friday the 13th〉 시리즈 그리고 〈쥬라기 공원Jurassic Park〉 등과 같은 영화를 포함하여, 전체 묘사들이 이념적으로 특별한 의미가 있는지는 전혀 확실하지 않다. 기껏해야 그와 같은 영화들은 공포와 서스펜스부터 안도감까지 감정의 전체 범위에서 롤러코스터를 탈것이다. 최악의 경우 그것들은 깊은 공포감이나 잘 속고 무모한 인물들의 운명에 대한 우려를 지속하는 데 실패하는 가벼운 충격적인 이야기에 지나지 않을 수도 있다. 반대로 그와 같은 관점은 에이젠슈타인Eisenstein의 〈포템킨Potemkin〉 같은 아주 심하게 그리고 명시적으로 이념적인 재현물이 표현된prescribed 이념을 공유하고 있지 않거나 맹렬히 거부할 많은 사람들에 의해 어떻게 향유될 수 있는지 설명할 수 없다. 어쨌든, 묘사물의 가치가 표명된 이론에 의해 결정된다면, 그것의 가치는 제시된 것과 같은 그 이론에 대한 우리의 평가와 동일한 외연을 지니고 있어야 한다. 그러나 〈포템킨〉에 표명된 공산주의를 지나치게 단순화한 것으로 평가하면서도, 〈포템킨〉의 영화는 높이 평가할 수 있다.

우리의 세상 안에서 범주화하고 행동하는 방식에 영향을 주는 것을 추구하는 의미 있는 미디어 묘사들을 단지 오락을 추구하는 것들과 구분해야 한다는 주장은 거부될 수도 있다. 그래서 우리는 암시적으로든 의식적으로든 세상에 관한 특정 주장을 실제로 표명하고 있는 수많은 묘사들에 대해서만 관심을 가져야 한다. 그래서 우리가 〈죠스〉와 같이 사소한 오락을 추구하여 무해한 것으로 간주되는 영화에 관심을 보이지 않을 수 있지만, 그럼에도 불구하고 우리는 〈헨리: 연쇄살인범의 초상Henry: Portrait of a Serial Killer〉 또는 시걸Siegal의 원작 〈우주의 침입자 Invasion of the Body Snatchers〉 등과 같은 '의미가 있는' 영화들에는 관심을 가져야 한다. 분석의 명시적 수준에서 시걸의 영화는 개인의 정체성 personal identity에 대한(일반적으로는 인류에 대한) 볼 수 없는 외계인의 위협에 관한 것이다. 피상적으로 이 영화는 다른 모든 오락용 공포 영화와 같은 부류에 지나지 않는 것처럼 보일 수 있다. 그러나 분석의 명시적 수준에서도 이 영화는 개인 정체성의 특성에 관한 의미 있는 질문을 제기하고 있다. 그뿐만 아니라 의도되었든 그렇지 않든, 그것은 또한 특정 시대의 세계에 대한 특정한 이해로부터 발생하는 매우 큰 공포를 암묵적으로 표현하고 있다: 자유주의 세계 그 자체가 공산주의자들의 위협을 받고 있는 것이었다. 그들은 영화 속에서 외적으로는 '우리'와 똑같아 보이지만 '외계인'이고, 또 전 세계로 퍼질 위협이 있는 악의 이념에 불가해하게inexplicably 오염되어 있는 사람들이다.

이제 나는 영화는 기본적으로 우리 세계에 관한 것이라거나 일부 묘사는 다른 것들보다 더 중요하다는 사실을 부정하려 하지 않을 것이다. 그러나 이것이 영화에 대해 존재하는 모든 것이라면, 일부 다소간 불편한 결론들이 뒤따를 수 있을 것이다. 첫째, 이러한 관점에서 미디어 묘사에 의해 제시된 주장이나 이론은 하찮거나 그렇지 않을 경우 타당한 조사 방법에 의해 적절하게 평가되어야 한다. 그래서 이것을 기반으로 그리고 실재적 이념으로서의 공산주의의 붕괴를 고려할 때, 〈우주의 침입자〉는 역사에 의해 불필요해진 것처럼 보인다. 실제로 원작 영화에 대한 코프먼Kaufman의 리메이크 작품은 이것을 기준으로 볼 때, 개념에 실패한 것으로 간주해야 한다. 왜냐하면 결국 리메이크 작품의 결론에서 외계인들이 승리하기 때문이다.

마찬가지로 정확히 말하면 특정 영화에서 제기된 인간적 특징과 인식론에 관한 중요한 주장에 대한 명료한 설명과 판정은 각기 심리학과 철학에 관한 문제일 것이다. 영화는 분명히 영화 속에 표현되는 자기기만과 도덕 심리 그리고 지식 주장 등에 관한 논지의 일관성과 건전성을 검증할 수 없다. 그래서 '중요한' 미디어 묘사들조차 오락성과 중요성의 분명한 이분법을 초월할 수 없다. 그 영화는 오락성이 있는 것으로 간주될 수도 있지만, 영화 내에서 이루어진 중요한 주장들은 관련 연구 분야에 속하는 것이 더 적절하다. 다시 한번 말하지만, 가정된 것을 기반으로, 단지 기분 전환 기쁨의 수단으로서의 영화를 제외하고 영화에 왜 우리는 신경을 쓰는지 여전히 설명하기 어렵다. 그러나 우리는 일반적으로 좋은 미디어 묘사는 단순히 재미있을 뿐만 아니라, 이론이나 학술 조사가 결코 할 수 없는 방식으로 세상에 대한 어떤 중요한 통찰력을 제공하기를 기대한다.

영화가 이론이나 명제proposition을 나타내는 정도로만 중요하다고 여기는 것은, 그 영화의 수준과 기능을 선전 정도로 조잡하게 축소시키는 것이다. 물론 일단 이 동일화를 받아들이면 영화의 주요 기능 중 하나가 특정 권력관계나 우리 세상을 분류하는 방법의 모사, 확장 또는 부정이라는 것이 완전히 명백해 보일 수 있을 것이다. 그래서 이념적 등가성 측면에서, 아주 진부한 미디어의 조잡함도 마치 가장 심오하고 통찰력 있는 묘사로서 동일한 취급받을 수 있다. 그러나 그 축소는 잘못된 것이다. 묘사물이 명료하게 말하거나 표현하거나 또는 증진하는 특정 이념이나 이해가 필연적으로 미디어 묘사로서 대상의 가치와 동일하지는 않다.

에드워드 우드 주니어Ed Wood Jr.의 악명 높은 〈외계로부터의 9호 계획Plan 9 from Outer Space〉을 고려해본다면, 이 점이 분명해질 수 있다.[12] 그것은 이념적인 면에서 시걸의 〈우주의 침입자〉에서 종류의 내포된 이해와 공포를 표현하는 것이라고 볼 수 있다. 그러나 〈외계로부터의 9호 계획〉은 정말로 끔찍한 영화이기 때문에 사람들은 〈우주의 침입자〉에서 얻은 것과 동일한 즐거움을 도저히 얻을 수 없을 것이다. 〈외계로부터의 9호 계획〉은 기본적으로 벨라 루고시Bela Lugosi의 죽음 전에 촬영한 몇 분 동안의 장면을 중심으로 제작되었다. 세트도 엉망이고, 대본 또한 지리멸렬하고 여러 부분이 터무니없고, 배우들이 중간에 교체되고, 외계인도 정말로 우스꽝스럽다. 그런 이유로 두 영화가 비슷한 방법으로 동일한 이념을 표현하고 있을지 몰라도, 하나는 끔찍하고, 다른 하나는 눈을 떼지 못할 정도로 매력이 있다. 그래서 우리가 영화(전반적으로 미디어 표현)에 참여하는 데 내재된 가치는 규정된 세계의 이론 또는 이념으로 환원될 수 없다.

마지막으로 묘사에 대하여, 그저 우리 세계를 비판적으로 분석하는 것으로만 생각하는 것은 '메시지들'이 모순되는 묘사들을 왜 가치 있게 여길 수 있으며, 또 왜 가치 있게 여기는지를 설명하는 데 실패할 수밖에 없다. 이러한 논거에 따라, 어떤 특정 영화에 대한 우리의 즐거움과 평가는 우리 세상에 관해 만들어진 주장 또는 고취된 이념의 면에서, 우리가 그 묘사가 얼마나 건전하다고 생각하는지에 의해 결정될 것이다. 그러나 우리는 우리 세상에 관한 주장이 모순된 영화도 분명히 즐길 수 있고 즐기고 있다. 예를 들어, 여성의 섹슈얼리티를 본질적으로 수동적이고 정숙하며, 남성 섹슈얼리티의 기만적이고 음탕한 성격의 취약한 먹잇감으로 묘사하고 있는 〈노스페라투*Nosferatu*〉와 같은 영화를 즐기고 평가할 수도 있을 것이다. 그렇기는 하지만 동시에 여성의 섹슈얼리티를 본질적으로 공격적이며, 약탈적이고, 기생적인 것으로 표현하고 있는 제임스 카메론James Cameron의 〈에이리언*Aliens*〉이나 데이비드 크로넨버그David Cronenberg의 〈파편들*They Came From Within*〉 등과 같은 영화도 즐기고 평가할 수 있다.

실제로 우리는 흔히 같은 묘사에 대해 선택적이고 양립 불가능한 해석을 평가할 수 있다. 그래서 예를 들어, 〈야곱의 사다리*Jacob's Ladder*〉에서 활용된 영화 관례들과 묘사된 사건들은 둘 모두를 동일한 것으로 평가할 수도 있을 것이다. 한편으로, 관객들은 팀 로빈스Tim Robbins와 그의 베트남인 소대는 전투역량을 강화하기 위한 미군의 기만적이고 파괴적인 실험의 대상이었다고 상상할 수 있다. 다른 한편으로, 표현된 것은 단순히 베트남의 야전병원에서 죽어가고 있는 한 남자의 환각에 지니지 않았다고 일관되게 상상할 수 있다. 본질적 모호성은 우리가 상상으로 그것에 관여할 때마다, 가능한 수많은 해석들 속에서 일관되고 효과적으로 명확해질 수 있을 것이다. 그래서 우리는 묘사된 세상과 우리 세상 둘 모두에 대한 양립 불가능한 해석들을 평가할 수 있다. 그래서 묘사의 가치는 우리의 세상이 어떤지 가정하는 방법에만 전적으로 귀속될 수 없다.

본질적 가치|Inherent Value

이제 양립 불가능한 이해를 평가할 수 있다고 해서, 영화의 내용을 평가하지 않는다는 것은 결코 아니다.[13] 실제로 우리는 영화의 인지적인 특성 그 자체에 반응하고, 작품 그 자체의 묘사를 가치 있는 것으로 받아들인다. 더욱이 진실은 인지적 가치의 측면 하나에 불과하다. 따라서 어떤 작품이 세상에 대한 결함이 있는 관점을 증진하여, 이러한 점에서 그 작품을 훼손할 수도 있겠지만, 그럼에도 불구하고 우리는 그것을 다른 측면에서 평가할 수 있다. 그래서 어떤 표현이 독창적이며, 흥미롭고, 한 미디어에 대한 우리의 이해를 넓혀주거나 또는 장르를 파괴할 경우 그것 또한 인지적 가치에 기여하고 있는 것이다.

그럼에도 불구하고, 영화에 몰두하는 데 우리는 단지 표현된 것만 평가하는 것뿐 아니라 우리가 상상을 통하여 그것을 이해하도록 유도되는 방식도 평가한다. 영화는 우리나 다른 사람이 특정한 상상의 세계에서 느끼고 생각할 그리고 느끼고 생각해야 하는 것들을 규정한다. 일단 우리가 충분히 이것을 인식한 다음에야 우리는 좋은 미디어 표현과 나쁜 미디어 표현을 적절히 구분하는 방법을 충분히 이해할 수 있다. 즉, 우리는 영화가 생생한 상상물imaginings을 이용하고 규정할 경우, 그것들을 그것들 자체로 평가한다.[14] 물론 우리는 미디어 묘사를 도구적으로 평가할 수도 있다. 왜냐하면 미디어 묘사는 뉴스나 정보를 우리에게 전달하기 때문이다. 그러나 이것이 우리가 그것에 대해 평가하는 모든 것이라면, 정확히 우리가 정보를 얻는 방법, 즉 TV를 통해서인지 아니면, 라디오나 구전을 통해서인지는 무관해진다. 그러나 우리가 그렇게 미디어 묘사를 평가한다면 이것은 정확하게 재현물이 특별히 강력한 방법으로 상상의 산물을 기술하고 증진하기 때문이다. 그런 이유로 우리는 타블로이드 뉴스나 선전을 프레베르Prevert와 까르네Carne의 〈천국의 아이들Les Enfants du Paradis〉이나 큐브릭Kubrick의 〈샤이닝The Shining〉 또는 리들리 스콧Ridley Scott의 〈블레이드 러너Blade Runner〉 등과 같은 상상력이 풍부하고 가치가 큰 표현물들과 구분한다. 그래서 이러한 종류의 조장된 상상물의 구성요소로서 문제의 독특한 미디어와 관례, 표현물의 장르 등은 그것의 내재된 가치 면에서 매우 중요하다. 전통적인 영화picture가 효과적으로 차단하고 있는 것은 풍부하고 생생하며 상상력이 풍부한 체험의 일차적 중요성인데, 이것은 명제 및 개념적 분석으로 환원될 수 없다.

그러나 묘사들이 단순히 생생한 상상물을 규정하고, 그렇게 함으로써 기쁨을 불러일으킨다면, 그것들이 특정 개인들의 행복이나 우리 사회의 조직을 어떻게 위협할 수 있을까? 우리들 중의 많은 사람들은 폭력 영화를 즐기면서도 상해와 강간, 살인 등에 이르지는 않는다. 우리들의 상상물을 규정하고 조장하는 것을 통해, 미디어 표현들은 우리 자신들과 타인들 그리고 세계에 대한 우리의 이해를 함양할 수 있고 또한 함양하고 있다. 상상할 때, 우리는 단순히 상황을 생각하고 이론적으로 평가하지만은 않는다. 오히려 상상의 산물은 사고뿐만 아니라 더 이상 단순화할 수 없는 감각적인 체험의 요소들로 구성되는데, 이러한 요소들은 일반적으로 어떤 것이 무엇처럼 느껴질 것인가 또는 그것에 대한 우리의 정서적 반응은 어떨까 등에 대한 감sense과 연결되어 있다. 이제, 이러한 의미의 상상물은 허구성과는 무관하다. 즉, 우리는 세상에 관련된 사실 표현을 상상에 의해 참여할 수 있고, 그렇게 하는 것은 그 상상의 필수적 부분이다. 그러나 허구적이든 아니든 상관없이 작품에 의해 조장된 상상적인 이해는 우리가 상상하고 있는 것을 통해 근본적으로 우리의 세계와 관련이 되고, 그래서 우리의 세계에 대해 참 또는 거짓이 될 것이다.[15]

상상에 의해 우리의 세계에 관여하는 것과 미디어 묘사에 관여하는 것 둘 모두에서 우리의 상상적인 이해가 개발되는 주요 방법 중의 하나는 인물과의 동일화character identification를 통한 방법이다. 물론 이제 이것들은 복잡하다. 그럼에도 불구하고, 다른 사람이 특정 상황에서 생각하고 느끼고 감지하는 것에 대한 상상을 통해 인물들과 동일화하는 것은 타인을 이해하기 위한 우리 능력의 기본이 된다. 그런 이유로 무엇이 인물 동일화에 관련되어 있고, 그것이 왜 중요한가에 대해 간략히 규명할 필요가 있다. 혹자는 형 혹은 연속극의 인물과 동일화하는 데에는, 예를 들어 그들이 테니스를 잘 친다든가, 재치가 있다든가, 육감적이라든가, 매력적이라든가, 또는 홀대받고 있다든가 등과 같이 단순히 관찰되었거나 또는 바라던 유사성에 관심을 끄는 것만을 수반한다고 생각할 수 있을 것이다. 물론 유사성similarity은 중요한 것으로 간주해야 하며, 그렇지 않다면, 소위 닮음resemblance이라는 말을 강조하는 것이 무의미하다. 그러나 명확한 유사성을 인식하는 것만으로는 부족하다. 오히려 우리는 또한 타인의 입장에 서는 것이 우리들에게 어떠할지에 관해 상상함으로써 타인이 생각하거나 느끼거나 인지하고 있는 것을 알게 된다고 생각한다. 이러한 상상에 의한 모의실험simulation은 다른 사람의 입장에서 '내가' 느낄 것 같거나 할 것 같은 것에 대해 상상하는 것과는 구별될 수 있다. 그것은 단순히 나 자신을 다른 사람의 인식 배경에 놓는 것이다. 그러나 다른 사람과 동일시할 때, 나는 그나 그녀의 눈으로 세상을 마주보는 것은 어떠할까를 상상하고 있다.[16] 동일화에서 중요한 점은, 인식 및 캐릭터의 차이에도 불구하고, 우리는 다른 사람이 생각하고 느끼는 것을 상상하고 있다는 사실에 있다.

우리가 타인을 이해하고 적절하게 공감하려 한다면, 상상 모의실험이 매우 중요하다.[17] 그의 특성에 의해, 그 자신의 상황을 어떻게 인식하는지 생각하고 느끼고 행동하는 경향이 있는지의 문제이다. 예를 들어, 우리는 누군가를 만나서 무의미하고 순간적일 수도 있을 관계를 발전시키고자 할 수 있다. 이때 우리가 알아야 하는 것은 상대방이 이렇게 하려는 나의 시도를 어떻게 이해하고 반응하는가이다. 그때 우리는 대인관계와 관련된 사회적 상호작용에 관한 어떤 이론을 참조하지 않는다. 오히려 만약 우리가 그 사람을 좀 더 잘 알고자 노력한다면 그나 그녀가 느끼는 것을 상상하려고 한다. 그래서 만약 우리 상상이 섬세하고 건전하다면 우리가 욕구하는 것을 추구할지를 알 수 있는 보다 나은 위치에 있을 수 있다. 우리가 다른 개인 또는 문화를 깊이 이해하려 하고 있을 경우, 우리는 그것이 종교적인 숭배든, 사랑에 빠지는 것이든, 축구를 보는 것이든, 아니면 영화를 보는 것이든, 자신들이 하는 것을 하기 위해 그들이 암암리에 소유하고 있음이 틀림없는 이론을 적용하려 하지 않는다. 오히려 우리는 그들이 추구하는 계획된 일이나 목표가 무엇이든지 간에 그들 자신이 주관적으로 어떻게 느끼고 생각하는지 완전히 이해할 필요가 있다.

우리의 이해를 함양하는 데 상상하는 것의 일반적인 중요성을 고려해볼 때, 우리는 이제 강력하고도 생생한 상상적 체험을 통해서 표현이 직접지knowledge by acquaintance의 한 형태를 가능하게 할 수 있다는 것을 알 수 있다. 그래서 상상적인 면식imaginative acquaintance을 통해 미디어 표현에 의해 조장된 이해는 우리가 세계를 지켜보고 그래서 그것 내에서 행동하는 방법에 직접적 또는 간접적으로 영향을 줄 수 있다. 우리가 상상하는 것의 중요성은 묘사뿐만 아니라 그것이 우리의 실제 체험 및 상황과 관련이 있다는 것을 어떻게 생각하는지에 의해 제공된 상상적인 체험으로부터 나온다. 즉, 우리의 상상적인 삶에서 우리가 관여하는 것은 우리의 이해를 심화시키거나 변화시킬 수 있고, 우리가 우리 인간 세계를 바라보는 다양한 방법을 함양한다. 예를 들어, 리들리 스콧의 〈블레이드 러너〉에서 안드로이드들의 메모리 구축은 사회공학이 우리가 누구이고 무엇인지를 통제하고 결정한다고 제시한다.

심지어 마지막에서조차 데커드Deckard(〈블레이드 러너〉에 등장하는 주인공 중의 한 명)의 예측 가능성은 그가 조종되고 통제되는 것의 증후처럼 보인다. 기술된 상상물의 복잡성은 풍부하고 복잡하며, 인간 타락에 대한 끊임없이 암울한 징벌을 허무주의로 만들어낸다. 그러나 아이러니하게도 인간이 아닌 존재들에 의해서만 표현되는 인간 사랑의 극치는 인간적으로 건전하며 동기가 부여된 목표vision라고 재차 확인되고 있다. 왜냐하면 기억이 조작되고, 순수함이 파괴될 수 있다 하더라도, 다시 시작할 기회는 여전히 존재한다.

〈블레이드 러너〉에서 데커드와 우리의 동일시를 지시하는 것을 통해 우리의 상상적인 연민에 관여하고 특정한 이해가 증진된다. 이것은 매우 쉽게 지시될 수 있었던 이해, 즉 인류와의 간단한 동일시와 그로 인해 저항하는 안드로이드들을 인류에 대한 위험한 위협으로 범주화하는 이해와는 직접적인 대조를 이루고 있다. 그와 같은 피상적인 이해는 안드로이드들에 대한 우리의 연민을 규정하여 동정심과 사랑 그리고 '인간'에 대한 우려 등에 대한 필요성을 부정하였을 것이다. 최소한 그것이 디렉터스 컷Director's cut*에 있을 때에는 〈블레이드 러너〉에 대한 우리의 상상적인 관여를 통해 우리는 일탈자들의 성격에 대한 일반적 이해에 의문을 품지 않을 수 없다. 우리가 예전에 예를 들어 소수민족이나 성 소수자sexual minorities와 같은 외(外)집단은 도덕적 내포moral inclusion의 가치가 없다고 생각했을 수도 있는 경우 〈블레이드 러너〉는 다르게 제시하고 있다. 그런 이유로 그것은 우리가 다른 여러 것들 중

---

* 영화가 처음 개봉되고 어느 정도 시간이 지난 후 감독이 원래 의도하던 대로 재편집해서 발표하는 판.

에서도 인간 정체성의 성격과 도덕적인 관심 그리고 사랑 등의 성격에 관해 숙고하도록 유도할 수 있다. 그래서 완전히 허구적인 것일지라도 미디어의 표현은 세계에 대한 우리의 상상적인 감각, 즉 타인과의 관계 속에서 느끼고 행동하는 이유 또는 그렇게 해야 하는 이유에 대한 감각을 심화시킬 수 있다.

잔인한 희열과 인과적 영향Vicious Delight and Causal Influence

그러나 반면에 페드로 알마도바르Pedro Almadovar의 〈욕망의 낮과 밤 *Tie Me Up, Tie Me Down*〉과 같은 묘사물들이 현실에 대한 결함이 있거나 피상적인 상상적 이해를 조장하고 함양할 수 있다. 캐릭터들은 깊이가 없고, 동기와 감정은 풍자적으로 묘사되어 있으며, 외설스러운 집착에서 사랑으로 발전이 너무나 쉽다. 그것은 상상에 의해 이해 가능한 복잡한 인간의 욕망에 이끌리는 것으로써 중심인물에게 생명력을 주지 못했다. 그런 이유로, 어떤 작품을 상상을 통해 이해할 수는 있지만, 규정된 상상물과 이해가 공상적이거나 가능한 인간의 삶에 부적당하다는 이유로 그것을 거부할 수 있다. 그래서 예를 들어 딜라이스 파월 Dilys Powell은 〈파리에서의 마지막 탱고*Last Tango in Paris*〉를 "제작된 캐릭터에 관한 거짓된 상황에 관한 그리고 뛰어난 솜씨로 이루어졌지만 여전히 모조품에 관한" 것으로 받아들이고 있기 때문에 그 작품을 강하게 비판하고 있다.[18]

이런 사고방식은 폭력적인 표현 자체 모두를 비난하는 것이 아니라는 것을 깨닫는 것이 중요하다. 예를 들어, 클린트 이스트우드Clint

Eastwood의 〈용서받지 못한 자*Unforgiven*〉의 폭력물은 서부와 인간성, 둘 모두에 대한 상상적인 이해를 위해 필요한 영화로서, 가족의 도덕 공동체 밖의 반사회적 개인이 잔혹한 허무주의로 타락할 수밖에 없다는 것을 고취하고 있다. 물론 우리는 남성의 일상적이고 내재적 폭력을 극단적으로 단순하게 묘사한 것을 비난할 수도 있을 것이다. 그렇더라도 이 영화는 서부극에 대한 전형적인 상상적 이해를 전복하는데, 일반적 서부극에서는 자율적인 개인이 권위와 사회적 도덕성을 거부함으로써 필연적 영웅으로 그려진다. 부분적으로는 부적합할지라도 〈용서받지 못한 자〉에 표현된 폭력과 그 영화에 의해 고취된 이해는 대부분의 서부극들이 하고 있지 않는 방법으로 우리 자신의 상상적인 이해를 심화시킬 수 있다는 것을 알 수 있을 것이다.

우리는 이제 〈좋은 친구들*Good Fellas*〉이나 〈펄프 픽션*Pulp Fiction*〉과 같은 폭력 영화들이 왜 가치가 있기도 하고 결함이 있는지 알 수 있다. 〈좋은 친구들〉은 매우 정형화되고, 극대화된 임의적인 마피아 폭력을 즐기고 감상할 수 있도록 우리의 상상을 관여하게 한다. 이 영화는 혈통에 대한 강한 애착과 보호 그리고 자기희생 등이 포함된 세상에 대한 독특한 시각에 의해 마피아를 존경할 만하며 가족적인 공동체라는 상상적인 이해를 강요한다. 우리는 마틴 스콜세지Martin Scorses의 예술적 기교와 상상물에 대한 규정에서 발견되는 영화의 정통함 그리고 규정된 상상물의 단순한 폭력에 의해 제공되는 즐거움 등을 인식할 수 있다. 실제로 우리가 폭력적이거나 소름이 끼치는 또는 무서운 묘사들의 흡인력을 정말로 인식하는 것이 중요하다. 이 요지의 힘을 무시해서는 안 된다. 보통 부정적인 사고와 감정은 전형적인 형식 대상들에 따라

개별화되는 데 이것들은 그럼에도 불구하고 이례적인 조건하에서는 즐거운 것으로 체험될 수 있다. 공포 영화나 폭력적인 프로그램이 제공하는 즐거움은 노엘 캐롤Noel Carroll에게는 미안하지만, 단순히 인지적인 문제일 뿐이다.[19] 공포 영화가 제공하는 즐거움은 단지 우리의 범주적 스키마를 그것들이 위반함으로써 발생한다고 생각하는 것은 틀렸다. 혐오감과 공포는 우리가 지적이고 심리적인 호기심을 불러일으키고, 그 이후에 만족된 것으로부터 즐거움을 얻기 위해 경험해야만 하는 부산물에 의해 필연적으로 불길한 것은 아니다. 어쨌든 우리는 두려움에 휩싸이거나 혐오감을 느끼거나 안도하는 것을 단지 즐길 수 있으며, 또한 흔히 그렇게 하고 있다. 그런 이유로 일부 사람들은 폭력 영화나 롤러코스터 타기, 경주용 자동차 운전하기 또는 등산 등을 단지 그것들이 제공하는 공포와 위험의 스릴 때문에 즐기기도 한다.[20]

그럼에도 불구하고 〈좋은 친구들〉에 분명히 나타난 상상적 이해는 (마피아 외부의 사람들에게로 향한 인과적 폭력에는 거의 무관심하다) 그 자체가 근본적으로 결함이 있다. 이런 이유로 〈좋은 친구들〉의 폭력이 즐거움을 제공할 수 있을지라도, 그 영화의 가치와 그것이 제공하는 메타수준의 즐거움 등에 대한 우리의 인식은 폭력이 세계와 타인에 대한 감탄할 만한 반응의 한 부분으로서 제시되고 있기 때문에, 손상될 것이다. 실제로 우리의 도덕감이 우리가 그 영화를 지지하지 못하게 하는 경우라도 그것이 폭력 표현물로부터 나올 수 있는 기쁨을 완전히 사라지게 하지는 않는다. 중요한 것은 〈용서받지 못한 자〉가 단지 부분적인 이해만을 제시하고 있다는 점에서 〈좋은 친구들〉이 조장하는 상상적 이해는 단순히 부적절할 뿐만 아니라 오히려 근본적으로 마피아 삶의 가장 도덕적으로 의의 있는 측면과 상충한다. 그것은 그것이 제시하고 있는 것에 대한 본질적이고도 근본적인 오해이다. 그런 이유로 그것은 진정한 통찰력을 제공할 수 없고, 단지 사악한 기질에 대한 근본적으로 불건전한 상상적 이해만을 조장할 뿐이다.

마찬가지로 쿠엔틴 타란티노의 〈펄프 픽션〉에 표현된 양식화된 풍자적인 폭력은 그 유일한 기저의 근거가 그것이 제공하는 본능적인 즐거움의 매력에 내재되어 있기 때문에 궁극적으로 그 영화를 훼손하고 있다. 그러나 이것은 정확히 인간 폭력의 본성을 즐기고 인간 폭력의 본성에 극단적인 오해를 조장하는 것이다. 영화의 양식화와 배우들의 조직화 그리고 가끔 있는 이례적인 분위기tone 등에도 불구하고, 〈펄프 픽션〉은 근본적으로 결함이 있는 상태로 남을 수밖에 없다. 우리가 고통을 가하는 것과 그것으로 인해 고민하는 것을 즐기도록 규정된 경우와 제시된 우리 세계와 폭력과의 관계가 부적절할 경우, 표현의 가치는 손상되고, 그것의 결과에 의한 영향은 분명히 유해한 것으로 판명되는 것이 당연하다.

우리는 미디어 묘사들이 우리가 세상을 상상적으로 또는 그 외의 방법으로 이해하는 법에 영향을 미친다는 것을 알지 못한다는 이의를 제기할 수도 있을 것이다. 세상과 미디어 묘사를 이해하려면 동일한 능력, 즉 상상력이 필요할 수 있지만, 그것들은 필연적으로 각각 신념과 공상에 의해 구별되는 두 개의 구분되는 활동이다. 우리가 공상하고 있는 것은 우리가 실제로 믿고 있는 것과 의미 있는 관계를 지닐 수 없다.[21] 더욱이 미디어에 묘사된 폭력의 효과와 관련된 실증적 증거는 아마도 상당히 결정적이지 않을 수 있다.[22] 어쨌든 가장 불필요하게 폭력적인 영화를 보게 될 수도 있는데, 이러한 영화는 타인을 완전히 무시하고 타인들에게 고통과 괴로움을 가하는 것에서 얻는 쾌락을 조장하지만, 그럼에도 불구하여 완벽하게 균형 잡힌 도덕적인 개인을 유지한다. 실제로 어떤 종류의 인과적 관계가 존재한다고 생각한다고 하더라도 인과적 화살표가 어느 방향으로 향할지 분명하지 않다. 즉, 폭력적인 영화가 사람들을 타락시키는지, 아니면 타락한 자들이 폭력적인 영화를 관람하는지 분명하지 않다.

세계에 대한 불필요하게 폭력적인 이해를 조장하는 표현들은 필연적으로 퇴폐적이라고 주장하는 것은 사실이 아닐 것이다. 그러나 우리가 미디어 묘사에 관여하는 성격을 고려하면, 세계와 타인에 관한 불필요하게 폭력적인 이해에 반복적으로 노출할 경우 타락하기 쉽다고 믿을 만한 근거가 있다.[23] 비록 우리의 이해를 함양하는 것이 우리에게 특정 방향으로 행동하는 경향을 갖도록 하지만, 그것이 그러한 방향을 완전히 결정할 수는 없기 때문에, 그 관계가 필연적인 것은 아니다.[24] 그런 이유로 우리는 특정 습관과 성향을 억제하거나 함양하는 것을 시도할 수 있으며, 그래서 성공할 수도 있고 실패할 수도 있다. 그럼에도 불구하고 광고회사들이 당연히 생각하고 있는 것처럼, 미디어 묘사들은 우리가 특정 방식으로 행동하는 성향을 갖도록 하는 일반적인 태도에 호소하여 그러한 태도를 함양할 수 있다. 광고부터 대중가요와 영화까지 걸쳐 있는 특정 표현에 반응한 사람들의 모방적 행동들을 달리 어떻게 설명할 수 있겠는가?[25]

관객들은 기술된 상상물과 특정 인물의 동일화를 통해 어떠한 이유에서든 다른 사람들을 외집단으로 정의하고, 그러므로 무가치한 것으로 정의하여 그들에게 폭력을 가하는 것으로부터 기쁨을 느끼도록 점점 더 조장될 수 있다. 그래서 폭력적인 기쁨의 욕구는 용납되고 탐닉될 뿐만 아니라 확장될 수도 있다. 그런 이유로, 저속한 기쁨이 점점 더 일반적인 세상에 대한 우리의 상상적인 이해를 지배할 수 있다.[26] 전형적으로 이에는 폭력의 대상인 사람들에 대한 상상적인 연민에 대한 배척이 부수적으로 따른다. 즉, 폭력을 가하는 것으로부터 나온 기쁨을 충족시키고 고양하기 위해서는 폭력의 대상인 사람들에 대한 우리의 상상적인 연민과 이해가 불가능하다.

매우 지나치게 단순화된 수준에서 폭력의 영향에 대한 우리의 감수성이 한 측면(폭력으로부터 이끌어진 기쁨)에서 함양되었을지라도, 폭력으로 고통받는 사람들에 대한 감수성은 배제된다. 물론 우리는 이것보다 훨씬 더 복잡한 폭력에 대한 반응을 경험할 수도 있다. 첫째, 폭력이 묘사된 장르는 분명히 우리의 반응을 형성할 것이다. 예를 들어, 전쟁의 폭력과 공포를 보여주는 것은 소말리아에서 일어나는 구호노력의 본질이나 르완다의 종족학살에 대해 보도하는 데 중요한 역할을 할 수 있다. 대학살과 부상자들의 특성을 보여주는 것은 일어나고 있는 것들의 현실에 대해 증거를 제시하는 중요한 역할을 할 수 있다. 그러나 완전히 다른 맥락에서 동일한 사진 이미지, 즉 전쟁의 죽음과 공포에 기쁨을 조장하는 것을 전문으로 하는 잡지-전적으로 받아들일 수 없을 것이다. 허구의 영역 내에 있는 만화영화에 묘사된 폭력적인 행위에 대한 우리의 반응조차도 스너프 영화snuff movie(실제 살인 장면을 오락거리로 보여주는 영화)에 묘사된 동일한 행위에 대한 우리의 반응과 전혀 다를 수 있다. 그렇기는 하지만, 그와 같은 복잡성을 고려

한다고 하더라도 최소한 특정 종류의 폭력적인 표현은 최소한 우리 세계에 대한 타락한 상상적 이해를 강화하고 심화시킬 수 있다. 폭력의 표현은 우리가 동일시하기를 원치 않거나 원치 않을 것 같은 사람들에게 폭력을 가하는 것에 대한 우리의 도덕적 반응을 무디게 하는 경향이 있을 수 있다. 뉴스의 경우에서조차, 폭력과 그것의 끔찍한 결과에 대한 묘사가 노골적이면 노골적일수록 우리가 관련된 사악한 현실에 무감각해질 가능성이 더 높아진다. 그러나 이 의견은 특히 차이점이 도덕적 무관심이나, 예를 들어 성적 성향이나 국적, 신분, 민족, 종교 또는 정치적 성향 등을 기준으로 폭력적 취급을 받을 만한 것으로 누군가를 평가하기 위한 충분한 기준으로 묘사되고 있는 경우에 적용된다.

폭력의 묘사는 아동들이 폭력 영화에 점점 더 자유롭고 쉽게 접근한다고 고려해볼 때 특히 우려된다.[27] 왜냐하면 성인들과 달리 아동들은 묘사된 일종의 사건과 감정에 대한 체험을 하지 않았기 때문일 것이다. 그래서 그들은 묘사된 사랑과 섹스 그리고 폭력의 왜곡된 특성이 실제로 정상적이고 도덕적으로 적합한 행동을 나타낸다고 생각하게 될 수 있다. 또한 그런 묘사의 영향은 아동이 특정 묘사를 비교 평가할 다른 경험적 기반이 없을 때뿐만 아니라 그가 정서적으로 방치되고, 정서와 태도, 행동 등에 대한 일반적인 이해가 없을 경우 악화될 수 있다. 아동들은 그들의 사회 및 도덕적 행동을 주로 예를 통해서 학습한다. 몇몇의 가장 기본적인 인간 행동의 일부에 대한 한 아동의 주된 예가 폭력 표현으로 이루어진다면 무언가가 비극적으로 잘못된 것이다. 보다 일반적으로, 이런 종류의 즐거움을 조장하는 영화를 주로 제작하는 것은 섹스와 사랑, 폭력 등의 본질적 특성에 대한 우리의 사회적 이해의 근본적인 측면들을 표현하고 있는 것일 수 있다. 그래서 그러한 영화의 제작과 향유가 증가하는 것은 폭력을 가하는 것과 그것에 페티시즘을 느끼는 것을 긍정적으로 평가하는 타락한 문화의 징후일 수 있다.

자유주의자들의 딜레마A Liberal Dilemma

이러한 사고방식의 결과 중 하나는 우리 세상에서 타인에 대한 입장과 중요성의 감각을 갖춘 사람들만이 〈용서받지 못한 자〉든, 〈좋은 친구들〉이든 또는 〈펄프 픽션〉이든 간에, 폭력에 대한 미디어의 묘사를 올바르게 인식하고 판단할 수 있다는 것이다. 실제로 적절한 도덕적 이해를 지니고 있는 사람들도 폭력적인 표현의 퇴폐적 측면에 영향을 받지 않을 수 없다. 결국 우리의 도덕감이 폭력적인 표현물로부터 나온 즐거움을 손상시킬 수 있을지라도 그것을 완전히 사라지게 하지는 않는다. 메타 수준에서 우리는 표현된 폭력적인 태도와 행동이 바람직하지 않다는 것을 인식하기 때문에, 그 즐거움은 훼손될 수밖에 없다. 따라서 도덕적 이해의 측면에서 불필요한 폭력의 묘사는 무조건 공상으로서 향유될 수 있을 뿐인데, 결국 영화에 대한 기술된 상상적인 이해와 세계에 대한 그 자신의 이해 사이의 추정적인 관계를 제공하는 대가를 치르는 것이다. 문제는 제시된 관계를 끊는 것이 심리학적으로 불가능할 수 있어서, 그 묘사를 아예 즐길 수가 없다는 점이다. 그 대신에 도덕적 이해가 불충분한 사람들은 폭력적인 영화가 어떻게 우리의 세계와 실제로 관련되는지에 대해 잘못 이해한다. 예를 들어, 이스트우드의 〈용서받지 못한 자〉는 본질적으로 폭력을 포함하고 있지만, 그것은 타인에 대한 폭력적인 무시를 적절한 것으로 규정하고 있지 않다. 그러나 자신들의 이해가 표현된 폭력이 제공하는 쾌락에 영향을 받는 관객들은 규정된 상상적인 이해를 잘못 해석할 수 있다. 실제로 재현된 폭력에 빠져 있는 비뚤어진 욕망의 측면에서 그러한 오해를 설명할 수 있을 것이다. 그래서 이스트우드가 슬프게도 허무주의로 빠져드는 것에 대한 비극적이며 잔혹하고 최종적인 확인에 직면할 때, 어떤 관객들은 무기력한 다친 남자를 잔혹하게 살해하는 마지막 장면을 보고 가학적으로 웃을 수 있을 것이다. 〈용서받지 못한 자〉가 조장하는 이해와 〈리썰 웨폰*Lethal Weapon*〉 시리즈와 같은 영화에 나타나 있는 폭력의 인과적 현란함 사이를 구별하지 못하는 일부 관객들의 무능력함은 기본적인 담화 시퀀스와 폭력적 사건이 제공하는 즐거움 등의 이면에서 무엇이 진행되고 있는지 인식하지 못하는 걱정스러운 무능력을 노출시킨다.

아마도 〈시계태엽 오렌지*A Clockwork Orange*〉가 그 문제의 전형적인 예가 될 것이다. 스탠리 큐브릭Stanley Kubrick의 영화에 묘사되어 있는 극단적이고 격렬하며 매우 양식화된 폭력을 가하는 것은 그것 자체로서 향유될 수 있으며, 규정된 알렉스Alex와 그의 갱 단원과의 동화에 의해 강화된다. 실제로 이러한 점에서 이 영화의 힘은 최소한 영국에서는 아주 유명하다. 큐브릭은 그 영화의 캐릭터들과 장면들을 모방하는 범죄와 모방 성폭행이 빈발하자, 영국에서 그 영화를 상영권을 포기하였다.[28] 문제는 표현 그 자체뿐만 아니라, 관객이 그나 그녀가 그것에 관여하고 평가하는 데 사용할 수 있는 도덕적 이해에도 내재해 있다. 폭력적인 표현의 저급한 쾌락에 대한 상상적인 즐거움과 매력은 위험하다. 그 위험성은 이미 존재하고 있는 도덕적 이해의 있을 수 있는 타락과 세계와 타인에 대한 근본적으로 잘못된 비도덕적인 이해의 조장 둘 모두에 존재한다. 이것은 우리가 왜 폭력적인 영화를 의심해야 하는지에 대해 정확히 설명하는 역할을 한다. 문제는 단순히 하나의 범죄가 아니라, 예술의 힘은 교화하는 역량과 타락시키는 역량 둘 모두에 내재해 있다는 오래된 역설과 관련이 있다. 폭력을 향한 욕구에 점점 더 관용적인 문화에서 폭력적 영화는 그것에서 취하는 기쁨을 반영할 뿐만 아니라 그것을 조장할 수 있다. 일반적으로 불필요하게 폭력을 가하는 것과 사디즘을 탐닉하고 열중하는 영화에 관해 특이한 점은 이러한 기쁨을 찬양한다는 점이다.

전형적으로 적절한 도덕적 이해에 의존할 수 있는 경우, 상상적 이해와 행동에 영향 없이 폭력적인 묘사 자체가 제공하는 기쁨을 인식하고 향유할 수 있다고 믿는다. 그러나 누군가의 도덕적 이해가 부적합한 경우, 폭력적 표현은 타인의 고통과 행복을 무시하는 경향만을 확인해줄 뿐이다. 그러나 신경성 거식증 환자가 자신들이 위험할 정도로 야위었다는 사실을 인식할 수 없는 것과 마찬가지로, 도덕관념이 없는 사람들은 타인에 대한 적절한 상상적 이해와 그들에 대한 관심의 필요성을 알지 못한다. 그래서 일부 사람들은 다른 사람들보다 훨씬 더 많이 발전된 도덕적 이해를 소유하고 있다는 점을 고려해보면, 충분히 발전된 도덕적 이해를 지니고 있는 사람들만이 특히 〈시계태엽 오렌지〉만큼 매력적이고 감지하기 힘든 불필요하게 폭력적인 영화에 접근해야 한다는 것이 분명해 보인다.

도출된 결론이 지나치게 엘리트주의적이라고 반대할 수도 있다. 누가 적절한 도덕적 이해는 소유하고 있는지, 또는 어떤 것이 불필요한 폭력인지 누가 말할 수 있겠는가? 물론 우리가 정책의 문제에 대한 얘기를 시작해보면, 이것들은 중요한 질문들이다. 실제로 일차적으로 권력관계에 대한 고려사항들이 중요한 것은 이 수준에서이다. 그러나 검열을 최소화하자는 강력한 주장은 폭력적인 영화가 무해하다는 것이 아니라 검열을 합법화하는 것은 정의와 민주주의에 해로운 특정 집단의 이익을 위해 어떤 것들을 검열할 수 있다는 것에 있다.[29]

그러나 원칙적으로 그와 같은 실용적인 고려사항들은 위에 제시된 논거에 반대하지 않는다. 특히 우리가 아동들을 고려할 때, 상이한 수준의 이해가 존재한다는 것은 상당히 명백하다. 그러하다는 것을 인정하는 것은 악의적 의미에서 엘리트주의자가 되는 것은 아니다. 결국 한 아이가 도둑질을 할 때, 우리가 도둑질에 대해 실제로 생각하는 것을 말하지 않는다. 즉, 도둑질은 '일견 타당하게' 나쁜 것이지만, 예를 들어 자신의 가족을 굶주림으로부터 보호하기 위한 것처럼 보다 강력한 '일견 타당한' 의무를 충족시키는 특정 상황에서만 정당화될 수 있다. 그 대신 우리는 도둑질은 나쁜 것이라거나 예수나 간디 또는 할머니도 도둑질을 하지 않았을 것이라거나 또는 더 바람직하게 그들에게 왜 도둑질이 나쁜지를 보여주는 이야기를 말해준다. 이것은 우리가 위선자이기 때문은 아니다. 오히려 아동을 다루고 있든, 성인을 다루고 있든, 어떤 설명들은 상이한 수준의 이해에 적합하기 때문이다.

다른 수준에서 우리는 어떤 사람들은 다른 사람들보다 좀 더 발달된 도덕적 이해를 지니고 있다고 인정한다. 따라서 우리는 단지 그들의 관점이 우리와 다르기 때문이 아니라, 그들은 우리가 지니고 있지 못한 지혜를 지니고 있다고 생각하기 때문에 우리는 누군가에게 가서 조언을 구한다. 문제는 특히 보다 낮은 수준에서 폭력적인 표현은 단순히 보다 저급한 쾌락을 조장하고 있기 때문에 그리고 규정된 상상적인 이해는 근본적으로 결함이 있거나 너무 미묘하기 때문에 우리의 도덕적 이해는 부패나 타락에 취약한 상태에 있다는 점이다.

물론 우리의 도덕감은 전형적으로 발달의 지속적인 과정에 있으며, 우리의 도덕적 이해를 확장시키고 심화시킨다. 또한 우리의 이해를 심화시키는 주요한 방법들 중의 하나는 우리가 접할 수 있는 가능 세계와 불가능 세계에 대한 다양한 표현들에 관여하는 것이다. 그런 이유로, 우리는 세계를 해석하고 타인을 이해하는 것을 가능하게 하는 미술과 영화, TV 그리고 기타 미디어들에 대한 상상적이고 비판적인 평론을 권장하고 키워야 한다. 그러나 그것뿐만이 아니라 우리는 또한 특히 아동들처럼 가장 취약한 사람들을 폭력적인 표현이 불러일으키고 만족시키는 보다 저급한 욕구를 악화시키는 것으로부터 보호해야 한다. 이러한 면에서 우리가 실패할 경우 도덕적 이해의 타락과 타인에 대한 충분히 인간적 배려의 소멸이 시민 사회에 임박한 것이다.

이상적으로 우리는 관련 관객들이 폭력적 표현을 접할 때 기울일 수 있는 이해의 수준에 따라 폭력적인 표현을 검열하도록 해야 한다.[30] 미디어 표현의 자유는 특정 개인들과 전체적인 사회 둘 모두에게 피해를 주지 말아야 하는 우리의 의무에 의해 평가되어야 한다. 그렇게 하려면, 영화 제작자와 프로그램 제작자 그리고 작가들이 자체 검열의 행위에 자신들의 판단을 더 많이 행사하는 데 관심을 기울여야 한다. 또한 시민사회를 구성하고 있는 가족들과 그룹들 또한 자신들의 재량을 행사하는 것에 주의를 기울여야 한다. 그런 이유로, 예를 들어 미국에서 1993년에 채택된 폭력에 대한 자체 관리 의견, 국민 발의self-administered voices-against violence initiative는 명확히 환영받아 마땅하다.[31] 개발된 대책들 중에는, 폭력에 대한 불필요한 묘사를 방지하기 위한 명시적 목표뿐만 아니라, 폭력 등급제의 개발을 통해 특정 프로그램의 폭력 수준에 대해 보다 명확히 시청자들에게 알리겠다는 명확한 약속이 있었다. 그와 같은 국민 발의는 부모가 자신의 자녀가 TV에서 시청할 수 있는 것과 할 수 없는 것에 대해 통제하는 것을 가능하게 하는 V칩을 모든 TV에 설치하는 것과 명확히 잘 들어맞는다. 모든 사람들의 사회적 이익을 위해 스크린 폭력의 양이 감소될 것으로 예상하는 것은 당연하다. 그러나 폭력의 잔인한 표현을 점점 더 많이 받아들이고 있는 문화 안에서, 부모들이 자녀들의 시청 습관과 일반적인 행동을 보살피고 검열하는 것을 점점 더 못하고 있고, 업계의 협조가 실패할 때 국가는 검열의 권력을 행사할 수 있는 '일견 타당한' 의무를 지니고 있어야 한다. 실제로 우리는 이제 자유주의적인 정부의 검열 실패는 단순히 폭력 범죄의 피해자뿐만 아니라 그리고 이러한 범죄를 저지르는 자들뿐만이 아니라, 그들의 가족과 더 크게는 사회 전체를 실망시키고 있다는 불만을 이해할 수 있다. 예전에는 당연한 것으로 여기던 미디어 표현들에 대한 이해가 그와 같은 염려들을 몽땅 지워버리는 경향이 있었다. 내가 제안했던 것은 특히 재현된 폭력이 타인과 세계에 대해 근본적인 오해를 조장할 때 미디어 폭력에 대해 대중적 계몽을 가능하게 하는, 재현과의 상상적 관계에 대한 설명이다. 그것은 검열에 반대하는 자유주의적 추론의 핵심을 강타하는 통찰력이다.

　자유주의자들은 타당한 동기에 의해 그와 같은 불편한 상황을 피하려고 할 수 있다. 그러나 적어도 특정 상황하에서는 검열에 실패하는 것은 국가의 효용과 목적the point and purpose의 폐기를 구성하는 것처럼 보인다. 그것은 자유주의 국가의 바로 그 전제조건인 안보와 안정 그리고 관용이 뿌리째 뽑히는 것을 허용하는 것이다. 일반적으로 자유주의적 합의는 미디어에 표현된 폭력에 관한 대중의 우려를 일축하는 경향이 있었다. 그런 이유로, 자유주의자들은 미디어를 검열하기 위해 있을 수 있는 적극적인 의무들을 고려하는 것을 회피하려는 경향이 있다. 불행하게도 우리가 실제로 미디어 표현들에 관여하여 이해하는 방식은 달리 제시하고 있다. 이것은 성숙한 자유민주주의 국가들이 모든 검열에 대한 수사적인 비난을 영속시키기보다는 정면으로 맞서야 하는 딜레마이다. 다음 장에서 주로 다루게 될 내용이 바로 이 과제이다.

1 Mike Ellison, "The Power and the Gory," *The Guardian, Tuesday,* 25 October 1994, Arts Section, p.5.

2 심지어 Moland 판사는 이에 대한 언급도 했는데, 요약하면 나는 그들의 가정교육에 대한 판결을 내리는 것은 아니지만, 폭력 비디오에 대한 노출이 사건의 원인 일부가 될 것으로 의심된다.

3 그 소년들이 실제로 〈사탄의 인형 3〉을 보았는지는 의심의 여지가 있다. 그럼에도 불구하고, David James Smith가 명확하게 한 것처럼, 소년들 아버지 중 한 명이 빌렸던 마지막 비디오가 〈사탄의 인형 3〉이었으며, 소년들이 그 비디오에 자유롭고 쉽게 접근할 수 있었다는 점에서 최소한 두 소년들이 보았다는 것은 명백하다.

4 예를 들어, Kenneth R. Clark의 "Yes, TV Vience Is Awful, but What's the Cure?" in *Impact of Mass Media,* ed. Ray Eldon Hiebert, 3rd edition(New York: Longman,1995), pp.241-244, and Nick Cohen's feature article The Fear, "the Shame, the Guilt," *The Independent,* 21 February 1993, p.2를 참조.

5 예를 들어, David Gauntlett, *Moving Experiences: Understanding Television's Imfluences and Effects*(London: John Libbey, 1995), and Geoffrey Pearson, "Falling Standards: A Short, Sharp History of Moral Decline," in *The Video Nasties,* ed. Martin Barker(London: Pluto, 1984) 참조.

6 고전적인 예는 Robert Hodge와 David Tripp의 Robert Hodge and David Tripp's *Children and Television*(Oxford: ity, 1986)인데 이 책은 기호적인 용어들의 의미에 대한 구성과 해석을 표현하였다. Hodge와 Tripp은 본질적으로 기호의 불변성에 대해 논쟁했으며, 의미는 반드시 부분적으로, 어린이들이 자신이 본래 가지고 있던 배경 부호에 의해 결정된다고 주장했다. 그러나 이것은 여전히 모든 사람이 관련되어 있는 관념에 사로 잡혀 있는 세상의 문제를 해결하기 위해 이미지에서 기호를 '읽어내는 것'이다. 예술적인 관례와 관련하여 이러한 종류의 접근이 지닌 부적절하고 타락한 효과를 대략적으로 표현한 논쟁은 Matthew Kieran의 "Impoverishment of Art," *British Journal Aesthetics* 35(1995): 14-25 참조.

7 고전적인 예는 Jean-Luc Comolli and Jean Narboni's "CinemaJIdeology/Criticism," in *Film Theory and Criticism,* ed. G. Mast, M. Cohen, and L. Braudy(New York: Oxford University Press, 1992), pp.682-689이다. David Morley, *The "Nationwide" Audience*(London: British Film Institute, 1980), though foregrounding the engagement of actual viewers and challenging the "textual determinism" of *Screen* theory nevertheless presumes the all pervasive significance of idelogy. 그럼에도 불구하고 실제 시청자들의 관여를 전경화하고 영화이론의 텍스트결정론에 도전하는 것은 이데올로기의 모든 보편적인 의의를 전제한다.

8 John Fiske, *Television Culture*(London: Routledge, 1988), p.14.

9 Adrian Rogers 박사는 보수주의 가족 캠페인의 공식 컨설턴트이자 창립멤버이며, 영국에서 가족의 가치에 대한 적극적인 운동가로 잘 알려져 있다.

10 Martin Barker는 *Censored: The Story of Film Censorship in Britain*(London: Chatto and Windus, 1994), p.289. Martin Barker, "Sex, Violence and Videotape," *Sight and Sound* 3(1993): 10-12에서 검열에 대한 수요는 정치적인 동기이며, 따라서 모든 그러한 불만은 당연하다고 가정했다.

11 육체적 상태로부터 정신적 상태를 구분하는 것이라는 생각은 Franz Brentan의 *Psychology from an Empirical Standpoint,* vol. 1, ed. O. Kraus, trans. Antos C. Rancurello, D. B. Terrell, and Linda L. McAlister(London: Routledge, Kegan and Paul, 1976)에서 비롯

되었다. 인간세상의 주관적인 측면의 중요성은 토마스 네이글, *The View FromNowhere* (Oxford: Oxford University Press, 1986)에 의해 눈에 띄게 되었다.

12 Grant. Berys Grant가 이 예시를 나에게 알려주었다.

13 Monroe Beardsley은 *Aesthetics*(New York: Harcourt, 1958), pp.426-429, 예술품과 관련하여 세상에 대한 양립 불가능한 재현에 우리가 가치를 두는 것은 그것의 본질적인 가치와 작업의 내용물이 의미심장하게 관련될 수 없음을 보여주는 것이라고 잘못 주장하였다.

14 Kendall Walton, *Mimesis as Make-Believe*(Cambridge, MA: Harvard, 1990)는 믿게 하는 게 임을 하는 중요성은 우리가 어떤 종류의 재현과 관련할 때라는 것에 대해 논쟁했다. 텔 레비전과 관련한 그러한 개념을 지지하는 심리학적 연구는 Jerome L. Singer and Dorothy G. Singer, *Television, Imagination and Aggression*(Hillsdale, NJ: Lawrence Erlbaum, 1981)를 포함한다.

15 See Michael D. Slater, "Processing Social Information in Messages: Social GroupFamiliarity, Fiction versus Nonfiction, and Subsequent Beliefs," *Communication Research 17*(1990): 327-343.

16 Noël Carroll은 *The Philosophy of Horror*(New York: Routledge, 1990), pp.88-96에서 인물 동일화의 중요성은 그러한 동일화가 너무 강한 규준이라는 것을 근거로 사회적으로 과 소평가되었다. 그러나 인물동일화는 모든 면에서 감동, 느낌, 생각에 정확한 가상현실 이 될 수 없다. 무엇보다도 동일화하고자 하는 사람의 고의적인 시선은 명백히 타율적 이나 반면 피동일화되는 사람은 자존감이 있다. 다른 것과의 동일화는 상상적인 가상현 실을 통해 모든 측면에서 다른 사람의 상태에 대한 가상현실을 요구하지 않는다.

17 다른 사람을 이해하려는 시도에서 정신 가상현실의 주요한 중요성을 제안하는 현대의 심리학적 연구의 발전에 대해서는 *Natural Theories of Mind*, ed. Andrew Whiten(Oxford: Blackwell, 1991) 참조.

18 Dilys Powell, ed. C. Cook, *The Dilys Powell Film Reader*(Oxford: Oxford University Press, 1991), p.221.

19 See Carroll, *The Philosophy of Horror*, pp.159-194.

20 M. J. Apter, *Reversal Theory: Motivation, Emotion and Personality*(London: Routledge, 1989)에서 특정한 상황에서, 우리는 일반적으로 불쾌한 것을 즐길 수 있으며 즐긴다는 심리학적 연구에 대해 재검토했다. Berys Gant, "The Paradox of Horror," *British Journal of Aesthetics, 33*(1993): 339-344 참조.

21 로저 스크루톤은 *Art and Imagination*(London: Routledge, 1981), pp.89-98에서 상상은 반 드시 믿음 이상이어야 한다는 것을 근거로 하는 이러한 구분에 대해 논쟁했다.

22 예를 들어, David Buckingham, *Children and Television: An Overview of the Research* (London: British Film Institute, 1987), and Martin Barker, The *"Video Violence" Debate: Media Researchers Respond*(April 1994), School of Cultural Studies, University of the West of England. 폭력 영상과 행동사이에 어떤 관계가 있다고 주장하는 이러한 연구자들조 차도 실험적 결과가 결정적이지 않다는 점을 시인한다는 것을 인식하는 것은 중요하다.

23 Haejung Paik and George Comstock, "The Effects of Televison Violence on Antisocial Behavior: A Meta-Analysis," *Communication Research 21*(1994): 516-546 참조.

24 우리의 이해와 가치평가가 전적으로 우리의 행동을 결정한다는 가정은 유혹의 현상 그 리고 의지의 나약성을 고려하면 잘못된 것이다. 플라톤은 소크라테스 경우처럼 우리의 비 이성적인 욕구 때문에 그 사례를 이해해야 하고 알아야 하는 것임에 불구하고 그러한 식 으로 행동하기를 유혹받았을지 모른다. Plato, *The Republic*, trans. D. Lee(Harmondsworth: Penguin, 1974), Book IV, Section 2, 439a-439d, pp.209-217 참조.

25 영국에서의 악명 높은 광고 사례는 어린이들이 모방해서 중단된 Tango 광고였다. 광고
   는 커다란 오렌지 당원이 운동장에서 어린이의 귀를 손으로 후려치는 장면을 묘사했다.
   불행하게도 이것은 놀이터에서 대유행이 되었고, 어떤 경우는 심각한 귀머거리가 되었
   다. 그러한 경우는 영화나 텔레비전에서 새롭거나 특별한 것은 아니었다. 결국 Goehte
   의 병적으로 감성적인 Werther은 광범위한 우울증과 다발적인 자살을 유발했다.
26 기본적 기쁨은 그것들에 대한 우리의 평가와는 독립적으로 남아 있기 때문에 그렇게
   불린다. 이성을 뛰어넘는 욕구의 삶에 대해 지배당하고 악화되는 것은 플라톤의 Plato's
   Gorgias, trans. D. J. Zeyl(Indianap is, IN: Hackett, 1987), 491e-1.492c, pp.64-65에서 묘사된
   Calliclean의 좋은 삶에 대한 개념과 유사하다.
27 영화 검열의 경우에 실무적으로 말하자면 한 가지 결정적인 점에서 비디오 검열의 경
   우보다 간단하다. 즉, 영화 관람은 나이제한과 허가 정책으로 통제가 가능하다. 비디오
   와 텔레비전은 특히 예민한 문제를 제기하는데, 왜냐하면 아주 많은 어린이들이 성인
   비디오와 케이블 네트워크에 자유롭고 쉽게 접근하기 때문이다.
28 전형적인 설명을 위해, 어떤 수준이 '복잡한 설명보다는 쉬운 변명'에 빠지면서 그러한
   행위를 영화와 연결하려고 시도하는지에 대해서는 Mathews, *Censored*, pp.208-210 참조
29 그러한 검열의 고전적인 예는 아인슈타인의 Eisenstein's classic *Battleship Potemkin*이 정치
   적인 이유로 서방 전체와 영국에서 1926년 1954년까지 금지되었던 것에서부터, 로버트
   맥스웰(Robert Maxwell)이 그의 사익을 추구한 사업 관행을 덮기 위한 명예훼손법의 사용
   까지 이른다.
30 어린이의 발달 수준은 아이들이 텔레비전을 어떻게 해석하고 반응하는지에 대한 강력
   한 결정요인이라는 것을 주장하는 심리학적 연구에 대한 논쟁을 보려면 Judith Van
   Evra, *Television and Child Development*(London: Lawrence Erlbaum,1990), pp.3-28, and
   Catherine N. Doubleday and Kristin L. Droege, "Cognitive Developmental Influences on
   Children's Understanding of Television," in *Children and Television*, ed. G. L. Berry and J.
   K. Asamen(Newbury Park, CA: Sage, 1993), pp.23-37 참조.
31 이 제도는 "텔레비전에서 폭력이 매력 없게 보이도록 하고 부모가 그들의 자녀가 무엇
   을 보고 있는지 알고 통제하고 텔레비전에서 보이는 폭력의 수준이 일반적으로 감소하
   도록 하는" 포괄적인 노력으로 구성되었다. *Voices Against Violence: A Cable Television
   Initiative*, p.1, produced by the National Cable Television Association, Washington, DC. 참조.

7

미디어 표현의 해악과 불쾌감 그리고 미디어 검열

Harm, Offense and Media Censorship

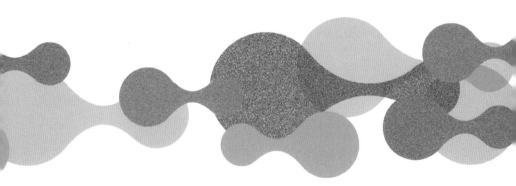

7

미디어 표현의 해악과 불쾌감 그리고 미디어 검열
Harm, Offense and Media Censorship

서론Introduction

법에 대한 모든 자유주의관의 토대는 그 행동이 무엇이든지 간에 특정 행위의 비도덕성이 그 행위에 대한 법적 금지를 정당화할 수 없다는 전제이다.[1] 왜냐하면 자유민주주의 국가의 요지와 목적은 개인이 그들이 자유롭게 선택한 대로 삶을 살기 위해 요구되는 권리와 공정한 조건들을 유지하는 것이기 때문이다. 이것은 그와 같은 행위가 타인의 권리를 침해하거나 해치지 않는 한 비도덕적으로 행동할 수 있는 권리를 포함한다. 그래서 특정 종류의 활동을 금하기 위한 주요한 정당화의 근거는 타인에 대한 해악 조건[2]과 관련된다. 그런 이유로 살인이나 고문은 개인의 동의 없이 그의 생명을 빼앗거나 고통을 가하는 것을 수반하기 때문에 불법이다. 그러나 또한 해악 조건harm condition은 어떤 활동을 불법화하는 충분조건이 아니라는 점을 주목해야 한다. 예를 들어, 자동차로 여행하는 사람들의 권리를 보호하는 것은 해악으로 이어질 수 있다. 왜냐하면 우리가 도로 위에서의 차량 운행을 허용할 경우, 많은 수의 사람들이 매해 도로 위에서 불구가 되거나 죽기 때문이다.[3] 물론 자유주의 국가는 교통 규제와 음주운전의 금지를 통해 이러한 방식으로 피해를 입는 사람들의 수를 최소화하기 위해 국가가 할 수 있는 모든 것을 하고 있다. 그러나 국가가 해악이 발생할 것을 알고 있을지라도 삶을 살아가는 방식을 선택하고, 그로써 여행하는 방식을 선택하는 개인들의 기본적인 권리를 보호하고 있다.

우리는 특정 종류의 뉴스 보도와 프로그램, 포르노물 그리고 폭력적인 영화가 사람들에게 해악을 줄 수 있다고 믿을 만한 근거가 있다는 것을 살펴보았다. 이것은 검열을 해야 할지, 하지 말아야 할지를 고려해보도록 하는 근거를 준다. 그러나 해악이 수반된다 할지라도, 검열을 정당화하기 위해서는 추가적인 논변이 필요하다. 그뿐만 아니라, 불쾌감의 문제는 흔히 검열을 합법화하는 것으로 여겨진다. 그런 이유로, 성적으로 음란하거나 노골적이거나 외설적으로 폭력적인 영화는 피해가 수반되지 않는 경우라도 검열될 수 있다. 근본적으로, 이러한 주장을 고수하기 위한 두 가지 뚜렷한 근거가 존재한다. 그 첫 번째는 특정 종류의 불쾌감을 해악의 한 형태로 해석하는 것을 수반한다. 특정 프로그램들 또는 출판물들이 공개적이면서 모욕적일 경우, 그것들이 끼치는 불쾌감offensiveness은 일종의 해악으로 간주될 수 있다. 두 번째 변형variant은 해악의 조건을 고려하는 것은 그 자체가 너무 제한적이라고 주장한다. 행위가 주는 불쾌감이 그 행위를 금지하는 근거가 된다는 원칙이 보충되어야 한다는 것이다.

검열에 반대하는 주장The Case Against Censorship

검열에 반대하는 논거에 대한 고찰로 나아가기에 앞서 우리는 한 가지 기본적인 구분을 할 필요가 있다. 여기에서 다룰 것은 정부의 검열이다. 정부의 검열에는 특정 의견이나 영상, 또는 영화의 개봉 또는 상영을 금지하거나 보류하기 위하여 정부의 강제가 수반된다. 이것은 자체 검열의 경우와 구분될 수 있는데, 자체 검열이란 신문사 또는 방송 기관이 순수하게 상업적인 것에서부터 취향 및 품격과 관련된 판단까지 포함하는 이유로 뉴스 보도나 영화를 검열 또는 보류하기로 결정하는 것을 말한다. 이것은 중요한 차이다. 특정 보도의 방송이나 영화가 도덕적으로 정당화될 수 없고, 그래서 어떤 경우에는 편집자나 회사가 그것을 방송편성표에서 삭제하는 것이 도덕적으로 옳을 수도 있다. 그럼에도 불구하고, 그러한 프로그램이 취소pulled되지 않을 경우에도 여전히 국가가 검열이라는 권력을 행사하는 것은 정당화될 수 없다. 우리가 살펴보겠지만, 그 이유는 국가 검열의 폐해는 비윤리적 보도나 방송을 허용하는 것이 초래할 수 있는 폐해보다 더 클 수 있다는 주장이 충분히 합리적이기 때문이다.

정의로운 국가는 시민들이 선택한 대로 그들의 삶을 살아가는 것을 보호하고 가능하게 한다는 자유주의적 전제를 고려하면, 검열에 반대하는 논변은 실제로 매우 강력하다. 아마도, 이러한 논변의 부정적인 면과 긍정적인 면 양측에 대한 가장 명확한 설명은 존 스튜어트 밀John

Stuart Mill의 《자유론On Liberty》에서 발견할 수 있을 것이다.[4] 검열은 국민들의 자율성autonomy에 대한 침해이므로 정부의 통치와 권위를 정당화하는 근거를 약화시킨다. 검열은 반대 의견의 전파를 방지하기 위한 조치를 포함하며, 그렇기에 그 조치들은 타당하지 않다. 제시된 의견이 진실이든 거짓이든 또는 타당하지 않든지 그리고 그것들이 얼마나 불쾌하든 상관이 없다.

우선 신문 보도와 광고판 광고, TV 프로그램 그리고 영화는 그것들이 잘못된 관점을 제시한다 할지라도, 그것들을 삭제하는 사실이 실제로 왜 사실인지 이해하지 못하도록 막을 수 있기 때문에 검열되지 않아야 한다.[5] 예를 들어, 홀로코스트나 최근의 지능과 인종에 관한 논쟁을 고려해보자.[6] 많은 사람들은 홀로코스트는 결코 일어난 적이 없다거나 흑인들은 선천적으로 백인보다 지능이 낮다고 주장하는 보도와 서적 그리고 프로그램들은 검열되어야 한다고 생각하는 경향이 있다. 이 두 가지 경우에서 주장하고 있는 바는 우리가 모두 명백한 진실로 여기는 것에 대하여(몇몇 경우에는 인종적 혐오감을 동기로 하여) 명시적으로 거부하는 것이다. 흔히 그와 같은 그릇된 생각에 대한 표현 자체가 그런 치명적인 관점을 악랄하게 영속시킨다고 생각한다.

그러나 이 같은 관점의 표현이 금지될 경우 우리는 예를 들어 홀로코스트는 정말로 일어났다고 주장하는 증거와 합리적 근거에 관해 생각해야 할 이유가 없을 것이다. 그래서 우리는 그것을 이해할 가능성이 더 낮아질 것이다. 그것은 우리가 이해하고 있고 합리적으로 정당화할 수 있는 믿음으로서보다는, 단순히 많은 다른 것들 중에서 케케묵은 도그마dead dogma나 편견으로 유지될 것이다. 주장은 증거와 근거에 의해 뒷받침되어야 하는 것이지 단순히 충돌하는 편견들을 주장하는 것, 즉 다수의 지지에 의해 믿어야 하는 것이 결정되는 것으로 이해되어서는 안 된다. 게다가 우리가 특정한 신념에 대한 증거와 합리적 근거를 알고 있더라도, 우리는 다른 신념을 주장하는 것에 대한 근거가 존재할 가능성에 대해 항상 열려 있어야 한다. 이러한 가능성을 열어놓는 것에 실패할 경우, 우리 자신의 신념을 유지하기 위해 갖게 되는 근거는 훨씬 더 약해질 것이다. 그래서 사람들이 왜 흑인이 백인보다 선천적으로 지능이 낮다는 생각을 하도록 유혹받는지be tempted to IQ 연구를 기반으로 이해할 수 있어야 한다. 그런 다음 우리는 우리 자신의 관점을 유지하기 위하여 보다 좋은 근거를 제시할 수 있어야 하고, 우리 주장을 반박하는 증거가 왜 별로 가치가 없는지, 아니면 중요성이 아주 낮은지에 대한 설명으로 주의를 돌릴 수 있어야 한다. 그래서 우리는 그것으로 인해 진실에 대하여 이해가 깊어지고, 우리의 주장에 동의하도록 타인들을 합리적으로 설득할 수 있는 보다 나은 근거를 내놓을 수 있다.

이것은 자연스럽게 우리를 밀이 검열에 반대하여 내놓고 있는 두 번째 논변으로 이끈다. 그 두 번째 논거는 우리가 진실이라고 생각하고 있는 많은 편견들과 도그마들이 인간의 오류성fallibility으로 인해, 종종 완전히 거짓인 것으로 나타나기도 한다는 것이다. 만약 어떤 관점들이 틀렸다는 가정하에 검열된다면, 우리는 어느 관점이 실제로 진실인지, 부분적으로 진실인지, 아니면 완전히 거짓인지 결코 알 수 없을 것이다. 그래서 세계에 대한 우리의 지식이 증가하지 않을 뿐만 아니라, 우리가 알아야 할 더 중요한 많은 것들을 결코 알 수 없을 것이다.[7] 가톨

릭교회가 갈릴레오Galileo를 성공적으로 검열했다면, 우주에 관한 우리 이해는 그 후 수백 년 동안 더 빈약했을 것이다. 마찬가지로, 저널리스트들이 1950년대에 매카시McCarthy의 위원회에서 재판받던 많은 사람들이 공산주의자가 아니라는 것을 밝히는 증거를 게재하지 못하도록 저지당했다면, 결코 저질러진 부정의는 밝혀지지 않았을 것이다. 그래서 매카시 위원회의 의심스러운 본질은 드러나지 않았을 것이고, 사람들은 헐리우드Hollywood가 미국인들의 생활 방식을 전복하는 것만을 목표로 하는 공산주의자들을 위한 천국이라고 잘못 믿게 될 가능성이 더 높았을 것이다.[8] 무비판적인 문화에서 표현의 자유가 국가에 의해 제한될 경우 정치적 타락과 악의적인 엘리트주의 그리고 잘못된 믿음과 편견의 영속화가 번성할 가능성이 훨씬 더 높아진다.

물론 보통 실상은 대부분의 신문 보도나 TV 프로그램들은 완전한 진실이나 전적인 거짓보다는 사건인 것에 대한 부분적인 기술을 포함하고 있다는 것이다. 그러나 어떤 문제에 대해 수용된 의견이나 다수의 의견에 동의하지 않는 사람들을 침묵하게 함으로써, 우리는 보다 완벽한 형태의 진실을 접할 수 있는 가능성을 희생시키고 있다.[9] 1962년 이후에 베트남에서 나온 뉴스 보도들은 분명히 진실의 요소들을 포함하고 있었는데, 만약 이런 보도들이 군부와 백악관이 시간이 갈수록 더욱 바랐던 대로 효과적으로 검열되었다면, 베트남의 진정한 실상과 미국 개입의 본질에 대한 보다 완벽한 묘사를 향한 진전이 보장되지 않았을 것이다.[10]

밀이 제시하고 있는 세 번째 논거는 국가에 의한 특정한 관점에 대한 검열은 문제를 더 키우는 경향이 있다는 것이다.[11] 검열의 요지는 아마 유해한 관점이 방영되는 것을 막아서 신뢰를 얻는 데 있을 것이다. 1980년대에 IRA와 신페인Sinn Fein당 대변인에 대한 영국 정부의 검열에서 볼 수 있는 것처럼, 이것을 실행하기가 상당히 어려운 경우가 종종 있다. 왜냐하면 미디어는 계속 IRA와 신페인당의 유명 인사들을 인터뷰했지만, 성우들의 목소리를 이용하여 그들의 관점을 방송하였기 때문이다. 그와 같은 검열이 효과적일 수 있을지라도 주요 문제는 남아 있다. 왜냐하면 정부가 특정 관점을 검열할 경우 대중들은 그 관점이 중요성을 지니고 있는지를 자유롭게 평가할 수 없기 때문이다. 그러므로 우리는 다소 자연스럽게, 보도되는 것에 무언가 중요한 것이 있고, 검열은 실제로 정당하지 않은 박해의 한 형태라고 생각하는 경향이 있다. 표현된 관점에 정말로 신뢰성이 없다면, 정부는 분명히 우리가 그것을 평가하고 거부할 수 있도록 그것이 방송되는 것을 두려워하지 않을 것이다. 당연하게도 이러한 경우 해당 관점에 대한 검열은 그 관점에 특정한 중요성과 신빙성이 있을 수 있다는 가능성을 더해준다. 검열이라는 행위를 통해 그 관점이 부당한 신빙성을 얻도록 하는 것보다는 사실과 다르고 유해한 관점을 그것의 가치에 의해 대중에게 평가받을 수 있도록 공개하는 것이 낫다. 정부의 입장에서 진실이라고 알려진 관점을 바탕으로 반대되는 관점들을 침묵시키는 것은 스스로에게 불리한 것이다. 즉, 반대 의견을 침묵시킴으로써 정부는 자신의 신뢰성을 파괴하는 것이다.

앞에서 제기한 세 가지 고찰에서 밀은 모든 의견이 동일하게 가치 good 있다고 주장하는 조악한crude 형태의 상대론을 지지하고 있지 않다는 점을 인식하는 것이 중요하다. 이러한 고찰들의 효력은 일부 의견들이 다른 것들보다 더 낫기 때문에, 즉 더 논리정연하고 일관성이 있으며, 보다 유익하고, 사건의 실증적 사실에 다른 것보다 더 충실하기 때문에 발생한다. 오히려 중요한 점은 자유로운 사회에서만 우리는 언제든지 보다 낫고 완전하며, 진실한 의견에 도달할 가능성이 있다는 것이다. 강압에서 자유로운 상태에서 타인의 의견과 비교하여 우리의 의견을 검증하고 정당성을 증명할 책임을called to justify 통해서만 사안의 진실을 이해하는 것에 나아가기를 기대할 수 있다.[12] 따라서 미디어는 특정 권리와 특권을 갖는데, 이것들은 제4부로서의 의무로부터 나온다. 이 의무는 대중들에게 정보와 의견 그리고 토론을 제공함으로써 개인과 시민이 스스로 그들이 바라는 것과 그 이유를 판단할 수 있도록 하는 것이다.

밀이 제공하고 있는 또 하나의 중요한 논거는 다수가 반대하는 소수 집단을 포함하여 모든 사람들이 정부에 의해 침묵을 강요당할 두려움 없이 발언권을 가질 수 있도록 허용하는 것이 사회 전체에 가져오는 유익한 부가작용이다.[13] 작은 소수집단이 널리 퍼져 있는 사회구조가 상당히 잘못되었다고 생각하는 사회를 상상해보라. 정부가 검열을 통해 그러한 관점의 표현을 억누르고 있다면, 그 소수집단은 불만을 자유롭게 말하도록 허용되고 다른 사람들에게 자신의 관점을 설득할 수 있는 가능성이 열려 있을 경우보다 훨씬 더 강력한 분노를 느낄 것이다. 그들은 그들 사회의 정치 및 시민 문화에서 목소리가 사실상 배척되는 것은 그들이 동료 시민들과 평등한 배려를 받을 만한 가치가 없다는 것을 함의한다. 그러한 상황에서 소수집단은 분명히 사회 전체로부터 무시당하고 소외받는다고 느끼게 될 것이다. 그래서 그들은 자신들을 사회로부터 격리하고, 기존의 사회구조를 유해하고 폭력적인 방법으로 전복하려 할 가능성이 더 높다. 반면에 소수집단에 속한 사람들이 자유롭게 말하고, 그래서 자신들의 관점을 제시할 수 있는 기회를 갖게 된다면, 그들은 그 사회의 정의 및 선과 그 사회 내에서 자신들의 위치에 관한 토론에 참여해 기여할 수 있기 때문에 자신들을 사회 전체와 동일시할 가능성이 훨씬 더 높아진다. 그래서 소수집단과 사회 둘 모두의 개발과 통합이 유지된다.

밀이 검열에 반대하여 제기하고 있는 마지막 논거는 실제로는 소극적인 것이지만, 그럼에도 불구하고 역시 강력하다.[14] 가령 국가안전보장과 같은 특정 경우에 검열을 정당한 것으로 간주한다 해도 하나의 특정한 예로 그것을 합법화하는 것은 비합법적인 영역에서의 검열로 이어질 수 있는데, 이것은 실제로 매우 해로울 것이다. 우리는 검열이 전혀 없는 국가가 결코 이상적이지 않다는 것도 인식할 수 있다. 결국 표현의 자유에 대한 의무는 흔히 공익이라는 미명하에, 공익과는 전혀 관계가 없으며 관계자들의 삶에 해를 끼칠 수 있는 기사를 정당화하기 위하여 자기 이익만 생각하는 위장술로 사용된다. 아서 애쉬Arthur Ashe처럼 한때 유명했던 사람이 에이즈AIDS로 고통받고 있다는 것을 폭로하는 것이나 성폭행 피해자라는 명칭을 붙이는 것은 관련된 개인에 대한 상당한 고통과 피해로 이어질 수 있다. 마찬가지로, 극비인 미국의 외교정책 목표를 폭로하는 기사는 국가의 이익에 피해를 줄 수 있다. 그럼에도 불구하고 그와 같은 경우에 국가의 검열을 합법화하도록 설계된 법률은 모든 사람들에게 훨씬 더 유해할 수 있다. 왜냐하면 그와 같은 법률이 시행 가능하려면, 매우 직설적이고 노골적인 법률문서여야 하기 때문이다. 그래서 결국 모든 분야의 검열이 합법화될 것이고, 이는 결코 정당화될 수 없고, 실제로 매우 큰 피해를 초래하게 될 것이다. 그때에 공익은 개인적인 수준이든 국가적인 수준이든 우리가 알아야 할 부당한 사례의 검열을 정당화하기 위해 부당하게 사용될 수 있다. 예를 들어, 공익이라는 근거로 미국 정부에게 수사프로그램의 검열을 허용했더라면, 이란−콘트라 사건을 둘러싼 사건들은 결코 밝혀지지 않았을 가능성이 있다.

검열에 반대하는 밀의 논거가 강력하지만, 최소한 특정 경우에는 검열이 분명히 정당화될 수 있다고 생각하는 경향이 있다. 국가 또는 대중의 안전과 관련하여, 국가는 합법적으로 특정 정보의 공개를 보류하거나 방지할 수 있는 것으로 보인다. 예를 들어, 걸프전의 기자단이 사담 후세인의 병력에 대한 연합국의 공격계획에 대해 상세히 기술한 계획서를 획득했다고 상상해보자. 분명한 것은 만약 전투 전에 그 정보들이 공개되었다면, 연합국은 사담 후세인의 대항책과 맞닥뜨려 패배하였을 수도 있을 것이다. 전쟁 그 자체가 정당하고 많은 연합국 병력들의 생명이 위태로웠다고 가정하면, 한 신문이 연합국의 전투 계획을 공개하려고 시도했다면, 공격기간을 포함한 적절한 기간 동안 이 정보는 대중에게 제공되지 않고 보류되어야 하기 때문에, 정부는 관련 보도를 검열하는 데 정당화될 것이다. 유추에 의해 동일한 주장이 국내 보안 작전에도 적용된다. 우리는 한 TV 프로그램이 계획된 FBI의 테러리스트 집단 급습에 관한 세부 내용을 방송하려고 하는 경우, 공익이라는 명분으로 정부는 그것을 검열하는 데 정당화될 것이라고 생각하는 경향이 있다.

뿐만 아니라, 우리는 공익이나 생명이 위태로운 경우에만 검열이 정당화되는 것은 아니라고 생각하는 경향이 있다. 특정 개인들은 특정 상황하에서, 미디어 검열을 수반할 수 있는 정부의 보호를 정당하게 요구할 수 있다. 성폭행을 당한 여성이 그러한 사실을 경찰에 신고하면서 자신의 신원이 보호받기를 희망한다고 명백히 표현했을 경우를 상상해보자. 우연히 또는 경찰의 실수로 한 기자가 용케도 피해자의 정확한 신원과 주소를 알아내서 그녀에 관한 상세한 내용을 제공하는 기사를 쓰고 있다. 그 기사가 공개될 경우, 그녀의 희망이 명백히 존중받지 못하게 된 것뿐만 아니라, 당연히 그녀의 삶도 여러 가지 방식으로 피해를 입을 것이다. 그녀의 가족과 친구들, 이웃, 심지어 그녀의 고향과 다른 곳의 낯선 사람들까지 그녀가 그 피해자라는 것을 알게 될 것이다. 그래서 그들은 기사에 나와 있는 내용 그 이상은 알지도 못한 채 그녀에 대해 판단하고, 고통스럽고 피해를 줄 수도 있는 수많은 방식으로 그녀를 대할 수도 있다. 그러한 기사가 보도되지 않았다면 그렇지 않았을 것이다. 뿐만 아니라, 그녀의 삶 자체가 불쾌하고 불필요한 수많은 방법으로 미디어가 주목하고 괴롭히는 대상이 될 수 있다. 그러한 경우에 정부가 개입하여 그녀의 개인 신상명세가 공개되는 것을 방지하는 것을 정당하다고 생각하는 것은 당연해 보인다.

우리가 흔히 국가의 검열을 정당하다고 생각하는 세 번째 영역은 독설로 가득 찬 인종차별 주의적 보도와 TV 프로그램 편성 그리고 영화의 경우에 관한 것이다. 이것은 자유민주주의 국가에서 원칙적으로 모든 관점은 표현이 허용되어야 한다는 밀의 일반적인 주장을 부인하려는 것은 아니다. 그럼에도 불구하고, 특정 관점의 표현(이번의 경우에는 인종차별 주의적 표현)이 다른 사람에 대한 피해를 유도할 경우 그 것들은 검열을 통해 삭제되어야 한다. 왜냐하면 자유민주주의 국가의 근본적인 정당성은 피해로부터의 보호를 포함하여 모든 사람들이 그들의 삶을 자유롭게 살 수 있는 조건을 보호하는 것이기 때문이다. 밀 자신도 인정하고 있는 것처럼, 한 특정 관점의 정황과 표현이 피해로 이어질 수 있는 가능성이 매우 높을 경우에 국가가 그러한 관점을 검열하는 것은 정당하다. "의견의 표현이 어떤 해로운 행위의 적극적 선동을 구성하는 상황에서 의견이 표현될 경우, 그 의견은 면책특권을 상실한다."[15]

예를 들어, 미국 남부지방의 특정 KKK단 집회가 현지 흑인들에게의 폭행으로 이어질 가능성이 있을 경우, 후자를 피해로부터 보호한다는 명목으로 국가는 정당하게 집회에 개입하여 더 이상 진행되는 것을 막을 수 있다. 특정 방법으로의 표현을 통해서나 상황 때문에 타인에게 피해를 초래할 개연성이 있는 의견들은 국가가 자유롭게 검열할 수 있다.

이러한 고찰들에 관해 더 많은 논의가 진행되어야 하지만, 그 고찰들을 통하여 우리는 특정 규정된 경우에는 국가의 검열이 허용될 뿐 아니라 필수적이라고 주장할 수 있는 합당한 근거를 향하게 된다. 실제로 특정 관점을 방송하는 것에 장기적 이익이 없을 때 그리고 사회적 비용이 발생할 수 있을 때에도 첫 번째 입장은 정치적 관점이나 사회적 또는 도덕적 관점의 표현의 자유는 사회의 발전을 저해하기보다는 촉진하기 때문에 해당 프로그램이 허용되어야 한다는 것이다. 그렇기는 하지만 국가의 검열은 언뜻 보기에만 부당한 행위이다. 뉴스 보도나 특정 종류 프로그램의 방송이 타인들에게 심각한 피해를 초래할 가능성이 있는 경우 국가는 피해가 없는 삶을 영위하는 모든 사람의 자유를 보호하기 위해 정당하게 검열 권한을 행사할 수 있을 것이다. 심각한 피해의 가능성이 없을 경우 관점이나 프로그램 또는 영화는 검열을 받아서는 안 된다. 그 이유는 그러한 검열이 우리의 언론 자유에 대한 침해이며, 우리가 선택한 대로 우리의 삶을 영위하기 위해 필요한 일종의 자유사회에 대한 공격이 되기 때문이다.

해악의 조건The Harm Condition

그러나 정당한 검열의 편에서 간단히 설명된 논거는 피해를 근거로 보다 신중히 작성될 필요가 있다. 다루어야 할 필요가 있는 첫 번째 문제는 정확히 어떤 것이 '해악'의 개념을 구성하는지이다. 우리는 원치 않는 삶의 절멸이나 고통 가하기 등을 수반하는 살인이나 고문, 부상 등과 같은 행위를 인용할 수 있기 때문에, 직관적으로 그것은 꽤나 명확한 개념인 것으로 보인다. 그러나 그 개념을 좀 더 조사할 경우, 조금은 모호해 보인다. 앤소니 엘리스Anthony Ellis의 주장을 이용하여 성폭행의 사례를 고찰해보자.[16] 전형적으로 성폭행은 잔인한 물리적 폭력을 통해 명백한 피해를 가하는 것을 수반한다. 그러나 폭력은 성폭행의 우발적 특성으로써, 고유의 특징은 아니다. 성폭행을 불쾌한 것으로 만드는 것은 거기에 수반될 수 있는 폭력만이 아니다(비록 성폭행이 폭력적인 경우 그 행위의 잘못이 더 악화되지만). 물론 성폭력은 미래에 의미 있는 성관계를 형성하기 위한 피해자의 역량이 깊이 손상되는 방식으로 피해자에게 엄청난 충격을 줄 수 있다. 그러나 이것이 필연적인 결과가 아니다.

폭력이나 정신적 외상 초래가 수반되지 않은 경우 그리고 피해자가 학대를 당해서 불행하다고 느낄지라도, 이것은 피해에 대한 우리의 직관적 개념에 명확히 해당하지 않는다. 그럼에도 불구하고 우리는 성폭행은 매우 유해한 것으로 간주한다. 그런 이유로 우리는 성폭행을 방지하는 법과 이루어진 악행의 심각한 성격을 반영하는 처벌이 있다. 이것이 우리에게 말하고 있는 것은 피해는 폭력이나 불필요한 고통의 양으로 환원시킬 수 없지만, 우리는 훨씬 더 깊고 교묘한 방식으로 피해를 받을 수 있다는 것이다. 그런 이유로 정확히 피해를 구성하고 있는 것에 대한 우리의 이해는 넓어져야 한다.

피해에 대한 우리의 직관적인 개념을 확대하는 하나의 가능한 방법은 무엇인가가 누군가의 이익을 손상을 시키거나 제한하거나 또는 남용할 경우에만 그것을 유해한 것으로 간주하는 것이다. 그래서 〈The Williams Report〉는 "어떤 종류의 행위를 목격함으로써, 대중의 구성원들이 당황해하거나 고통스러워하거나 혐오감을 느끼거나 분노를 느끼거나 또는 불편을 느낄 경우, 그것이 그러한 행위의 공개적인 실행은 그들의 이익에 피해를 준다는 측면을 구성한다는 의미에서, 공개적인 섹스를 금지하는 법은 피해의 조건과 일치한다고 일반적으로 간주될 것이다."라고 주장하고 있다.[17]

그러나 만약 우리가 어떤 것에 의해 혐오감, 분노를 느끼거나 '해악'을 입었다면 정확히 어떤 방법으로 우리의 이익이 해악을 입었는가?[18] 여기에서 우리가 초점을 맞추어야 하는 것은 우리의 이익과 욕망 사이에 있는 본질적인 관련성이다. 성폭행에 의해 초래될 수 있는 육체적

부상이나 외상 상해의 경우에서처럼 우리의 이익은 우리의 역량이 훼손되는 경우에만 피해를 입는 것이 아니라 또한 어떤 것이 우리가 가지고 있을 수 있는 특정의 근본적인 욕망을 좌절시키는 경우에도 해악을 입을 수 있다. 부상이나 외상 상해가 수반되지 않은 성폭행의 경우, 어떤 사람과 섹스를 하고 싶지 않다는 우리의 욕망이 무시되었기 때문에, 우리의 이익이 여전히 해악을 입는다. 마찬가지로, 우리의 바람에 반하여 외설적이거나 폭력적이거나 또는 음란한 영상을 보도록 강요된 경우, 아마도 우리의 이익이 해악을 입었을 것이다. 그래서 피해 조건에 맞추어서 우리는 그와 같은 영상이 법적으로 금지되기를 원하는 정당한 이유를 지닐 수 있다.

그러나 이것은 너무 성급한 것이다. 보통 우리는 특정 종류의 경우에만 욕망의 좌절을 피해로 간주한다고 생각한다. 성폭행의 경우 좌절되고 학대받은 욕망은 우리의 정체성과 한 개인으로서의 자율성과 밀접한 관계가 있는 욕망이다. 반대로 외설적인 광고판 광고의 전시나 불필요하게 폭력적인 영화의 방송은 우리의 근본적인 정체성이나 한 개인으로서의 자율성과 전혀 관계가 없다. 우리는 다른 사람들이 그와 같은 것들을 보지 않거나 시청하지 않는 것을 욕망할 수는 있지만, 우리 자신은 자유롭게 눈길을 돌리거나 TV를 끌 수 있다.

의미 있는 선택을 위해 필요한 조건들을 보호하고 유지하는 것이 해악 조건의 목적과 나아가 그것과 관련한 입법의 목적이기 때문에 이러한 구분은 자의적이지 않다. 개개인이 사회에서 기능하고 성장하기 위해, 우리는 일정 수준의 공공질서와 안정, 관용 그리고 물리적 강압과 절도 등으로부터의 보호가 필요하다. 그래서 우리는 '해악'을 이러한 것들을 유지하기 위해 요구되는 것의 측면에서 이해해야 한다. 공적이든 개인적이든 이러한 조건들을 파괴하는 것은 해악을 구성한다. 그런 이유로 폭력이나 초래된 외상 상해의 정도와 상관없이 성폭행은 정말로 해악을 구성하는 반면에, 누군가에게 불쾌감을 주는 사진이나 영상을 방송하는 것은 그렇지 않다. 후자의 경우 우리는 우리에게 무엇이 제시되든 그것을 자유롭게 무시할 수 있다. 성폭행의 경우 피해자는 선택의 여지가 없다. 그래서 타인의 삶을 직접적으로 제약하는 활동만이 금지되어야 한다. 이것은 확실하게 교통 규제, 주차 금지 또는 공무 집행 금지를 정당화하는 근거를 향하는 방법을 제공하고, 그 근거를 이해하도록 한다. 왜냐하면 이와 같이 금지된 행동은 타인에게 열려 있는 선택을 훼손하는 효과를 지니기 때문이다.

그래서 우리는 미디어와 관련하여 명예훼손을 금지하고 명예훼손에 대해 보상하는 명예훼손법의 중요성을 이해할 수 있다. 결국 이와 같은 고찰은 우리의 물질적 번영, 업무에서 기능하는 우리의 역량, 개인적 명성에 달려 있는 우리의 사회적 이미지와 자신에 대한 이미지 그리고 선택한 대로 삶을 살아갈 수 있는 능력과 밀접하게 연결되어 있다. 어떤 신문이 한 의사의 인성과 능력을 부당하게 비난했을 경우 그는 해고될 수도 있다. 그로 인한 결과들, 가령, 실직, 장래 환자들의 불신 그리고 친구들과 동료들의 경계하는 태도 등 수많은 부당한 방식으로 그의 자아상이 고통받을 수 있다.

그렇기는 하지만 해악 조건하에서 적절한 입법의 영역은 여전히 비교적 협소한데, 왜냐하면 무언가가 해악이 되는 것은 개인의 자율성에 대한 공격이나 제한을 목적으로 할 경우, 혹은 그러한 공격이나 제한을 구성할constitute 경우에 한정되기 때문이다. 그래서 우리가 가지고 있는 많은 욕망들의 좌절은 해악으로 간주되지 않을 것이다. 사회적 관습이나 대다수의 도덕적 또는 종교적 견해에 어긋나는 미디어와 프로그램을 금지하는 것은 분명히 배제된다. 그와 같은 금지는 개인 자율성의 전제조건들을 보호하지 못하고 오히려 그것에 대한 공격이다.

이것은 특정 집단이 도덕적 이유에서 외설적인 영상과 포르노 또는 폭력 영화 그리고 모독적인 프로그램 등을 보여주어서는 안 된다고 희망한다는 것을 부정하고자 하는 것은 아니다. 그러한 영상을 보여주거나 그러한 프로그램을 방영하는 것은 실제로 그들이 원하는 것에 어긋난다. 그러나 이것은 해악이 되지는 않는다. 어떤 영상의 비도덕적, 외설적 또는 신성 모독적 성격과, 도덕적 선호에 의한 불만은 그 영상의 합법성에 반대되는 것으로 인정될 수 없다. 특정 사람들이 포르노 영화나 불필요하게 폭력적인 재구성 드라마 또는 살만 루시디Salman Rushdie의 〈악마의 시The Satanic Verses〉를 모독적이라거나 외설적이라고 간주하는 이유가 전적으로 이해 가능하다. 실제로 우리는 그들에게 동의할 수도 있다. 그러나 자유민주주의 국가는 도덕적인 근거로 금지나 검열을 하지 않기 때문에 그와 같은 불만은 해악으로 간주될 수 없다. 어쨌든 대부분의 사람들은 보통 그들 스스로 비도덕적이라고 간주하는 것을 하지 않는 사람들을 선호한다. 청교도들은 분명히 도덕 및 종교적 이유로 일요일에 춤추러 가지 않거나 쇼핑하러 가지 않는 사람들을 선호할 것이다. 그러나 다른 사람들이 하기를 원하는 것에 반하는 것은 해악이 아니다. 금지는 개인의 선택을 위해 필요한 전제조건들을 보호한다기보다는 제한하는 것이다.

해악으로서의 불쾌감Offense as Harm

그러나 고충과 혐오감의 중요성을 강조하는 데 〈The Williams Report〉는 어쩌면 불쾌감의 경우에 특징적인 매우 불쾌한 감정을 겪는 것 자체가 해악을 구성한다는 견해를 가리키고 있을 수 있다. 그러나 우리는 그 주장 기저에 있는 모욕의 개념에 관해 분명히 해야 할 필요가 있다.[19]

어떤 의미에서는 누군가에게 불쾌감을 주는 것은 단순히 그들을 짜증나게 하는 것이다. 내가 누구에게 욕을 하거나 거리에 침을 뱉는다면, 사람들은 내가 한 행위에 의해 짜증이 나고, 내가 그 사람들이나 공공 도로에 대해 그러한 태도를 갖는 것에 대해 분개할 수 있다. 마찬가지로 오늘날의 젊은이들이 매우 단정치 못하고 지저분하게 어슬렁거리고 다니는 것에 짜증을 낼 수도 있다. 그러나 이러한 의미의 불쾌감은 단지 나의 짜증과만 관계가 있기 때문에 그것을 해악의 한 가지 형태로 간주할 수 있는 근거가 없다. 나는 어떤 이유에서든 짜증을 내거나 혐오감을 느낄 수 있는데, 그 이유 중 다수는 발생한 사건의 본질적 유해성을 반영한다기보다는 내 자신의 특성을 반영한 것일 수 있다. 불쾌감과 관련된 사고가 고찰할 가치가 있으려면, 모욕의 개념에 뭔가가 더 있어야 할 것이다. 물론 자유민주주의 국가는 짜증 그 자체가 당장이라도 혼란을 일으킬 심각한 가능성이 야기될 수 있다면 개입해야 할 수도 있을 것이다. 예를 들어, 국가는 폭동의 가능성과 그에 의한 생명 손실의 가능성 때문에 흑인 지역을 통과하는 KKK단의 행진을 금할 수 있다. 그러나 이것은 짜증이 유발된 조건이 아니라, 사람들의 생명을 보호해야 하는 필요성에 의한 것이다.

불쾌감에 대한 보다 실질적인 개념은 외설적 행위가 촉발하는 도덕적 혐오감이나 분노의 개념이다. 이러한 의미의 불쾌감은 실제적인 혐오감이나 역겨움이 느껴지는지 여부로 축소(환원)시킬 수 있는 것이 아니다. 오히려 관련된 영상 또는 프로그램에 관해 근본적으로 도덕적으로 모멸적이거나 역겨운 무엇인가가 존재하기 때문에 불쾌감을 유발하는 것으로 간주된다. 그래서 우리는 우리 자신이 실제로 혐오나 역겨움 또는 증오 등의 어떠한 감정도 체험하지 않고도 무엇인가를 외설적이라고 주장할 수 있다. 예를 들어, 《더 선》의 경우처럼, 신문에 누드 여성을 게재하는 것이나 올리버 스톤Oliver Stone의 〈내추럴 본 킬러Natural Born Killers〉의 불필요한 폭력 또는 〈오시마 나기사Nagisa Oshima〉의 〈감각의 제국In the Realm of the Senses〉의 섹슈얼리티의 묘사 등은 각각 여성을 착취하거나 인간 생명을 비하하거나 인간의 섹슈얼리티를 비하하고 있기 때문에 모멸적이라는 주장은 우리 자신이 어떠한 혐오감을 필연적으로 느끼지 않고도 할 수 있다. 근본적으로 이것은 영상이나 프로그램의 특성 그리고 묘사된 것을 이해하기 위해 우리가 기술되는 방식에 대한 도덕적 판단을 표현하는 것이다. 금지의 이러한 근거는 분명히 특정 도덕적 견해나 원칙에 위배된다는 주장에 의해 동기화되었기 때문에 해악 조건과 일치하지 않는다.

그러나 무언가에 의해 역겨움을 느낄 때 우리가 겪을 수 있는 체험의 종류들, 즉 혐오나 증오, 분노 또는 역겨움 등의 매우 불쾌한 감정들을 포착하고 있는 또 하나의 '혐오감'이 존재한다. 그래서 단순히 특정 도덕적 판단을 타인에게 강요하려 한다기보다 피해 조건에 따라 본질적으로 불쾌한 감정인 분노와 역겨움으로부터 보호받을 권리가 있다는 생각을 해볼 수 있다. 어쨌든 우리는 물리적 협박이나 스토킹에 의해 공포감이나 불안감을 느끼지 않을 수 있도록 보호받을 권리가 있다고 생각한다.

그러나 우선 모든 사람들이 공포와 역겨움과 혐오의 감정들을 불쾌한 것으로 생각하는 것은 아니다. 결국 이것이 정말로 사실이라면 등산이나 카레이싱, 공포 영화 보러가기 또는 참으로 매우 폭력적인 영화를 감상하는 것 등의 활동들은 이해할 수 없는 활동일 것이다. 대개 그와 같은 활동들은 단지 관련된 보상, 즉 아름다움 경치를 보는 것부터 타인과 비교하여 자신의 운전 기술을 경쟁적으로 시험하는 것과 인간의 상황에서 가장 무섭다고 여겨지는 것을 경험하는 것과 같은 보상 때문에 즐기는 것은 아니다. 그와 같은 활동들을 즐기는 이유는 또한 활동 고유의 공포와 분노의 요소들 때문이기도 하다.[20] 등산가와 레이싱카 드라이버는 죽음의 가능성이 달려 있는 공포의 전율을 이야기하고, 영화 관람객은 흔히 영화가 충분히 무섭거나 폭력적이지 않았다고 불평한다. 그래서 역겨움의 감정을 불러일으키는 영상이나 프로그램은 실제로 즐거움을 줄 수도 있고, 일부 사람들이 또는 실제로 많은 사람들이 즐길 수 있다. 그래서 일부 사람들에게 불쾌감을 주지만 다른 사람들에게 즐거움을 주는 영상과 프로그램에 대한 관람여부의 선택권을 우리가 가지고 있는 한, 해악 조건에 따라서 그것들을 금지할 수 있는 법은 존재할 수 없다.

둘째로 보다 근본적으로 어떤 영상이 거의 모든 사람들에게 실제로 불쾌감을 준다 할지라도, 이는 그것을 금지할 만한 이유일 수 없다. 다음과 같은 질문을 제기할 수 있다. 우선 역겨움과 같은 불쾌한 감정은 정확히 왜 일어나는가? 짐작컨대 그와 같은 감정은 관련 영상의 극악무도하고 외설적인 속성에 관한 도덕적 또는 미적 판단의 결과일 것이다. 예를 들어, 광고 캠페인의 하나로서 AIDS로 죽어가는 한 남성의 영상을 베네통Bennetton이 이용한 것을 보고 우리가 느낄 수 있는 감정 또는 공포는 그와 같은 영상이 관련 개인의 역경과 일반적으로 AIDS로 고통받고 있는 사람들의 운명에 대하여 상업적 사소화commercial trivialization의 이미지이거나 이를 구체화한 것이라는 누군가의 확실한 판단을 적절히 표현한 것이다. 달리 표현하면 우리는 그 영상을 도덕적으로 해롭다고 판단한다. 그러나 위에서 이미 주장했던 것처럼, 다른 사람들이 보아야 하는 것과 해야 하는 것에 관련된 욕망의 불충족은 해악을 구성할 수 없다. 본질적으로 감정이 도덕적 관점의 표명이라면, 그것이 얼마큼 불쾌하게 느껴지든 유해한 것으로 여겨질 수 없다.

그럼에도 우리는 단순한 불쾌함과 외설을 한층 더 구분함으로써 답변을 할 수 있을 것이다. 〈The Williams Report〉가 알아내고자 하는 것으로 보이는 것은 혐오와 분노의 도덕적 감정을 불러일으키는 것은 본질적으로 공적인 성격이라는 것이다. 우리가 불쾌하거나 외설적이라고 간주하지 않은 많은 것이 우리가 사적으로 전혀 외설적으로 여겨지지 않지만 만약 공개적으로 주장되거나 말해진다면 불쾌하거나 외설적이라고 간주하는 많은 것들이 있다. Hart가 말하고 있는 것처럼 "개인적으로 동의한 성인들 간의 동성애자 성행위는 비록 풍기public decency 문란은 아니지만, 전통적인 도덕에 의하면 비도덕적인 것이고, 만약 공개적인 장소에서 일어난다면 풍기문란이자 비도덕적이기도 하다.

그러나 동일한 행위가 공개적으로 이루어졌을 경우, 비도덕적인 행위와 풍기문란 두 가지 모두로 간주될 수 있다는 사실이 행위의 이런 두 가지 측면 사이의 차이를 우리가 분별할 수 없도록 해서는 안 된다."[21]

그래서 아마도 어떤 영상을 금지하는 근거를 구성하는 것은 그것이 일부 또는 많은 사람들에게 불쾌감을 초래하는지와는 별개로, 그것의 공개적인 외설public indecency일 것이다. 본질적으로 사적인 것으로 간주되어야 하는 영상 또는 행위를 타인들이 그것을 볼 수밖에 없는 공개적인 상황에서 보여주는 경우, 외설이 자행된다고 나는 믿고 있다.

그러나 어떤 행위 또는 영상이 개인적인 탐닉에만 적합한지에 대한 견해는 그 자체가 도덕적인 입장이다. 예를 들어, 섹스는 일반적으로 본질적으로 사적인 문제이며, 공개적인 구경거리 및 소비를 위해 보여주는 것은 아닌 것으로 간주된다. 그런 이유로 광고판부터 잡지까지 성적으로 노골적인 영상을 공개적으로 보여주는 것은 일반적으로 외설적이라고 간주되며, 최소한 일부 사람들에게 갖고 싶지 않은 감정을 불러일으킨다. 그러나 이러한 입장은 인간의 성관계 및 성적 활동의 적절한 목표에 대한 특정의 도덕적 이해에 의존한다. 그 이유는 섹스가 두 영혼 사이의 사적인 교감으로서 적절히 이해된 경우 섹스를 공개적으로 보여주는 것은 외설이기 때문이다. 그러나 그때에 섹스의 공개적 외설은 특정 종류의 영상과 활동을 위한 적절한 영역에 관한 도덕적 판단에 의존한다. 공개적인 외설에 의해 초래된 불쾌감은 관련 대상에 대한 도덕적 이해와 평가로부터 발생하기 때문에 자유주의자들에게 금지를 위한 충분한 근거를 제공하지 못한다.

불쾌감의 원칙The Principle of Offense

검열을 옹호하는 두 번째 종류의 주장은 특정한 종류의 불쾌감이 해악이라고 주장하지 않는다. 오히려 이 주장은 우리가 해악의 조건을 불쾌감의 원리로 보충해야 한다고 암시하고 있다. 어떤 특정한 의견, 이미지 혹은 영화의 불쾌감은 그것을 검열할 근거를 제공할지도 모른다. 그래서 우리는 TV에서 어떤 견해를 표현하고 특정한 빌보드 광고물을 설치하거나 특정한 영화를 방영하는 것이 그것을 우연히 접한 사람들의 공분을 사는지 또는 그들이 그것들을 합리적인 방법으로 피할수 있는지 항상 질문해야 한다.[22] 어떤 이미지가 불쾌감을 주는 것이면서도 합리적으로 피할 수 없는 것이라면, 이는 그것을 검열할 근거를 제공한다.

여기에서 불쾌감의 중요성은 불쾌감 자체의 도덕적 판단으로부터 이끌어진 것이 아닐 수 있다는 것을 인식하는 것이 중요하다. 오히려 검열의 그러한 근거는 부당한 불법행위로 여겨지는 것을 정당화할 수 있는 프로그램이나 이미지, 여론으로부터 공중을 보호하는 것을 목표로 한다. 거리에 쓰레기를 버리고, 침을 뱉고, 음란한 광고 게시판, 저속한 토크쇼 또는 텔레비전에서 폭력 또는 지배적으로 성적으로 선정적인 것은 제약해야 한다. 왜냐하면 적어도 이런 것들에 많이 노출되면 불쾌감을 조성하기 때문이다.

이제 그런 것들을 해로운 것으로 그래서 금지해야 하는 것으로 여기는 것이 타당한가? 상습적으로 침을 뱉고 욕하는 사람의 경우 공중위생에 위협이 되기 때문에 또는 그 태도가 끔찍하기 때문에 우리는 반대한다. 만약 그러한 행위가 공중위생에 위협이 된다면, 그런 해악의 조건에서 우리는 그런 행위를 금지할 좋은 근거를 갖게 된다. 그러나 만약 이것이 단지 사회적 예의범절에 불쾌감을 주는 것이라면 그 근거는 빈약하다. 실제로 불쾌감이 도덕적 판단의 근거라면 더 빈약하다. 예의범절은 단지 사회적 관례이다. 예절은 단순히 사회적 관습이지만 도덕은 특정한 사회적 관습과 매우 별개인 방식으로 선한 것과 관계가 있다.

더 중요한 종류의 불쾌감은 타인이 소중하게 간직하고 있는 가치를 부당하게 모욕하는 행위이다. 예를 들어, 만일 내가 쿠 클럭스 클랜Ku Klux Klan 배지를 달고 거리를 활보한다면, 이는 많은 사람에게 매우 큰 불쾌감을 주는 것이다. 그 배지가 미국의 최남부에서 벌어졌던 흑인들에 대한 만행과 사악한 살인을 떠올리게 하기 때문이다. 더욱이 내가 그 배지를 달고 다니는 것이 순진한 무지에서가 아니라 흑인들을 모욕할 의도에서 그런 것이라면 문제는 복잡해질 것이다. 나의 의도는 흑인들은 인간으로 대접할 가치가 없다는 사고방식을 보여주는 것이어서 내가 마주치는 모든 흑인들의 공분을 살 것이다. 그러나 이 행위가 평화를 심각하게 깨트려서 피해상황을 연출할 가능성이 없다면, 이것이 그러한 행동을 금지하기 위한 충분한 근거를 제공하고 있다고는 볼 수 없다. 모욕 그 자체는 도덕적 분노에 기초를 두고 있기 때문에 금지를 위한 근거가 될 수 없다. 두 남자가 키스를 하고 있는 모습이 담긴 동성연애자 자존심Gay Pride 광고 포스터, 혹은 의도적으로 정통 기독교도들을 모욕하고 자극하는 동성연애자 토크쇼를 유추해서 생각해보자. 비록 후자의 경우에서 고의적인 모욕 의도가 도덕적으로 극악무도

하지만, 야기된 불쾌감과 정통 기독교도들이 느끼는 불쾌감은 옹호되고 있는 입장의 신성 모독적이고도 비도덕적인 속성에 관한 도덕적인 판단으로부터 생기는 것이다. 어떤 특정한 의견, 이미지 또는 프로그램이 특정한 도덕적 혹은 종교적 감정을 해치고 있다는 사실만으로는 제한 또는 검열의 근거가 되지는 못한다.

마지막으로 특정한 종류의 불쾌감은 외설적이고 당혹감, 수치, 역겨움 등의 불편한 감정을 야기한다는 주장이 있다. 물론 이 주장이 설득력이 있으려면, 여기서 외설의 개념은 위에서 고찰한 것과 달리 무엇인가가 외설적인 이유는 사적인 것으로 남아 있어야 할 어떤 것을 (도덕적으로) 부적절하게 내보이고 있기 때문이라는 주장이 필요하다. 그러나 조엘 페인버그Joel Feinberg는 외설에 대한 한 가지 흥미로운 설명을 제시하고 있다. 부도덕성은 표현되고 있는 것의 외설적인 속성을 악화시키지만, 외설은 관찰하고, 듣고 혹은 마주치기에 본질적으로 불쾌한 어떤 것을 공공연하게 드러내는 행위이다. 가령 공공장소에서의 알몸노출이 당혹감을 일으키는 이유는 그것이 사람들의 시선을 끌고 정상적으로는 억눌려야 하는 생각들을 자극하기 때문이다. "마음을 끌어당기는 힘과 억압하는 힘 사이의 갈등은 흥분을 조장하고, 평정심을 깨트리며, 불안을 야기한다. … 그 결과는 단순한 '분노감'이지만, 많은 사람들에게서 일어나는 일종의 정신적인 충격은 고통스러운 상처가 될 수 있다." 감정을 조절하는 데 더 능한 우리들 중 일부조차도 감정을 조절해야만 하는 것에 따른 불쾌감에 분노할 것이다.[23] 페인버그의 주장에 따르면, 우리가 이 같은 종류의 불쾌감으로부터 보호를 요구하는 것은 정당하다.

이제 어떤 특정한 이미지가 지닌 본질적인 불쾌감은 일반적으로 인정된 사회적 및 도덕적 규범에 대한 모욕이라는 주장으로 해석되어서는 안 될 것이다. 왜냐하면 특정한 규범과 맞서는 것에 대해 어느 누구도 불쾌감을 느끼지 않기 때문이다. 예를 들어, 닐 조단Neil Jordan의 〈크라잉 게임The Crying Game〉은 성전환자들과 낭만적 사랑에 대한 많은 사람들의 일반적인 평가적 선입견을 시험하지만 그 영화는 본질적으로 불쾌하지는 않다. 불쾌한 것 혹은 불편한 것으로 확인될지도 모르는 것은 성애에 대한 대부분의 사람들이 지닌 정상적인 선입견에 도전을 가하는 복잡한 관계에 대한 솔직한 평가이다. 그러나 그렇다면 이것은 도덕적 판단에서 기인하는 공격으로 돌아가는 것이다. 그래서 이미지, 프로그램 혹은 영화가 지닌 불쾌감은 표준적인 사회적 혹은 도덕적 규범을 폐지의 근거가 될 수 없다.

외설은 관련된 이미지, 프로그램 혹은 영화의 본질적으로 불쾌한 속성으로부터 생긴다. 특히 시체의 기괴한 이미지 혹은 성적으로 노골적인 프로그램은 우리로 하여금 우리가 다루기에 심히 고통스럽다고 생각하는 갈등 유발의 특정한 정서와 사고에 주의를 기울이고 그것에 대해 생각하도록 자극할 것이다. 이 같이 스트레스가 많은 갈등이 다양한 사람들에게서 생기는 이유는 그러한 이미지에 대한 생각 자체만으로도 부도덕하다는 생각에서부터 특정한 욕망에 대해 조치를 취할 가능성 없이 그 욕망들이 자극되는 것으로 인한 좌절에 이르기까지 다양할 것이다. 그와 같은 갈등에 대한 이유가 무엇이든, 그러한 관련된 이미지 혹은 프로그램에 의해 야기되는 내적 갈등과 스트레스 때문에 그 이미지 혹은 프로그램이 불쾌해지는 것이다. 우리는 그와 같은 불쾌한 혼란이 우리 자신이 아니라 타인에 의해서 야기되거나 좌우되는 경우 그 혼란으로부터 보호받을 권리가 있다.

그러나 우선 엘리스Ellis가 지적하듯이 우리가 실제로 그와 같은 보호가 필요한지는 고사하고 그것을 원하는지 분명하지가 않다. 성적으로 매혹적인 이미지는 정서 갈등을 유발하지는 않을지라도 상당히 큰 즐거움을 제공해줄 수 있다. 만일 우리가 현실적으로 불가능하지만 특정한 견해의 표현, 특정한 이미지의 전시, 혹은 특정한 영화의 방영에 의해 야기되는 자연발생적인 사고와 정서 모두를 제거하려고 한다면, 인간의 삶은 그 만큼 더 빈곤해질 것이다. 둘째, 내적 갈등과 스트레스는, 우리가 통제할 수 없고, 금지되어야 한다고 생각하지도 않을 온갖 종류의 현상들에서 발생한다. 일부 사람들은 펑크에서 그런지 록에 이르는 특정한 젊은이 문화가 지닌 본질적으로 불쾌한 속성에 매우 짜증이 나겠지만 그것들을 금지하는 것은 (실행할 수도 없을뿐더러) 터무니없는 일이 될 것이다. 마찬가지로, 소름이 돋을 정도로 오싹한 공포영화는 매우 큰 당혹감과 짜증을 유발할지도 모르겠지만 그것을 금지하는 것은 터무니없는 일이 될 것이다. 마지막으로 특정한 이미지의 전시 혹은 프로그램의 방영은 짜증과 갈등유발의 사고와 갈망을 야기할 것이다. 만일 우리가 그것들이 비도덕적인 것으로 생각한다면, 우리는 사람들이 그와 같은 이미지 혹은 활동을 탐닉하지 않기를 바랄 것이다. 그러나 밀이 제시하는 이유 때문에 이들 중 어느 하나라도 금지하는 법을 시행하는 데 드는 비용은 너무나 커서 우리가 겪게 될지도 모르는 특정한 불편 혹은 갈등으로 인해 생기는 비용을 능가할 것이다.

엘리스는 그러한 경우에서 야기된 불쾌감이 중요한 이유는 외설을 대하는 우리들의 태도가 그것에 관한 도덕적인 측면 때문이라고 한다. 그러나 자유주의에 따르면 도덕적 판단은 법률적으로 허용될 수 있는 것 혹은 허용될 수 없는 것에 전혀 영향을 주지 않는다. 법률은 우리가 선택하는 대로의 삶을 영위할 수 있는 능력을 보호하기 위해 존재하는 것이다. 그리고 그 능력에는 타인에 대한 피해를 수반하지 않는 한, 비도덕적인 것을 행하고, 시청하고, 혹은 표현할 수 있음이 포함된다.

불쾌감 그리고 직접적인 해악Offense and Indirect Harm

그러나 엘리스의 결론은 중대한 차이가 지니는 힘을 보지 못하는 것에 바탕을 두고 있다. 주장의 핵심은 특정한 개인들에게 직접적인 피해를 끼칠 가능성이 있거나 직접적인 피해를 초래하는 견해, 이미지, 프로그램이 검열 받는 것이 마땅하다는 것이다. 그러므로 예를 들어, 우리가 흑인 지역을 통과하는 쿠 클럭스 클랜Ku Klux Klan의 행진, 그 지역에서의 이미지 혹은 그 지역을 겨냥한 프로그램을 금지하는 것은 정당화 될 수 있다. 왜냐하면 폭동이 일어날 가능성이 있고 그 행진이 특정한 개인들에 대한 직접적인 피해를 유발할 가능성이 있기 때문이다. 그러나 현저한 피해라 해서 이 같은 의미에서는 결코 직접적인 피해일 필요는 없다. 왜냐하면 이보다 더 훨씬 은밀하고도 간접적인 방식으로 피해를 크게 당할 수 있기 때문이다.

개인적인 수준에서 험담과 비방의 속성을 생각해보라. 누군가가 내 등 뒤에서 험담한다 하더라도, 그것은 직접적인 피해를 유발하지는 않을 것이다. 하지만 그 험담으로 인해 나의 친구, 동료, 고객이 미래에 나를 대하는 방식이 크게 영향을 받을 것이다. 나의 전문적인 능력에 대한 그들의 신뢰는 떨어질 것이고, 직장에서 나 자신을 개발할 능력이 분명히 손상 받으며, 승진의 기회가 줄어들고, 회사에서의 나의 위치는 모든 단계에서 도전을 받게 되어 결국 나는 기능을 전혀 발휘할 수 없어 회사를 떠날 수밖에 없을 것이다. 마찬가지로, 나에 대한 친구들의 신뢰는 갑자기 무너지고 우리가 여태껏 해왔던 신뢰에 바탕을 둔 활동들은 갑자기 중단될 것이고 나는 이전에 누렸던 우정을 되찾지 못할 것이다. 직업적인 수준과 개인적인 수준 모두에서, 험담은 비록 내가 인지를 못한다 해도 분명히 나에게 피해를 끼칠 수 있는 것이다. 더욱이, 그러한 험담이 분명하게 명예를 훼손하고 거짓에 기반을 둔 경우가 아니라도 험담gossip은 피해가 될 수 있다는 것을 알아야 한다. 악의적인 험담은 나의 행동이나 내가 했거나 하지 않은 말에 대해 어떠한 허위 주장을 하지 않을 수도 있다. 영리한 험담은 너무 명백하지 않아서 그 말을 하는 사람이 공격 받을 수 있고, 사람들이 그를 믿어줄 가능성이 더 적을 수 있다. 오히려 마키아벨리적인 포장된 험담lian gossip은 나의 실제 관점과 행동을 지적할 수 있지만 그 견해와 행동 뒤에 숨은 동기를 빗대어 말한다. 나의 직장 상사와의 좋은 관계를 비굴하고 악독한 계략으로 해석할지 모른다. 마찬가지로 나의 친구들에 대한 이타적인 행동은 나의 친구에 대한 진실된 관심이라기보다는 이기심에서 비롯된 것으로 해석될 수 있다. 그러므로 험담이 제역할을 한다면 나의 모든 행동에 대한 냉소적인 태도를 촉진할 것이다.

개별적인 사람들에 대한 배려에서, 이와 똑같은 종류의 해악이 가령 특정한 집단에 대한 중상모략으로 확대 해석될 수 있다. 그러므로 사악하게 인종적인 문학, 방송과 보도를 금지하는 법률의 근거는 정확하게 동일하다. 즉, 예를 들어 신문보도, TV 프로그램이 흑인을 게으르고, 더럽고, 인간 이하의 사람으로 묘사한다면 흑인들은 자신들이 선택한 삶을 추구할 수 있는 길이 좁아지고, 돈벌이가 되는 직업을 갖고, 집을 장만하며 존중받고 자신들의 주장이 진지하게 경청되는 여건도 사악하게 인종적인 문학과 프로그램에 의해 제한된다. 그러한 이미지와 프로그램은 특정한 사람들이 지니는 특정한 선택 혹은 기호에 대한 단순한 장애물이라기보다는 자주적인 개인들로서의 그들의 정체성에 대한 공격과도 같은 것이다.

인종주의가 특정한 맥락에서 견해를 표현하고 그 결과 폭동에서 특정 개인들에게 직접적인 피해를 가져와서 해로운 것이 아니다. 오히려 인종주의의 해악의 치명적인 속성은 더 일반적이고도 더 간접적인 결과에 있다. 왜냐하면 그것은 가령 흑인 혹은 유태인과 같은 특정한 인종집단의 사람들에 대한 치명적인 태도를 조장하고, 자율적인 인간 존재로서의 그들의 근본적인 권익에 해악을 가하기 때문이다. 영리한 인종주의 문학은 반론의 여지가 없는 사실들(가령 유태인은 역사적으로 상업과 대부사업에 매우 능했고, 많은 사회에서 성공을 거뒀지만 그들 외에도 주요하게 남아 있다)을 지적하지만 이 사실들에 대한 해석은 부패, 진실 왜곡과 지배적 사회를 전복시키는 것이 목표인 기생적인 문화의 측면에서 이루어진다. 그러한 태도의 조장은 성공할 경우 비록 간접적이지만 분명히 해악을 유발한다. 왜냐하면 이러한 견해들을 믿게 되어 결국 반유대주의적인 태도를 수용하는 사람들은 그렇지 않았을 경우와 다른 방식으로 유태인들을 분명히 다루게 될 것이기 때문이다. 만일 유태인은 고질적으로 부정직하다는 생각이 일반적이라면 유태인은 고용될 확률이 줄어들고 그의 의견과 주장을 들어주는 사람들은 별로 없을 것이다. 왜냐하면 유태인은 악착같이 돈만 챙길 간악한 목적으로만 움직인다는 선입견이 팽배하기 때문이다. 또한 특정한 개인적 및 사회적 선행을 하는 것도 더 힘들어진다. 사람들은 유태교 회당이 자신들의 지역 사회에 건립되는 것에 더욱 반대할 것이고 유태인과 친구가 될 마음도 줄어들 것이다. 그래서 반유대주의적인 문학은 대중의 태도에 영향을 미칠 때 중대한 간접적인 피해를 야기할 수 있다. 왜냐하면 정치적, 사회적, 개인적인 수준에서, 자신의 근본적인 측면들을 추구할 수 있는 유태인의 능력은 악의적인 방식으로 제한을 받기 때문이다. 우리의 정체성과 자주성과 불가분의 관계인 근본적인 정치적, 사회적, 개인적 권익에 대한 장애물은 국가가 막아야 하는 중대한 피해인 것이다.

그러나 간접적인 해악 주장의 범위는 인종주의적인 보도와 프로그램의 특정한 예보다 훨씬 더 넓다는 것을 주목하는 것이 중요하다. 일반적인 기준은 어떤 집단에 관해서든 현저한 피해가 발생되는 지와 관련이 있다. 그러므로 예를 들어서, 특정한 종교집단은 특정한 종류의 공격으로부터의 보호를 정당하게 요구할 수 있다. 비슷한 방식으로, 적대적인 세속문화가 자신들의 믿음과 삶의 방식을 조롱하고 의도적으로 모독하는 프로그램과 영화에 의해 지배를 받는 곳에서 기독교도들과 회교도들은 자신들의 삶이 피해를 입는다고 생각할 것이다. 종교적인 믿음은 미신적인 난센스에 불과하다는 태도를 양성하고, 종교적인 주장을 진지하게 받아들이지 않으며, 그것을 단순히 산타클로스에 대한 애처롭고도 순진한 믿음과 유사한 어떤 것으로 조롱하는 프로그램의 영속화는 자유롭게 종교생활을 영위하는 것을 더 어렵게 만든다. 정치적인 수준에서 볼 때 낙태에서 빈곤층에 대한 복지제공의 부족에 이르는 특정한 정책들은 특정한 종교적 헌신에 위배되며, 따라서 잘못된 것이라는 주장은 진지하게 고려되지 않을 것이다. 사회적인 수준에서 볼 때 개인이 어떤 종교적인 전통 안에서 자신의 아이를 양육하는 것은 그것이 공개적으로 조롱을 받을 때 훨씬 더 어려워진다.

또 다른 종류의 사례로는 사회에서 소수집단을 구성하는 소수의 사람들이 결혼이라는 틀 밖에서 자신의 개인적인 삶을 추구하고 싶은 경우다. 매체보도와 프로그램이 동성애 부부, 미혼동거 부부, 혹은 미혼 부모가 무책임함, 부도덕, 다른 사람들에게 제공되는 복지에 무임승차하는 것에 대해 지속적으로 조롱 받아야 한다는 가정에 기반을 두는 문화에서는 개인이 선택하고 싶은 삶을 자유롭게 영위하기가 분명히 훨씬 더 어렵다. 개인적인 수준에서 이 같은 태도가 팽배한 곳에서는 그러한 부부들은 공개적으로 조롱을 받거나 집주인에 의해 쫓겨나고 그들의 자녀들은 학교에서 따돌림을 당하고 그러한 행동 때문에 자신들의 부모는 괴물 같은 사람들이라는 생각을 하게 될지도 모른다. 정치적인 수준에서 볼 때 그러한 사람들은 사실 생각할 가치가 없거나 해당 사회의 구성원으로서 동등한 가치가 없다는 일반적인 태도 때문에 시민으로서의 그들의 목소리는 무시되기 일쑤고 그들이 처한 문제는 무시된다.

그러므로 불쾌감은 그것이 현저한 간접적인 해악에 해당될 것이라고 판단할 만한 근거가 충분한 경우라면, 이는 검열의 근거가 될 수 있고 실제로 근거가 되기도 한다. 그러나 이 판단은 단지 특정한 보도, 프로그램, 혹은 영화의 성격에만 의존하지 않는다는 것을 인식하는 것이 중요하다. 가령 동성애 부부의 감정을 직접적으로 해치고 그러한 생활방식을 조롱하는 태도를 대변하는 영화는 이것이 일반적인 것으로 추정되는 사회에서는 검열되어서는 안 된다. 왜냐하면 이것은 완벽하게 수용될 수 있고 합법적인 생활방식이라는 것이 지배적인 태도인 곳에서는 그와 같은 삶에 대한 자유로운 추구는 그러한 영화에 의해서 간접적으로 피해를 입지 않기 때문이다. 이와 반대로 유태인, 흑인 혹은 배우자가 없는 부모를 공격하는 영화는 그러한 사람들의 사회에서의 문화적 위치가 불안정한 경우에는 검열되어야 마땅하다. 검열을 정당화하는 것은 공격 그 자체가 아니라 오히려 그 공격이 이들 집단에 속한 사람들에 대한 해로운 무시 혹은 조롱을 부추기거나 강화할 가능성이 있는 태도를 배양하고 영속화하는지의 여부이며, 이는 전체적인 문화와의 관계에서 볼 때만 이루어질 수 있는 판단이다.

이 분류에 해당될 수 있는 부당하게 공격적인 많은 이미지와 프로그램이 공격을 당하는 사람들에 의해 시청될 필요는 없지만, 험담의 경우에서처럼 인종주의적인 프로그램이나 모독적인 영화의 콘텐트에 의해 공격을 받고 간접적인 피해를 입는 사람들은 다른 사람들에 의해 이것들이 소비되는 것에 의해 간접적으로 피해를 입을 것이라는 주장은 여전히 유효하다. 문제는 주어진 모욕감에 있는 것이 아니라 사회의 특정 집단의 주요한 간접적인 해악을 구성하는 환경에서 불필요한 불쾌감의 소비에 있다.

그러나 이어서 우리는 중요한 한정조건을 추가해야 한다. 상당수의 미혼모들이 더 큰 복지지원을 받으려고 일부러 아기를 출산하고 있다는 것을 보여주는 새로운 통계자료와 통찰을 제공하는 뉴스 다큐멘터리를 생각해보라. 이 뉴스 다큐멘터리가 사회의 불안정한 집단, 즉 미혼모의 감정을 해치고 있고 미혼 부모는 무책임한 기생충이라는 일반적으로 해로운 태도를 배양한다고 가정해보자. 그러나 이것은 검열을 정당화하기에는 아직은 충분하지 않다. 해당 프로그램이 그 주장이 진실이라고 믿을 만한 충분하고도 논리적인 이유와 증거를 제공하고 있을지도 모르기 때문이다. 그래서 비록 간접적인 피해가 발생된다 할지라도, 우리에게는 그 주장이 정당화될 수 있다고 믿을 만한 충분한 이유가 있다는 사실은 해당 프로그램이 방송되어야 한다는 것을 의미한다. 정책문제들에게 중요한 그와 같은 사실들을 아는 것은 분명히 일반 대중에게 이로운 것이며, 받은 모욕은 프로그램의 속성 자체에서가 아니라 단순히 관련된 집단 내의 사람들의 감정과 그 프로그램에 대한 그들의 반응에서 비롯된 것이다. 마찬가지로 도시 빈민가 범죄는 흑인들에 의해 저질러지고 있다는 것도 사실일 것이다. 이 같은 주장을 제기하고 충분한 이유와 증거를 제공하는 프로그램은 많은 흑인들의 심기를 건드리고 해로운 고정관념을 강화할지도 모른다. 그럼에도 불구하고 이것은 분명히 정당한 것이고, 이것이 중요한 공공정책 문제와 관련이 있는 경우, 미디어는 불쾌감이 유발되더라도 그와 같은 프로그램을 방영해야 하는 분명한 의무가 있다.

프로그램이나 보도가 그것들의 속성상 부당하게 공격적이어서 간접적인 피해를 야기하는 곳에서 간접적인 피해 기준의 효과가 나타난다.

합리적이며, 논리적이며, 정보에 바탕을 둔 주장 혹은 실제 증거에 대한 고려 없이 미혼 부모 혹은 흑인을 무책임한 범죄자 혹은 기생충으로 공격하는 프로그램은 부당하게 공격적이며, 관련된 집단들의 고충이나 상태에 대한 진정한 이해를 구하는 데는 관심이 없다. 마찬가지로, 오로지 종교적인 믿음 자체를 조롱하려 드는 종교 프로그램 혹은 영화는 본질적으로 공격적이고, 거기에는 종교적인 믿음의 기초를 이해하려는 노력도 없고 어떠한 (논리적인) 주장도 제시되지 않는다.

위에서 제기된 논거들은 비록 엄격하게 제한된 경우에서지만 뉴스 보도, 프로그램, 영화의 검열이 정당화될 수 있다는 것을 인정하기 위한 충분한 근거를 우리에게 제공한다. 보도, 프로그램 혹은 영화가 타인에 대한 심각한 직접적인 피해를 야기할 가능성이 높은 경우, 혹은 그것들 안에서 고유한 근거 없는 공격이 사회 내 불안정한 특정 집단에 간접적으로 피해를 줄 가능성이 높은 경우 검열은 정당하다. 또한 이 같은 논리는 자유주의 국가는 사회 내에서의 지위가 매우 불안정한 사람들에 관해 어떤 긍정적인 의무를 지니고 있다는 주장에 근거를 제공해준다. 예를 들자면, 어느 특저한 문화 및 하위 집단이 자신의 견해, 주장, 심지어 언어와 같은 문화적 상품이 공공의 영역에서 멸종위기에 처해 있다는 것을 발견하는 경우 국가는 해당 구성원들이 자신들의 문화를 표현하고 자신들의 견해를 전파하기 위한 공적인 접근 통로를 가지고 있다는 것을 보장할 의무가 있다.[24]

유일하게 관련이 있지만 우리가 수용하지 못한 논리는 예술적 가치에 대한 물음이다. 왜냐하면 사회 내에서 불안정한 특정 집단에게 부당하게 모욕적이고 그러한 연유로 그들에게 간접적인 피해를 입히는 영화라 할지라도 많은 예술적 가치를 지니고 있다는 것이 사실일지도 모르기 때문이다. 그러나 위의 주장에서 그러한 영화들이 검열을 받는 것은 정당화될 수 있다. 그러나 우리는 이런 식으로 모욕적이지만 예술적인 가치가 큰 작품들이 금지되어야 한다는 주장을 받아들이는 것이 그러한 예술적 가치가 거의 없거나 전혀 없는 프로그램 혹은 영화가 금지되어야 한다는 주장을 받아들이는 것보다 더 어렵다는 것을 발견한다. 예를 들어, 에즈라 파운드의 〈캔토스〉, 마틴 스콜세지의 〈그리스도의 최후의 유혹〉 혹은 오시마의 〈감각의 제국〉이 공격적이면서도 어느 특정한 환경에서 간접적인 피해를 입힌다는 것은 분명하다. 그러나 비록 품질에서는 차이가 있지만 그럼에도 불구하고 그것들의 예술적 가치로 말미암아 우리는 그것들의 방영이 검열된다면 우리의 문화는 더 열악해질 것이라고 생각하게 된다.

왜 이것이 그러한지 이유를 알려면 우리는 왜 예술 그 자체가 중요하고 귀중한지에 대해 어느 정도의 이해를 해야 한다. 어떤 예술작품의 가치는 그것이 단지 아름답거나 미학적으로 만족스럽다는 사실에 근거를 두지 않는다. 결국 만일 예술의 1차적 가치가 거기에 있다면 예술작품을 돌보는 것이 아름답고 자연스런 풍경화 혹은 10핀 볼링에서 카드놀이에 이르는 활동에 의해 제공되는 쾌락보다 더 중요하다고 왜 우리가 생각하는지가 분명하지 않을 것이다. 오히려 우리는 인지적 가치 때문에 예술작품, 적어도 구상주의 작품을 범주적으로 가치를 평가한다. 왜냐하면 캡틴 에이협이 되었건 예수 그리스도가 되었건 특정한 인물을 어느 특정한 방식으로 묘사하는 핵심은 관객에게 인물의 정서, 동기, 이상, 성격 그리고 그들이 직면하거나 그 안에 사로잡힌 딜레마에 대한 특정한 상상적 이해를 기술하기 때문이다.

물론 많은 TV 프로그램, 드라마, 영화가 픽션이고 장르에 특화되어 있고 우리의 현실세계와 간접적으로만 연관이 있다. 그러나 우리가 그것들에 의해 즐거움을 누리고 그것들을 예술로서 인정하기 위해서는 그것들은 우리가 우리 자신의 세계를 인지하고 이해하는 방식과 현저한 관련이 있어야 한다. 예를 들어, 우리를 어떤 형태로 감염시켜 파괴하기를 모색하는 외계인 위협을 그려내는 것이 공상과학 영화의 주된 관례다. 1950년대에 그러한 장치는 가령 시겔의 〈신체강탈자의 침입〉의 경우처럼 노골적인 냉전 풍자로 종종 사용되었다. 그러한 영화는 비록 우리의 일상세계와 전혀 동떨어진 것처럼 보이지만 실제로는 일상생활에서 드러나는 가장 근본적인 관심사, 충동, 욕망과 관련이 있다. 결국 바로 이러한 이유에서 영화와 드라마는 장르, 시간, 문화를 초월하는 방식에서 심오할지도 모른다.[25]

그러나 왜 예술에게 특별한 지위를 부여하는지 생각해봐야 한다.[26] 심지어 가장 심오한 프로그램이나 영화라도 우리 자신의 세계를 다룰 수 없다. 세계에 대한 작품의 상상적인 관점은 적절한 지적 영역 이내에서만 적절하게 평가될 수 있기 때문이다. 우리는 케네스 브래너의 〈프랑케슈타인〉을 보고 생명을 가지고 하는 실험이 매우 비도덕적인 것이라고 생각하지 않는다. 오히려 우리는 그 영화를 즐기지만 가령 유전자 공학과 관련해서 제기된 쟁점은 꽤 분리된 맥락에서 생각한다. 더군다나 우리가 모순적인 것으로 보이는 '통찰'을 제시하고 있는 영화의 가치를 인정할 수 있고 통상적으로 그렇게 한다는 사실은 이 같은 이해를 뒷받침해주는 것처럼 보인다. 타란티노의 〈펄프 픽션〉에 의해 제공되는 즐거움은 부분적으로는 인간생명의 중요성을 지지하는 자연적인 추정에 배경설명을 제공하는 것에 기반을 둔 것이다. 이와 반대로, 올리버 스톤의 〈내추럴 본 킬러〉는 현대 대중문화에 대한 비판으로서 기능을 수행하기 위해 그러한 추정의 전경을 설명하는 것에 기반을 둔다. 따라서 두 영화 모두를 즐기기 위해서는 우리는 인간생명에 대해 양립할 수 없는 것처럼 보이는 태도들을 동원해야 할 것이다. 그러므로 영화가 인간세계에 대한 '통찰'을 제공할 수 없다는 것을 고려한다면, 검열의 사안을 가늠할 때 영화에게 특별한 지위를 부여해서는 안 된다.

그러나 다른 작품에 대한 감상이 명백히 양립할 수 없는 태도를 요구한다는 것은 영화가 우리의 세계를 반영해준다고 우리가 기대하지 않는 다는 것을 보여주지는 않는다. 어쨌든 묘사된 사건에 대해 적절한 반응을 이끌어내지 못한 것에 대해 우리가 영화를 비판하는 것은 정당하다. 그러므로 만일 우리가 아마도 유년기에 어머니를 잃은 끔찍한 불행으로부터 비롯된 빅터의 심리적인 동기가 설득력이 전혀 없는 것으로 파악한다면, 그것은 브래너의 프랑켄슈타인에 대한 중요한 비판이 될 것이다. 마찬가지로 우리가 프란시스 포드 코폴라의 드라큘라를 비판하는 것은 정당할 것이다. 왜냐하면 드라큘라의 속성을 고려하면 우리가 이 영화를 보면 무서워해야 하는 데 무섭지 않기 때문이다. 더군다나 우리의 세계에 관한 통찰은 우리가 영화에서 가치를 두는 유일한 것이 아니다. 영화가 독창적이면서 재미가 있고 매체에 대한 우리의 이해를 심화시키거나 우리로 하여금 특히 생생한 방식으로 무엇인가를 상상하게끔 이끈다면, 우리는 영화에 가치를 부여할 것이다.

그러므로 묘사되는 것을 상상하도록 우리를 이끄는 방식과 영화의 내용, 이 두 가지 모두가 영화에 가치를 부여한다. 그러므로 비록 가령 영화가 묘사하고 있는 인간심리 혹은 현실에 관한 추정적인 통찰이 거짓된 것이라고 우리가 생각할지도 모르지만 영화가 특정한 상상을 처방하는 방식 때문에 우리는 영화를 즐길 것이다. 1936년 뉘른베르크 집회에 관한 레니 리펜슈탈의 승리주의의 나치 영화 〈의지의 승리〉는 나치주의의 속성을 그릇되게 묘사하기 때문에 결함이 많다. 그 영화의 미적인 힘과 형상화 모두가 히틀러와 나치주의를 인류의 영광된 구원자로 묘사하는 데 받쳐지고 있다. 이 영화는 본질적으로 사악하고 비도덕적인 신조를 미화 및 찬양하고 있다. 그럼에도 불구하고 형상화, 독창성, 나치주의의 미학적으로 매력적인 속성의 측면에서 본다면 이 영화는 가치가 높은 작품이다.[27]

앞에서 고찰한 주장에서 알 수 있었듯이, 그러한 작품들은 아마도 자유주의 사회의 바로 그 근간은 간접적으로 위협할지 모른다. 왜냐하면 픽션에 바탕을 둔 영화라 할지라도 그것은 우리의 상상을 사로잡음으로써 특정한 자기이해를 신장하기 때문이다. 우리는 특정한 사람이 되거나 혹은 특정한 상태의 현실에 처하는 것이 어떤 모습이 될지 상상한다. 그러한 상상의 시뮬레이션은 만일 개인적인 수준에서든 문화적인 차원에서든 우리가 타인을 제대로 이해하려 한다면 우리의 일상적인 삶에서 중요하다. 보통 우리는 타인의 행동을 설명하는 추상적인 가설에 의존하지 않는다. 오히려 우리는 타인이 자신의 성격을 고려하여 상황을 인식하여 느끼고 행동할 것 같은 방식을 상상하기를 모색한다.

우리의 상상력 때문에 우리 자신과 타인의 세계를 파악하는 것이 가능하다는 사실을 고려한다면, 우리가 세계를 인지하고 따라서 세계 안에서 행동하는 방식에 영화가 직접적으로든 간접적으로든 영향을 끼칠 것이라는 것은 자명한 것처럼 보일 것이다. 영화는 우리의 상상력을 사로잡음으로써 특정한 자기이해를 신장시킨다. 그러므로 우리가 보는 것은 우리에게 세상을 조망하는 다양한 방법을 제시함으로써 우리의 이해를 심화 또는 왜곡할 수도 있다. 이것은 우리가 폭력적이거나 인종주의적인 영화를 의심의 눈초리로 보는 것이 왜 정당하지 정확하게 설명해준다. 문제는 단지 모욕 문제만은 아니라 해묵은 플라톤의 역설(예술은 우리를 계몽하기도 부패시키기도 한다)이기도 하다.[28]

예를 들어, 점점 더 폭력의 욕망을 용인하는 문화에서, 폭력 영화는 폭력에서 느끼는 희열을 반영할 뿐만 아니라 이를 배양하기도 한다. 아마도 바로 이런 이유에서 쿠엔틴 타란티노의 영화들이 그토록 엄청난 성공을 거두었는지도 모르겠다. 그 영화들은 우리 사회 안에서 꽃을 피우고 있는 사디즘의 요소, 즉 폭력을 당하는 것의 고통을 양식화하고 그것을 즐기고 그 안에서의 쾌락을 찾는 것을 소재로 한다. 타란티노의 영화들에서 그리고 일반적으로 사디즘에서 특이한 점은 이 쾌락에 대한 찬미다. 폭력에 대한 그와 같은 긍정적인 평가와 점점 거세지는 폭력에 의해 위협받는 사회 안에서의 타인에 대한 부수적인 무관심은 더 큰 자유주의 사회 안에서 우리를 결속시키는 끈을 끊어 버린다. 마찬가지로, 심각하게 인종주의적이거나 신성모독적인 영화는 관련된 집단에 대한 무관심 혹은 적대감을 배양할 수도 있고 결과적으로는 우리 사회 안의 특정 시민들이 자신들이 선택하고 싶은 삶을 영위하지 못하게 할 것이다.

그러나 영화 혹은 드라마가 위에서 고찰한 의미에서 간접적인 피해를 야기할지라도 그것들이 고유한 예술적 가치를 지니는 한 가장 극단적인 사례를 제외하고는 검열되어서는 안 된다. 사람들이 예술적 가치가 있는 프로그램, 드라마 혹은 영화를 시청할 수 있도록 하기 위해서는 간접적인 피해의 비용은 얼마든지 부담할 가치가 있기 때문이다. 마찬가지로, 자동차가 도로를 누비도록 허용하는 것에 따른 간접적인 피해, 즉 매년 발생되는 몇 건의 사망사고는 자동차 여행이 가져다주는 이득 때문에 그 비용을 지불할 가치가 있는 것이다. 이것은 부당하게 공격적이고, 간접적인 피해를 야기하면서도 예술적 가치가 없는 그러한 영화나 프로그램이 검열되어야 한다는 논리와 완전한 일관성이 있다. 그리피스D. W. Griffith's의 〈국가의 탄생〉은 일반인들에게 공개되어야 하고 미디어는 자유롭게 그것을 방영해야 한다. 그러나 인종주의가 중대한 사회적 병폐인 사회에서는 예술적 가치가 거의 없거나 전무한 부당하게 인종주의적인 영화는 방영이 금지되어야 한다.

결론Conclusion

의심할 바 없이 누군가는 내가 주장한 입장을 매우 불만족스럽게 여길 것이다. 왜냐하면 표현의 자유에 대한 절대적인 권리를 분명하게 변호하는 것도 아니고 그렇다고 불쾌감을 주는 것으로 여길 수 있는 모든 프로그램 혹은 영화에 완전하게 적용되는 논변도 아니기 때문이다. 더욱이 그와 같은 견해는 엘리트주의라는 비난을 초래할 것이다.

어떤 사람은 특정한 영화를 충분히 이해할 수 있다고 누가 말할 수 있 겠는가? 무엇이 불필요한 폭력을 이루는지 누가 말할 수 있겠는가? 언 제 어디서 불필요하게 불쾌감을 주는 영화가 간접적인 피해를 야기할 수 있는가? 더욱이 매우 특별한 사례에서 검열의 합법화는 많은 다른 영역에서의 불법적인 남용을 야기하지 않을까?

물론 그와 같은 물음은 중요하며 평가에 대한 질문이다. 그러나 그 러한 평가가 필요하다는 것은 틀림없이 참이다. 사실 특정한 경우와 환경에 대한 우리의 판단이 잘못될 수도 있다. 모든 인간의 판단은 틀 릴 수 있다. 그러나 기껏 그러한 고려사항들은 불필요하게 불쾌감을 주는 특정한 종류의 프로그램과 영화가 언제 어디에서 간접적인 피해 를 준다고 판단하는 것이 어려울 것이라는 것을 보여준다. 더욱이 그 와 같은 문제를 심의하는 규제당국은 오늘날의 정치적 정부와 거리를 멀리 두는 것이 좋다. 왜냐하면 검열에 대한 옹호가 정당할지라도, 정 치적 정부가 자신들의 이익을 보호하기 위해 정의와 민주주의에게 해 악을 주는 방식으로 불법적으로 사용될 수 있기 때문이다. 그러므로 이러한 판단과 필요한 경우에 검열 강제를 담당하는 역할인 규제 조직 들은 정치적으로 사심이 없는 사람들로 구성되어야 하며, 그들의 권력 은 당시의 특정 정부의 과도한 영향에 달려 있어서는 안 된다. 더욱이 규제력을 지닌 체계는 불법적인 영역에서 검열을 허용할 만큼 모호해 서는 안 된다. 검열의 근거는 명확하게 제한될 수 있고 또 그렇게 되어 야 한다. 예를 들어, 영국의 사례와 같이 자유주의 국가는 강간 피해자 의 신원은 재판이 시작되기 전에 그리고 재판이 진행되는 동안 보호되 어야 한다는 법안을 통과시킬 수 있다. 유사하게 어떤 프로그램이나 영화를 자르거나 상영을 금지하는 강력한 근거는 현재 상황에서 불필요하게 불쾌감을 주는 영화의 특성이 직간접적인 해악을 야기할 가능성이 있거나 구성하는 것을 제시해야 한다.

여기서의 요지는 그러한 우려가 원칙적으로 미디어 검열의 주장에 반대하는 것이 아니다. 표현의 자유는 특정한 개인과의 관계에서든 혹은 전체적인 시민사회와의 관계에서든 해악을 끼치지 않을 의무에 의해 제한받는다. 그러므로 우리는 발주에서 편집절차에 이르기까지 영화제자자들과 시민사회를 구성하는 가족 혹은 집단들에 의한 자기 검열의 필요성을 한 층 더 강조하고 있는 것이다. 그러나 부당하게 불쾌한 그래서 간접적인 해악이 되는 영화에 의해 배양되거나 강화될 수도 있는 해로운 태도들로 사회 자체가 분열되는 경우, 자유주의 국가는 미디어 공동체가 자기 검열을 하지 않을 때 정치적으로 중립적인 규제 당국이 강력한 검열권한을 발휘하도록 합법적으로 허용할 수 있다.

더욱이 나의 입장에서, 내가 옹호하는 입장이 복잡하기 때문에 그리고 그 입장에 대해 판단력을 사용해야 한다는 이해 때문에 그 입장이 가치가 있다고 생각한다. 왜냐하면 표현의 자유의 권리는 사람들이 자신들이 자유롭게 선택한 삶을 살 수 있도록 하는 안정, 관용 그리고 해악으로부터의 자유를 수호하는 일반적 자유주의적 책무에 의해 지지되기 때문이다. 그래서 표현의 자유에 대한 권리의 보호가 그러한 조건들을 위협하는 경우에는 보호를 포기해야 한다. 이것은 법률적 규제와 도덕성에 대한 자유주의적 분리와 양립한다. 왜냐하면 단순한 외설이나 불필요한 모욕 그 자체가 검열을 정당화는 근거가 되지 못하기 때문이다.

어떤 특정한 영화가 간접적인 해악을 야기하는지 판단할 때 맥락과 환경의 중요성을 인식하는 것이 중요하다. 똑같은 영화라 할지라도 어떤 문화에서는 불필요하게 불쾌함을 주지만 다른 문화에서는 그렇지 않을 수 있기 때문이다. 비종교적인 사회에서는 어느 누구도 반종교적인 프로그램에 분개하지 않을 것이다. 종교적인 전통이 위협 받지 않는 사회에서는 반종교적인 프로그램은 불필요하게 불쾌한 것으로 여겨질지라도 간접적인 피해를 구성하지 않는다. 그러나 인종주의가 극심하게 문제인 사회이거나 종교적인 삶의 방식이 심각하게 위협 받을 때, 불필요하게 불쾌한 프로그램은 간접적인 해악이어서 방영이 금지되거나 검열을 받는 것이 정당화될 지도 모른다. 불필요하게 인종주의적인 바로 그 동일한 영화가 어떤 한 맥락에서는 검열되는 것이 마땅하지만(가령 제2차 세계대전 후 독일에서, 그러한 영화가 자유주의 사회의 연약한 싹을 와해시켰다), 다른 맥락에서는 가령 인종주의가 고질적이지만 자유주의 국가의 전제조건을 위협하지 않는, 강한 자유주의 사회에서는 그러한 영화는 해롭지 않다. 더욱이 내가 옹호하는 주장은 어느 정도의 예술적 가치를 획득하고 있는 프로그램과 영화에 우리가 부여하고 있는 일반적인 중요성을 인식하고 있고 심지어 간접적인 피해가 야기되는 경우라도 그 비용을 지불할 가치가 있다는 것을 인정하고 있다.

그러한 입장의 복잡성과 맥락 민감성은 하나의 미덕이지 결점은 아니다. 왜냐하면 자유주의 사회의 진화와 유지는 위대한 역사적 성취이고, 그것을 유지하기 위해서는 정성을 들여야 하기 때문이다. 자유주의 사회의 조건을 유지하기 위해 요구되는 것은 특정한 시간과 문화에 따라 다를 것이다. 바로 이 지점에서 사람들에게 해를 끼치고 불쾌한 이미지, 프로그램, 영화에 의해 제기되는 딜레마에 대해 정교한 자유주의가, 절대적인 표현의 자유를 맹목적이고 해롭게 고수하는 몰역사적인 자유주의보다 더 적합한 이유이다. 전형적으로, 자유주의국가가 보호하고 유지해야 하는 의미 있는 선택의 조건을 유지하기 위해서는 때때로 자유를 제한하는 조치들이 필요하다.

1 예를 들어, Jeremy Waldron, "Legislation and Moral Neutrality," in his *Liberal Rights*(New York: Cambridge University Press, 1993), pp.143-167, and Gordon Graham, *Contemporary Social Philosophy*(Oxford: Blackwells, 1988), pp.121-137 참조.

2 Graham Gordon, "Sex and Violence in Fact and Fiction," in ed. M. Kieran, *Media Ethics* (London: Routledge, forthcoming), makes this point.

3 John Stuart Mill, *On Liberty*(Harmondsworth: Penguin, 1982), especially pp.59-74, 141-162.

4 Ibid., pp.75-118.

5 Ibid., pp.96-108.

6 David Irving's *Hitler's War*(London: Hodder and Stoughton, 1977)은 엄밀히 말하면 홀로코스트(Holocaust)가 일어나지 않았고, 그 집단 학살이 일어난 것은 명백히 히틀러가 의도한 결과이거나 나치즘의 이데올로기에 의해 벌어진 것이 아니라고 주장했다. 인종과 아이큐에 대한 논쟁이 Richard J. Herrnstein and Charles A. Murray's *The Bell Curve: Intelligence and Class Structure in American Life*(New York: Free Press, 1994)에 의해 촉발됐고, 1996년 4월 영국의 심리학자 Christopher Brand의 *The G Factor*는 그의 결론이 인종차별적 적이어서 출판 며칠 전에 철회되었다. Aisling Irwin and Olga Wojtas에 의해 보도된 "Book Withdrawn," *The Times Higher*, 19 April 1996, p.1.

7 Mill, *On Liber*, pp.77-96.

8 Richard M. Fried, *Nightmare in Red: The McCarthy Era in Perspective*(New York: Oxford University Press, 1990), and Edwin R. Bayley, *Joe McCarthy and the Press*(Madison, WI: University of Wisconsin Press, 1981) 참조.

9 Mill, *On Liberty*, pp.108-115.

10 Phillip Knightley, *The First Casualty. From the Crimea to Vietnam: The War Correspondent as Hero, Propagandist, and Myth Maker*(New York: Harvourt, Brace, Jovanovich, 1975), pp.374-400 참조.

11 Mill, *On Liberty*, pp.91-94, 150.

12 Ibid., pp.107-116.

13 Ibid., p.115.

14 Ibid., pp.151-162.

15 Ibid., p.119.

16 다음 절과 이것은 Anthony Ellis, "Offense and the Liberal Conception of the Law," *Philosophy and Public Affairs 13*(1984): 3-23에서 면밀하게 이끌어냈다.

17 *The Williams Report; Report of the Committee on Obscenity and Film Censorship*, ed. Bernard Williams(London: Cmnd. 7772, 1979), p.99.

18 David Lewis, "Dispositional Theories of Value," *Aristotelian Society Supplementay Volume*, Vol. Lxm, 1989, pp.113-137 참조.

19 See Ellis, "Offense and the Liberal Conception oft he Law," pp.12-19, for a more detailed discussion of the nature of offense.

20 특정한 상황에서 그러지 않았더라면 전형적으로 불쾌한 것을 즐길 수 있고 즐기는가에 대한 사실에 동의하는 심리학적 최근의 연구를 재검토한 M. J. Apter, Reversal Theory: Motivation, Emotion and Personality(London: Routledge, J 989) 참조.

21 H. L. A. Hart, *Law, Liberty and Morality*(Oxford: Oxford University Press, 1963), p.45. 22

22 Joel Feinberg, *Social Philosophy*(Englewood Cliffs, NJ: Prentice-Hall, 1973), pp.36-54.

23 Ibid., p.44.

24 Onora O'Neill, "Practices of Toleration," in *Democracy and the Mass Media*, ed. J. Lichtenberg(New York: Cambridge University Press, 1990), pp.155-185.

25 이 입장을 깊이 이해하려면 Matthew Kieran, "Art, Imagination and the Cultivation of Morals," *Journal of Aesthetics and Art Criticism 54*(1996): 337-351 참조.

26 The following draws from Matthew Kieran, "Violent Films: Natural Born Killers?" *Philosophy Now 12*(1995): 15-18.

27 이 예를 제시해준 Berys Grant에게 고맙다고 말하고 싶다.

28 Plato, trans. D. Lee, *The Republic*(Harmonds worth: Penguin, 1974), Book X, 602c608b, pp.432-439.

참고문헌

Abramson, Jeffrey B. "Four Criticisms of Press Ethics." In *Democracy and the Mass Media*, edited by Judith Lichtenberg, pp. 229–268. New York: Cambridge University Press, 1990.

Aibel, Robert. "Ethics and Professionalism in Documentary Film-making." In *Image Ethics*, edited by Larry Gross, John Stuart Katz, and Jay Ruby, pp. 108–118. New York: Oxford University Press, 1988.

Anselm. *De Veritate*. In *Truth, Freedom and Evil, Three Philosophical Dialogues*, edited by Jasper Hopkins and Herbert Richardson. New York: Harper & Row, 1967.

Apter, M. J. *Reversal Theory: Motivation, Emotion and Personality*. London: Routledge, 1989.

Aristotle. *Nicomachean Ethics*. Harmondsworth: Penguin, 1953.

Aristotle. *Poetics*. Ann Arbor, MI: University of Michigan Press, 1970.

Asch, S. E. "Opinions and Social Pressure." *Scientific American 193* (1955): 31–35.

Ballard, J. G. "The Secret History of World War 3." In *Best Short Stories 1989*, edited by Giles Gordon and David Hughes, pp. 1–12. London: Heinemann, 1989.

Barker, Martin. "Sex, Violence and Videotape." *Sight and Sound 3* (1993): 10–12.

Barker, Martin. *The "Video Violence" Debate: Media Researchers Respond*. School of Cultural Studies, University of the West of England, April 1994.

Barth, Karl. *Church Dogmatics*. Edinburgh: T. & T. Clark, 1961.

Baudrillard, Jean. "The Gulf War Has Not Taken Place," *Libération*, 29 March 1991.

Baudrillard, Jean. "The Reality Gulf." *The Guardian*, 11 January 1991.

Bayley, Edwin R. *Joe McCarthy and the Press*. Madison, WI: University of Wisconsin Press, 1981.

Beardsley, Monroe. *Aesthetics*. New York: Harcourt, 1958.

Beauchamp, Tom L., and James F. Childress. *Principles of Biomedical Ethics*, 3d edition. New York: Oxford University Press, 1989.

Bell, Martin. *In Harm's Way*. London: Hamish Hamilton, 1995.

Belsey, Andrew. "Privacy, Publicity and Politics." In *Ethical Issues in Journalism and the Media*, edited by Andrew Belsey and Ruth Chadwick, pp. 77–92. New York: Routledge, 1992.

Belsey, Andrew, and Ruth Chadwick. "Ethics as a Vehicle for Media Quality." *European Journal of Communication* 10 (1995): 461–473.

Benn, Piers. "Pornography, Degradation and Rhetoric."*Cogito 7* (1993): 127–134.

Bernstein, Carl, and Bob Woodward. *All The President's Men*. New York: Secker and Warburg, 1974.

Berry, C. "Learning from Television News: A Critique of the Research." *Journal of Broadcasting 27* (1983): 359–370.

Bok, Sissela. *Secrets*. New York: Pantheon, 1982.

Boynton, R. M. *Human Color Vision*. New York: Holt, Rinehart & Winston, 1979.

Bradlee, Ben. *Conversations with Kennedy*. New York: Norton, 1975.

Brentano, Franz. *Psychology from an Empirical Standpoint*. London: Routledge, Kegan and Paul, 1976.

Brownmiller, Susan. *Against Our Will: Men, Women and Rape*. New York: Simon & Schuster, 1975.

Buckingham, David. *Children and Television: An Overview of the Research*. London: British Film Institute, 1987.

Capa, Robert. *Slightly Out of Focus*. New York: Henry Holt, 1947.

Caputi, Mary. *Voluptuous Yearnings: A Feminist Theory of the Obscene*. Lanham, MD: Rowman and Littlefield, 1994.

Carroll, Lewis. *Sylvie and Bruno Concluded*. London: Macmillan, 1893.

Carroll, Noël. *The Philosophy of Horror*. New York: Routledge, 1990.

Catalano, Kevin. "On the Wire: How Six News Services Are Exceeding Readability Standards." *Journalism Quarterly 67* (1990): 97–103.

Chomsky, Noam. *Necessary Illusions*. Toronto, Ontario: CBC Enterprises, 1989.

Christians, Clifford G., Mark Fackler, and Kim B. Rotzoll. *Media Ethics: Cases and Moral Reasoning*, 4th edition. New York: Longman, 1995.

Christians, Clifford, John Ferré, and Mark Fackler. *Good News: A Social Ethics of the Press*. New York: Oxford University Press, 1993.

Churchill, Winston. "Speech." *Hansard*, 11 November 1947, col. 206.

Clark, Kenneth R. "Yes, TV Violence Is Awful, but What's the Cure?" In *Impact of Mass Media*, edited by Ray Eldon Hiebert, 3d edition, pp. 241–244. New York: Longmans, 1995.

Clark, Stephen R. L. "Abstract Morality, Concrete Cases." In *Moral Philosophy and Contemporary Problems*, edited by J. D. G. Evans. Cambridge: Cambridge University Press, 1978.

Clarke, P., and E. Fredin. "Newspapers, Television and Political Reasoning." *Public Opinion Quarterly 42* (1978): 143–160.

Cohen, Elliot D., ed. *Philosophical Issues in Journalism*. New York: Oxford University Press, 1992.

Cohen, Nick. "The Fear, the Shame, the Guilt." In *The Independent*, 21 February 1993, p. 21.

Coleman, Milton. "18 Words, Seven Weeks Later." In *The Washington Post*, 8 April 1984, C8.

Comolli, Jean-Luc, and Jean Narboni. "Cinema/Ideology/Criticism." In *Film Theory and Criticism*, edited by G. Mast, M. Cohen, and L. Braudy, pp. 682–689. New York: Oxford University Press, 1992.

Cooke, Alistair. *The Americans: Fifty Talks on Our Life and Times*. New York: Alfred A. Knopf, 1979.

Dahlgren, Peter, and Colin Sparks, eds. *Communication and Citizenship*. London: Routledge, 1991.

Daniel, Stephen H. "Some Conflicting Assumptions of Journalistic Ethics." In *Philosophical Issues in Journalism*, edited by Elliot D. Cohen, pp. 50–58. New York: Oxford University Press, 1992.

Day, Louis A. *Ethics in Media Communication: Cases and Controversies*. Belmont, CA: Wadsworth, 1991.

Denton, Robert E., Jr., ed. *Ethical Dimensions of Political Communication.* New York: Praeger, 1991.

Deppa, Joan. *The Media and Disasters: Pan Am 103.* London: David Fulton, 1993.

Doubleday, Catherine N., and Kristin L. Droege. "Cognitive Developmental Influences on Children's Understanding of Television." In *Children and Television,* edited by G. L. Berry and J. K. Asamen, pp. 23–37. Newbury Park, CA: Sage, 1993.

Dworkin, Andrea. *Letters from a War Zone.* London: Secker and Warburg, 1988.

Dworkin, Andrea. *Woman Hating.* New York: E. P. Dutton, 1984.

Ellis, Anthony. "Offense and the Liberal Conception of the Law." *Philosophy and Public Affairs 13* (1984): 3–23.

Ellison, Mike. "The Power and the Gory." In *The Guardian,* Tuesday, 25 October 1994, Arts Section, p. 5.

Evans, J. D. G., ed. *Moral Philosophy and Contemporary Problems.* Cambridge: Cambridge University Press, 1987.

Feinberg, Joel. *Social Philosophy.* Englewood Cliffs, NJ: Prentice-Hall, 1973.

Fink, Conrad. *Media Ethics.* New York: McGraw-Hill, 1988.

Fiske, John. *Media Matters: Everyday Culture and Political Change.* Minneapolis, MN: University of Minnesota Press, 1994.

Fiske, John. *Television Culture.* New York: Routledge, 1988.

Fried, Richard M. *Nightmare in Red: The McCarthy Era in Perspective.* New York: Oxford University Press, 1990.

Fulton, Marianne. "Changing Focus." In *Eyes of Time: Photojournalism in America,* edited by Marianne Fulton, pp. 208–220. New York: New York Graphic Society, 1988.

Garry, Ann. "Pornography and Respect for Women." *Social Theory and Practice 4* (1978): 395–421.

Gauntlett, David. *Moving Experiences: Understanding Television's Influences and Effects.* London: John Libbey, 1995.

Gilmore, Gene, and Robert Root. "Ethics for Newsmen." In *Ethics and the Press,* edited by John C. Merrill and Ralph D. Barney. New York: Hastings House, 1975.

Gitlin, Todd. *The Whole World Is Watching.* Berkeley, CA: University of California Press, 1980.

Goldstein, Tom. *The News at Any Cost.* New York: Simon & Schuster, 1985.

Goodwin, H. Eugene, and Ron F. Smith. *Groping for Ethics in Journalism,* 3d edition. Ames, IA: Iowa State University Press, 1994.

Gordon, Graham, "Sex and Violence in Fact and Fiction." In *Media Ethics,* edited by M. Kieran. London: Routledge, forthcoming.

Graber, Doris. *Processing the News.* New York: Longman, 1984.

Graham, Gordon. *Contemporary Social Philosophy.* Oxford: Blackwells, 1988.

Green, Bill. "Janet's World." In *The Washington Post,* 19 April 1981, pp. A1, A12–A15.

Gross, Larry, John Stuart Katz, and Jay Ruby, eds. *Image Ethics.* New York: Oxford University Press, 1988.

Hardin, C. L. *Color for Philosophers: Unweaving the Rainbow.* Indianapolis, IN: Hackett, 1988.

Hargrave, Andrea Millwood. *Sex and Sexuality in Broadcasting*. London: John Libbey, 1992.

Hart, H. L. A. *Law, Liberty and Morality*. Oxford: Oxford University Press, 1963.

Hartley, John. *Understanding News*. London: Methuen, 1982.

Hausman, Carl. *Crisis of Conscience: Perspectives on Journalism Ethics*. New York: Harper Collins, 1992.

Herrnstein, Richard J., and Charles A. Murray. *The Bell Curve: Intelligence and Class Structure in American Life*. New York: Free Press, 1994.

Hewstone, Miles, and Charles Antaki. "Attribution Theory and Social Explanations." In *Introduction to Social Psychology*, edited by Miles Hewstone, Wolfgang Stroebe, Jean-Paul Codol, and Geoffrey M. Stephenson, pp. 111–141. Oxford: Basil Blackwell, 1988.

Hiebert, Ray Eldon, ed. *Impact of Mass Media*, 3d edition. New York: Longman, 1995.

Hodge, Robert, and David Tripp. *Children and Television*. Oxford: Polity, 1986.

Irving, David. *Hitler's War*. London: Hodder and Stoughton, 1977.

Irwin, Aisling, and Olga Wojtas. "Racist I.Q. Book Withdrawn." In *The Times Higher*, 19 April 1996, p. 1.

Iyenger, S., and D. R. Kinder. *News That Matters: Television and American Opinion*. Chicago, IL: Chicago University Press, 1987.

Jacobs, Ronald N. "Producing the News, Producing the Crisis: Narrativity, Television and News Work." *Media, Culture and Society 18* (1996): 373–397.

Kaminer, Wendy. "Feminists against the First Amendment." *Atlantic Monthly*, November 1992, pp. 111–118.

Kant, Immanuel. *Groundwork of the Metaphysics of Morals*. In *The Moral Law*, translated and edited by H. J. Paton. London: Hutchinson, 1948.

Kant, Immanuel, *The Philosophy of Immanuel Kant*. Chicago, IL: University of Chicago Press, 1949.

Karnow, Stanley. *Vietnam: A History*. New York: Viking Press, 1983.

Katz, Ian. "Juiciest of Tales." In *The Guardian*, Monday, 23 January 1995, Tabloid Section, pp. 2–3.

Kautsky, K. *The Dictatorship of the Proletariat*. Ann Arbor, MI: University of Michigan Press, 1964.

Kellner, Douglas. *The Persian Gulf TV War*. Boulder, CO: Westview Press, 1992.

Kieran, Matthew. "Art, Imagination and the Cultivation of Morals." *Journal of Aesthetics and Art Criticism 54* (1996): 337–351.

Kieran, Matthew. "The Impoverishment of Art." *British Journal of Aesthetics 35* (1995): 14–25.

Kieran, Matthew. "Violent Films: Natural Born Killers?" *Philosophy Now 12* (1995): 15–18.

Kieran, Matthew, ed. *Media Ethics*. London: Routledge, forthcoming.

Kieran, Matthew, David Morrison, and Michael Svennevig, *Regulating for Changing Values: A Report for the Broadcasting Standards Commission*. London: BSC, 1997.

Klaidman, Stephen, and Tom L. Beauchamp. *The Virtuous Journalist*. New York: Oxford University Press, 1987.

Koch, Tom. *The News as Myth*. New York: Greenwood, 1990.

Kurtz, Howard. *Media Circus*. New York: Random House, 1994.

Lambeth, Edmund B. *Committed Journalism*, 2d edition. Bloomington, IN: Indiana University Press, 1992.

Lemert, J. B. *Criticizing the Media*. Newbury Park, CA: Sage, 1989.

Lepore, Ernest, ed. *Truth and Interpretation*. Oxford: Blackwell, 1984.

Lester, Paul. *Photojournalism: An Ethical Approach*. Hillsdale, NJ: Lawrence Erlbaum, 1991.

Lewis, David. "Dispositional Theories of Value." *Aristotelian Society Suplementary Volume*, LXIII (1989): 113–137.

Limburg, Val E. *Electronic Media Ethics*. Boston, MA: Focal Press, 1994.

Locke, John. *A Letter Concerning Toleration*. New York: The Library of Liberal Arts, 1955.

Locke, John. *Two Treatises of Government*. New York: Cambridge University Press, 1963.

Machiavelli, Niccolò. *The Prince*. New York: Dover, 1992.

MacKinnon, Catherine. *Only Words*. Cambridge, MA: Harvard University Press, 1993.

Maclean, Anne. *The Elimination of Morality*. London: Routledge, 1993.

Marshall, W. L. "Pornography and Sex Offenders." In *Pornography: Research Advances and Policy Considerations*, edited by D. Zillman and J. Bryant, pp. 185–214. Hillsdale, NJ: Lawrence Erlbaum, 1989.

Mathews, Tom Dewe. *Censored: The Story of Film Censorship in Britain*. London: Chatto and Windus, 1994.

McChesney, Robert W. "The Battle for the U.S. Airwaves, 1928–1935." *Journal of Communication 40* (1990): 29–57.

McGuire, R., J. M. Carlisle, and B. Young. "Sexual Deviations as Conditioned Behaviour: A Hypothesis." *Behaviour Research and Therapy 2* (1965): 185–190.

McNair, Brian. *Glasnost, Perestroika and the Soviet Media*. London: Routledge, 1991.

McQuail, Denis. *Media Performance: Mass Communication and the Public Interest*. Newbury Park, CA: Sage, 1992.

Merrill, John C., and Ralph D. Barney, eds. *Ethics and the Press*. New York: Hastings House, 1975.

Meyer, Philip. *Ethical Journalism*. New York: Longman, 1987.

Midgley, Mary. *Heart and Mind*. London: Routledge, 1981.

Midgley, Mary. "Trying Out One's New Sword." In *Vice and Virtue in Everyday Life*, edited by Christina Sommers and Fred Sommers, 5th edition, pp. 174–180. Fort Worth, TX: Harcourt Brace, 1993.

Milgram, Stanley. *Obedience to Authority: An Experimental View*. New York: Harper & Row, 1974.

Mill, John Stuart. *On Liberty*. Harmondsworth: Penguin, 1982.

Moore, Roy L. *Mass Communication Law and Ethics*. Hillsdale, NJ: Lawrence Erlbaum, 1994.

Morley, David. *The "Nationwide" Audience*. London: British Film Institute, 1980.

Mulvey, Laura. *Visual and Other Pleasures*. London: Macmillan, 1989.

Nagel, Thomas. *The View From Nowhere*. Oxford: Oxford University Press, 1986.

National Cable Television Association. *Voices Against Violence: A Cable Television Initiative*. Washington, DC: National Cable Television Association, 1994.

Newsome, Elizabeth. *Video Violence and the Protection of Children*. Report, Child Development Research Unit, University of Nottingham, March 1994.

Nisbett, R. E., and L. Ross. *Human Inference: Strategies and Shortcomings in Social Judgment*. Englewood Cliffs, NJ: Prentice-Hall, 1980.

Nozick, Robert. *Anarchy, State and Utopia*. Oxford: Blackwells, 1974.

Oakeshott, Michael. *Experience and Its Modes*. Cambridge: Cambridge University Press, 1933.

O'Neill, Onora. "Practices of Toleration." In *Democracy and the Mass Media*, edited by J. Lichtenberg, pp. 155–185. New York: Cambridge University Press, 1990.

Orwell, George. *1984*. London: Secker and Warburg, 1974.

Paik, Haejung, and George Comstock. "The Effects of Television Violence on Antisocial Behavior: A Meta-Analysis." *Communication Research 21* (1994): 516–546.

Pally, Marcia. *Sex and Sensibility: Reflections on Forbidden Mirrors and the Will to Censor*. Hopewell, NJ: Ecco Press, 1994.

Parent, W. A. "Privacy, Morality, and the Law." In *Philosophical Issues in Journalism*, edited by Elliot D. Cohen, pp. 92–109. New York: Oxford University Press, 1992.

Patterson, Philip and Lee Wilkins, eds. *Media Ethics: Issues and Cases*, 2d edition. Dubuque, IA: Wm. C. Brown, 1994.

Pearson, Geoffrey. "Falling Standards: A Short, Sharp History of Moral Decline." In *The Video Nasties*, edited by Martin Barker. London: Pluto, 1984.

Pedelty, Mark. *War Stories*. New York: Routledge, 1995.

Perkins, V. F. *Film as Film*. London: Penguin, 1990.

Perse, Elizabeth M. "Uses of Erotica and Acceptance of Rape Myths." *Communication Research 21* (1994): 488–515.

Philo, Greg. *Seeing and Believing*. London: Routledge, 1990.

Plato. *Protagoras and Meno*. Harmondsworth: Penguin, 1956.

Plato. *The Republic*. Harmondsworth: Penguin, 1974.

Plato. *Gorgias*. Indianapolis, IN: Hackett, 1987.

Powell, Dilys. *The Dilys Powell Film Reader*. Oxford: Oxford University Press, 1991.

Powell, Jody. "No Consequences." In *Impact of Mass Media*, edited by Ray Eldon Hiebert, 3d edition, pp. 119–122. New York: Longman, 1995.

Powes, Jr., Lucas A. *The Fourth Estate and Constitution: Freedom of the Press in America*. Berkeley and Los Angeles, CA: University of California Press, 1991.

Price, V., and J. Zaller. "Who Gets the News? Alternative Measures of News Reception and Its Implications for Research." *Public Opinion Quarterly 57* (1993): 133–164.

Rabinow, Paul, ed. *Foucault Reader*. New York: Random House, 1984.

Rachels, James. "Why Privacy Is Important." In *Philosophical Dimensions of Privacy*, edited by Ferdinand D. Schoeman, pp. 290–299. New York: Cambridge University Press, 1984.

Rachlin, Allan. *News as Hegemonic Reality*. New York: Praeger, 1988.

Rodgerson, G., and E. Wilson, eds. *Pornography and Feminism*. London: Lawrence and Wishart, 1993.

Rosenblum, Mort. *Who Stole The News?* New York: John Wiley, 1993.

Scruton, Roger. *Art and Imagination*. London: Routledge, 1981.

Scruton, Roger. *The Aesthetic Understanding*. Manchester: Carcanet, 1983.

Scruton, Roger. *Sexual Desire: A Philosophical Investigation*. London: Weidenfeld and Nicolson, 1986.

Seib, Philip. *Campaigns and Conscience: The Ethics of Political Journalism*. Vancouver: University of British Columbia Press, 1994.

Singer, Jerome L., and Dorothy G. Singer. *Television, Imagination and Aggression*. Hillsdale, NJ: Lawrence Erlbaum, 1981.

Slater, Michael D. "Processing Social Information in Messages: Social Group Familiarity, Fiction Versus Nonfiction, and Subsequent Beliefs." *Communication Research 17* (1990): 327–343.

Smith, Anthony. *The Newspaper: An International History*. London: Thames and Hudson, 1979.

Smith, Anthony, ed. *Television: An International History*. Oxford: Oxford University Press, 1995.

Smith, David James. *The Sleep of Reason*. London: Century, 1994.

Snoddy, Raymond. *The Good, The Bad and The Unacceptable*. London: Faber, 1993.

Sommers, Christina, and Fred Sommers, eds. *Vice and Virtue in Everyday Life,* 5th edition. Fort Worth, TX: Harcourt Brace, 1993.

Stocking, S. Holly, and Nancy LaMarca, "How Journalists Describe Their Stories: Hypotheses and Assumptions in Newsmaking." *Journalism Quarterly 67* (1990): 295–301.

Strossen, Nadine. *Defending Pornography: Free Speech, Sex and the Fight for Women's Rights*. London: Abacus, 1996.

Studlar, Gaylyn. "Masochism and the Perverse Pleasures of Cinema." In *Film Theory and Criticism,* edited by G. Mast, M. Cohen and L. Braudy, 4th edition. Oxford: Oxford University Press, 1992.

Tester, Keith. *Media, Culture and Morality*. London: Routledge, 1994.

Tuchman, Gaye. *Making News*. New York: Free Press, 1988.

Van Avermaet, Eddy. "Social Influence in Small Groups." In *Social Psychology,* edited by Miles Hewstone, Wolfgang Stroebe, Jean-Paul Codol, and Geoffrey M. Stephenson, pp. 372–380. Oxford: Basil Blackwell, 1988.

Van Dijk, T. A. *News Analysis*. Hillsdale, NJ: Lawrence Erlbaum, 1988.

Van Evra, Judith. *Television and Child Development*. London: Erlbaum, 1990.

Vaux, Kenneth L. *Ethics and the Gulf War: Religion, Rhetoric and Righteousness*. Boulder, CO: Westview, 1992.

Waldron, Jeremy. *Liberal Rights*. New York: Cambridge University Press, 1993.

Walton, Kendall. *Mimesis as Make-Believe*. Cambridge, MA: Harvard, 1990.

Warren, Samuel, and Louis Brandeis. "The Right to Privacy." In *The Journalist's Moral Compass*, edited by Steven R. Knowlton and Patrick R. Parsons, pp. 84–87. Westport, CT: Praeger, 1995.

Weaver, Paul. *News and the Culture of Lying*. New York: Free Press, 1994.

Whiten, Andrew, ed. *Natural Theories of Mind*. Oxford: Blackwell, 1991.

Williams, Bernard, ed. *The Williams Report; Report of the Committee on Obscenity and Film Censorship.* London: HMSO, Cmnd. 7772, 1979.

Williams, Juan. *Eyes on the Prize.* New York: Viking Press, 1987.

Williams, Kevin. "Something More Important than Truth: Ethical Issues in War Reporting." In *Ethical Issues in Journalism and the Media,* edited by Andrew Belsey and Ruth Chadwick, pp. 154–170. Routledge: New York, 1992.

Winston, Brian. "Tradition of the Victim." In *Image Ethics,* edited by Larry Gross, John Stuart Katz, and Jay Ruby, pp. 34–57. New York: Oxford: 1988.

Wisnia, Saul E. "Private Grief, Public Exposure." In *Impact of Mass Media,* edited by Ray Eldon Hiebert, 3d edition, pp. 113–118. New York: Longman, 1995.

찾아보기

저자 및 역자 소개

저자: 매튜 키이란(Matthew Kieran)

세인트 앤드류스 대학에서 도덕철학으로 박사학위를 받았다. 영국 리즈 대학의 철학과 교수로 예술 철학계에서 활발히 활동하고 있다. 『예술과 그 가치 Revealing Art』(북코리아, 2011), 『Media and Values』 등의 저작이 있다.

역자: 김유란

전북대학교 경제학과를 졸업하고 서울대학교 사회교육과에서 석사학위를 받았다. 현재 인천 해원중학교에서 교사로 재직 중이다.

미디어 윤리
철학적 접근

초판인쇄 2018년 3월 15일
초판발행 2018년 3월 22일
초 판 2 쇄 2022년 9월 30일

저　　　자 매튜 키이란
역　　　자 김유란
펴　낸　이 김성배
펴　낸　곳 도서출판 씨아이알

책임편집 최장미
디 자 인 김나리, 윤미경
제작책임 김문갑

등록번호 제2-3285호
등 록 일 2001년 3월 19일
주　　　소 (04626) 서울특별시 중구 필동로8길 43(예장동 1-151)
전화번호 02-2275-8603(대표)
팩스번호 02-2265-9394
홈페이지 www.circom.co.kr

I S B N 979-11-5610-348-6 93130
정　　　가 20,000원